Managementprobleme afrikanischer "Non-Governmental Organizations"
(NGOs)
Eine Analyse aus entwicklungspolitischer Sicht, basierend auf Fallbeispielen
aus den anglophonen Entwicklungsländern des südlichen Afrika

INTERNATIONALE BEZIEHUNGEN

Herausgegeben von Klaus Hüfner

Band 1

PETER LANG
Frankfurt am Main · Berlin · Bern · New York · Paris · Wien

Günter Max Teuber

Managementprobleme afrikanischer „Non-Government Organizations" (NGOs)

Eine Analyse aus entwicklungspolitischer Sicht, basierend auf Fallbeispielen aus den anglophonen Entwicklungsländern des südlichen Afrika

PETER LANG
Frankfurt am Main · Berlin · Bern · New York · Paris · Wien

Die Deutsche Bibliothek - CIP-Einheitsaufnahme

Teuber, Günter Max:
Managementprobleme afrikanischer "Non-governmental organizations" (NGOs) : eine Analyse aus entwicklungspolitischer Sicht, basierend auf Fallbeispielen aus den anglophonen Entwicklungsländern des südlichen Afrika / Günter Max Teuber. - Frankfurt am Main ; Berlin ; Bern ; New York ; Paris ; Wien : Lang, 1993
  (Internationale Beziehungen ; Bd. 1)
  Zugl.: Berlin, Freie Univ., Diss., 1992
  ISBN 3-631-45544-5

NE: GT

D 188
ISSN 0941-3669
ISBN 3-631-45544-5
© Verlag Peter Lang GmbH, Frankfurt am Main 1993
Alle Rechte vorbehalten.

Das Werk einschließlich aller seiner Teile ist urheberrechtlich geschützt. Jede Verwertung außerhalb der engen Grenzen des Urheberrechtsgesetzes ist ohne Zustimmung des Verlages unzulässig und strafbar. Das gilt insbesondere für Vervielfältigungen, Übersetzungen, Mikroverfilmungen und die Einspeicherung und Verarbeitung in elektronischen Systemen.

Printed in Germany 1 2 3 4 6 7

VORWORT DES HERAUSGEBERS

Internationale und sogar supranationale staatliche Organisationen ebenso wie internationale nicht-staatliche Organisationen sowohl auf der regionalen als auch auf der weltweiten Ebene haben zahlenmäßig in den letzten Jahrzehnten stark zugenommen. Diese Organisationen beziehen sich auf eine Vielzahl von höchst unterschiedlichen Politik-Feldern und tragen durch eine zunehmende Verdichtung internationaler Normen dazu bei, überholte nationalstaatliche Egoismen zu überwinden. Diesen höchst dynamischen, keinesfalls widerspruchsfreien Prozeß exemplarisch zu dokumentieren, ist das Ziel dieser Reihe, in welcher der erste Band vorgelegt wird.

In der bi- und multilateralen Entwicklungszusammenarbeit wird der Rolle der Nicht-Regierungsorganisationen (Non-Governmental Organizations; NGOs) eine zunehmend größere Bedeutung beigemessen. Das Bundesministerium für wirtschaftliche Zusammenarbeit, die Europäischen Gemeinschaften, die Organisation für wirtschaftliche Zusammenarbeit und Entwicklung (OECD), das Entwicklungsprogramm der Vereinten Nationen (UNDP), die Weltbank und andere Institutionen haben in jüngster Zeit den strategischen Stellenwert sowohl von NGOs in den Industrieländern ("Nord-NGOs") als auch in den Entwicklungsländern ("Süd-NGOs") sowie deren Interaktionen hervorgehoben.

Überwog in der wissenschaftlichen Diskussion in den letzten Jahren deutlich die bisher spärliche, aber zunehmende Beschäftigung mit den Nord-NGOs und deren Rolle bei der Ressourcen-Beschaffung für und -Verwendung in den Entwicklungsländern, werden in der vorliegenden Arbeit die nicht-staatliche Zusammenarbeit vor allem aus der Perspektive der Süd-NGOs sowie deren externe und interne Probleme analysiert.

Der Ausgangspunkt ist - vor allem im Spannungsfeld zwischen effizienzorientierten entwicklungspolitischen Kriterien und wissenschaftlichen Analysen - von höchster Aktualität: Wie können die organisatorischen Schwächen der Süd-NGOs identifiziert werden, damit Engpässe in der nichtstaatlichen Entwicklungszusammenarbeit für die Zukunft vermieden werden? Der Autor stößt hier in eine Lücke bisheriger Forschungsbemühungen. Während im Bereich des Projektmanagements bereits viele Studien vorliegen, steht die Analyse des Organisationsmanagements von NGOs noch in ihren Anfängen. Der Autor, der über beträchtliche persönliche Erfahrungen im Bereich der praktischen Entwicklungszusammenarbeit verfügt, versucht mit dieser Arbeit erfolgreich, eine Brücke zwischen Entwicklungstheorie und -politik zu schlagen.

Dem Autor ist es gelungen, einen wichtigen Beitrag zur weiteren Analyse der Weltbeziehungen zu leisten, die sich nach Czempiel als zunehmende "NGO-Welt" als ein Transitorium weg von einer deutlich zerbröckelnden "Staaten-Welt" und hin zu einer zu entwickelnden Weltgesellschaft darstellt. Die Zusammenarbeit zwischen Nord- und Süd-NGOs, institutionalisiert durch längerfristige Kooperationsverträge, wird in Zukunft einen erhöhten Stellenwert im Nord-Süd-Dialog auf bi- und multilateraler Ebene einnehmen.

Ich freue mich daher als Herausgeber besonders, daß die Arbeit von Günter Max Teuber als erster Band in dieser neuen Reihe erscheint.

Prof. Dr. Klaus Hüfner

VORWORT DES VERFASSERS

Als Verfasser der vorliegenden Arbeit, die am Fachbereich Wirtschaftswissenschaft der Freien Universität Berlin als Dissertation eingereicht wurde, möchte ich allen danken, die mir bei der Durchführung der Untersuchung sowie bei der Anfertigung der Arbeit mit Anregungen und Informationen behilflich waren. Mein Dank gilt Herrn Prof. Dr. K. Hüfner, der diese Arbeit wissenschaftlich betreute, und Herrn Prof. Dr. D. W. Winterhager, der die Erstellung des Zweitgutachtens übernahm.

Zu besonderem Dank bin ich der Friedrich-Ebert-Stiftung verpflichtet, die mir durch die Gewährung eines Postgraduierten-Stipendiums die Durchführung des Forschungsaufenthaltes im südlichen Afrika ermöglichte. Ebenfalls möchte ich den Mitarbeiterinnen und Mitarbeitern der Friedrich-Ebert-Stiftung, des Deutschen Entwicklungsdienstes und der Evangelischen Zentralstelle für Entwicklungshilfe im In- und Ausland danken. Sie haben durch vielfältige Anregungen, Kritik und organisatorische Unterstützung zum Entstehen dieser Arbeit beigetragen. Weiterhin gilt mein besonderer Dank den Mitarbeiterinnen und Mitarbeitern der untersuchten nichtstaatlichen Organisationen im südlichen Afrika, ohne deren Kooperation die Forschungsarbeit nicht durchführbar gewesen wäre. Vorbildlich erschien mir die herzliche und vorbehaltlose Gastfreundschaft, mit der ich in diesen Organisationen aufgenommen wurde.

Schließlich gilt mein ganz besonderer Dank meiner Frau Renate, die in den letzten drei Jahren auf die mit der Erstellung dieser Dissertation einhergehenden Belastungen mit einer Geduld und Unterstützung reagiert hat, die dem Werden dieser Arbeit sehr förderlich war.

Berlin, im Mai 1992   Günter Max Teuber

INHALTSVERZEICHNIS

Vorwort des Herausgebers	I
Vorwort des Verfassers	III
Inhaltsverzeichnis	V
Abbildungsverzeichnis	VII
Abkürzungsverzeichnis	IX

0. Einleitung   1

1. Die Rolle der NGOs   4

1.1 Definition der NGOs   4

1.2 Die Herausforderung der NGOs   10

    1.2.1 Mängel in der staatlichen Entwicklungszusammenarbeit   11

    1.2.2 Mängel in der Entwicklungsorientierung in den Entwicklungsländern   15

    1.2.3 Veränderungen im Aufgabenfeld der NGOs   17

1.3 Die komparativen Vorteile der Süd-NGOs   29

    1.3.1 Zielgruppennähe   32

    1.3.2 Dauerhaftigkeit der erreichten Effekte   33

    1.3.3 Förderung des Pluralismus   34

1.4 Der Handlungsspielraum der Süd-NGOs   37

    1.4.1 Formale Freiheit   37

    1.4.2 Materielle Freiheit   40

    1.4.3 Grenzen der Leistungsfähigkeit   43

    1.4.4 Probleme des Managements   45

2. Konzeption für das Management von NGOs   48

2.1 Zur Theorie von Non-Profit-Organisationen   54

2.2 Rationales Management von Süd-NGOs   66

    2.2.1 Management des Marketing   68

    2.2.2 Management der Planung   78

    2.2.3 Personalmanagement   83

    2.2.4 Management von Kontrolle und Rechnungswesen   91

    2.2.5 Finanzmanagement   103

3. Empirische Untersuchung von NGOs im südlichen Afrika ... 113

  3.1 Auswahl des Untersuchungsgebietes ... 113

  3.2 Skizzenhafte Darstellung der NGO-Situation in Afrika ... 114

  3.3 Darstellung der Untersuchungsmethode ... 120

  3.4 Auswahl der untersuchten NGOs ... 123

  3.5 Darstellung der untersuchten NGOs ... 125

    3.5.1 Botswana Workcamps Association (BWA) ... 125

    3.5.2 Christian Service Committee of the Churches in Malawi (CSC) ... 127

    3.5.3 Heal The Wounds Campaign (HTWC) in Simbabwe ... 131

    3.5.4 Ju\Wa Bushman Development Foundation (JBDF) in Namibia ... 132

    3.5.5 Lesotho Workcamps Association (LWA) ... 134

    3.5.6 NGO Coordinating Committee Zambia (NGOCC) ... 136

    3.5.7 Swaziland Workcamps Association (SWCA) ... 137

  3.6 Ergebnisse der Untersuchung ... 139

    3.6.1 Aufgabenbereich Marketing ... 139

    3.6.2 Aufgabenbereich Planung ... 151

    3.6.3 Aufgabenbereich Personal ... 158

    3.6.4 Aufgabenbereich Kontrolle und Rechnungswesen ... 168

    3.6.5 Aufgabenbereich Finanzen ... 177

4. Folgerungen und Schlußbemerkungen ... 190

  4.1 Folgerungen für Süd-NGOs ... 192

  4.2 Folgerungen für Nord-NGOs ... 196

  4.3 Schlußbemerkungen ... 201

5. Literatur ... 205

ABBILDUNGSVERZEICHNIS

Abbildung 1:
Ausgaben der Nord-NGOs nach Staaten (1986, in Mio. US-$)
S. 19

Abbildung 2:
Aktivitäten der NGOs nach dem Dreigenerationenmodell
S. 23

Abbildung 3:
Veränderungen im Aufgabenfeld der NGOs
S. 24

Abbildung 4:
Ressourcenströme in der EZ
S. 27

Abbildung 5:
Managementbereiche in NGOs
S. 51

Abbildung 6:
Die vier grundtypischen Organisationsformen
S. 56

Abbildung 7:
Hauptunterschiede von Strukturmerkmalen in erwerbswirtschaftlichen Organisationen und NPOs
S. 59

Abbildung 8:
Darstellung der NGO-Umwelt
S. 70

Abbildung 9:
Schlüssige und nicht-schlüssige Tauschbeziehungen
S. 72

Abbildung 10:
Planungszyklus in NGOs
S. 79

Abbildung 11:
Übersicht über die untersuchten NGOs
S. 124

Abbildung 12:
Aufbauorganisation des CSC
S. 130

Abbildung 13:
Eignerstruktur des CSC
S. 131

Abbildung 14:
Einnahmen nach Herkunft
S. 140

Abbildung 15:
Wachstum der untersuchten NGOs
S. 151

Abbildung 16:
Personalstruktur der untersuchten NGOs
S. 158

Abbildung 17:
Leistungsvermögen der Kontrollinstrumente
S. 176

Abbildung 18:
Entwicklung der Einkünfte CSC
S. 178

Abbildung 19:
Entwicklung der Einkünfte HTWC
S. 178

Abbildung 20:
Entwicklung der Einkünfte JBDF
S. 179

Abbildung 21:
Entwicklung der Einkünfte LWA
S. 180

Abbildung 22:
Entwicklung der Einkünfte NGOCC
S. 180

Abbildung 23:
Entwicklung der Einkünfte SWCA
S. 181

ABKÜRZUNGSVERZEICHNIS

BMZ	=	Bundesministerium für wirtschaftliche Zusammenarbeit
BNYC	=	Botswana National Youth Council
BWA	=	Botswana Workcamps Association
BWL	=	Betriebswirtschaftslehre
CCAP	=	Church of Central Africa Presbyterian
CCM	=	Christian Council of Malawi
CCIVS	=	Coordinating Committee for International Voluntary Service
CSC	=	Christian Service Committee of the Churches in Malawi
DAC	=	Development Assistance Committee (der OECD)
DWHH	=	Deutsche Welthungerhilfe
EC	=	Executive Committee (der SWCA)
ECM	=	Episcopal Conference of Malawi
EZ	=	Entwicklungszusammenarbeit
EZE	=	Evangelische Zentralstelle für Entwicklungshilfe
GONGO	=	Government-Organized-Non-Governmental Organization
HTWC	=	Heal The Wounds Campaign
ICVA	=	International Council for Voluntary Agencies
ICSW	=	International Council on Social Welfare
IRED	=	Innovations et reseaux pour le développement
IVS	=	International Voluntary Service
JBDF	=	Ju\Wa Bushman Development Foundation
LLDC	=	Least Developed Country
LSE	=	London School of Economics
LWA	=	Lesotho Workcamps Association
NEC	=	National Executive Committee (der HTWC)
NGO	=	Non-Governmental Organization
NGOCC	=	NGO Coordinating Committee Zambia
NPO	=	Non-Profit-Organisation
NRO	=	Nichtregierungsorganisation
MS	=	Mellemfolkeligt Samvirke

OECD	= Organization for Economic Cooperation and Development
ONG	= Organisation Non-Gouvernementale
PFRD	= Project- and Fundraising Department (des CSC)
PHAM	= Private Hospital Association of Malawi
PVO	= Private Voluntary Organization
QUANGO	= Quasi-Non-Governmental Organization
RSA	= Republic of South Africa
SADCC	= Southern Africa Development Coordination Conference
SCI	= Service Civil International
SHO	= Selbsthilfeorganisation
SWCA	= Swaziland Workcamps Association
TUCSIM	= Texas University Centre for Studies in Namibia

0. EINLEITUNG

Eine Untersuchung der Managementprobleme von "Non-Governmental-Organizations" (NGOs) der Entwicklungsländer (Süd-NGOs) berührt ein bisher vernachlässigtes Randthema der Diskussion um die Wirkung von Entwicklungszusammenarbeit (EZ).[1] Oft werden in dieser Diskussion die Nachteile staatlicher EZ in einem Atemzug mit den komparativen Vorteilen von NGOs der Industrieländer (Nord-NGOs) bei der Bekämpfung der absoluten Armut in Entwicklungsländern genannt. Häufig bleibt unberücksichtigt, daß die Vorteile der Nord-NGOs in der Regel auf der Zusammenarbeit mit Süd-NGOs basieren, da diese über die notwendigen Kenntnisse und die organisatorische, kulturelle und geographische Nähe zu bestimmten Zielgruppen der Entwicklungszusammenarbeit verfügen. Nur eine Kooperation von Nord- und Süd-NGOs ermöglicht die Umgehung staatlicher Strukturen durch ein Netzwerk von nichtstaatlichen Organisationen.

Eine Kritik an der mangelnden Absorptionsfähigkeit dieses parallel oder supplementär aufgebauten Netzwerkes von privaten Organisationen läßt gelegentlich außer acht, daß die Ursachen der unterstellten mangelnden Absorptionsfähigkeit für quantitativ umfangreichere Mittelzuweisungen nicht in erster Linie bei den Nord-NGOs, sondern in den organisatorischen Schwächen der Süd-NGOs zu finden sind. Sie stellen das schwächere Glied in der Kette der privaten Organisationen dar. Demgemäß sollte sich die Suche nach den "bottlenecks" der nichtstaatlichen Entwicklungszusammenarbeit, neben der Betrachtung und Analyse der Probleme der Nord-NGOs, insbesondere auf die Süd-NGOs und deren mögliche Probleme konzentrieren.

---

1 "Entwicklungszusammenarbeit ist die Übertragung von Ressourcen zu bestimmten Rahmenbedingungen, d.h. zu Bedingungen, die ein Entgegenkommen gegenüber dem Empfänger darstellen, also grosszügiger oder 'weicher' sind als diejenigen, zu denen auf den Kapitalmärkten der Welt Anleihen erhältlich sind. ... Sie muß ein 'Geschenkelement' von mindestens 25 % enthalten." CASSEN 1990, S. 18 f..

Während im Bereich des Projektmanagements eine Vielzahl von Veröffentlichungen Erfahrungen aus dem staatlichen, privaten und kommerziellen Bereich analysieren und von Forscherfleiß zeugen, ist das Management des nicht einem Projekt oder Programm zugeordneten Bereichs von Organisationen relativ wenig beschrieben. Dies gilt sowohl für die entwicklungspolitische Fachliteratur als auch für die Wirtschaftswissenschaften, in denen sich die Übertragung von betriebswirtschaftlichen Modellen und Methoden auf nichterwerbswirtschaftliche Organisationen noch in den Anfängen befindet.

Ziel dieser Arbeit ist es, Möglichkeiten einer Verbesserung der Absorptionsfähigkeit der nichtstaatlichen EZ aufzuzeigen. Dazu werden Vorschläge für ein effektives Management im Nichtprojektbereich der NGOs der Entwicklungsländer dargestellt. Ausgehend von der Aufgabenstellung und dem Umfeld dieser Organisationen werden im ersten Kapitel die für eine Erarbeitung einer Managementkonzeption notwendigen Informationen gegeben. Dafür wird der Begriff NGO definiert und die NGOs werden gegenüber anderen Organisationsformen in der Entwicklungszusammenarbeit abgegrenzt. Es wird aufgezeigt, welche komparativen Vorteile die Süd-NGOs haben und worin ihre Beschränkungen gegenwärtig bestehen.

Das zweite Kapitel dient der Erarbeitung einer Konzeption für das Management von Süd-NGOs, die im weiteren Analyserahmen für die empirische Untersuchung ist. Die Erarbeitung der Konzeption beginnt mit einem exkursiven Kapitel zur Theorie von Non-Profit-Organisationen, das erste Anhaltspunkte über die Anwendbarkeit von klassischen Managementkonzepten liefert, wie sie unter anderem aus den Wirtschaftswissenschaften bekannt sind. In den Folgekapiteln werden diese Erkenntnisse mit aus der entwicklungspolitischen Literatur zu entnehmenden Erfahrungen verknüpft, um in den Aufgabenfeldern Marketing, Planung, Personal, Kontrolle und Rechnungswesen sowie Finanzen zu Operationalisierungen zu kommen.

Das dritte Kapitel beginnt mit einer Darstellung von Untersuchungsgebiet und -methode sowie einer skizzenhaften Darstellung des NGO-Umfeldes in Afrika. Danach erfolgt zunächst eine kurze Darstellung der untersuchten NGOs, um den Leser mit Geschichte, gegenwärtigem Arbeitsfeld und aktuellen Problemen der untersuchten NGOs, im für ein Verständnis der Untersuchung notwendigen Rahmen, vertraut zu machen. Anschließend werden die gemachten Beobachtungen, analog zur Gliederung des Analyserahmens, dargestellt.

Im vierten Kapitel werden Folgerungen für das Verhalten von Süd- und Nord-NGOs sowie das Verhältnis zwischen ihnen gezogen werden. Es wird aufgezeigt, wie mögliche Änderungen im Managementbereich der NGOs zu einer Erhöhung der Absorptionskraft der privaten Träger der Entwicklungszusammenarbeit führen können.

1. Die Rolle der NGOs

Auch als Reflex auf die Mängel der staatlichen EZ hat sich die Rolle der NGOs in der jüngeren Vergangenheit geändert und wird sich auch in Zukunft ändern. Aufgabe dieses Kapitels ist es, die Gründe für die zunehmende Bedeutung der NGOs herauszuarbeiten und zu versuchen, Aufgaben, Vorteile und Nachteile von NGOs darzustellen. Dazu muß zunächst der Begriff NGO verdeutlicht und definiert werden (Kapitel 1.1), bevor die neue und eventuelle zukünftige Aufgabenzuweisung der NGOs thematisiert wird (Kapitel 1.2). Die komparativen Vorteile von NGOs gegenüber staatlicher EZ werden dargestellt (Kapitel 1.3), bevor der Handlungsspielraum der Süd-NGOs, und damit auch ihres Managements, aufgezeigt wird (Kapitel 1.4).

1.1 Definition der NGOs

Der Begriff NGO ist trotz - oder vielleicht gerade wegen - der zunehmenden Zahl der Publikationen zu diesem Thema eher unklarer geworden. Es ist einfach nicht genug, etwas nicht zu sein, wie es der Terminus NGO, oder in der deutschen Version der Terminus NRO (Nichtregierungsorganisation), vorgibt. Zunächst wehren sich vor allem die Vertreter der Süd-NGOs gegen eine Subsumierung unter den NGO-Begriff, weil er ihnen zu allgemein erscheint oder die Nichtstaatlichkeit ihrer Organisation in einer Weise betont, die in Staaten mit repressiven Regimen politisch nicht unproblematisch ist.[1]

Darüber hinaus haben Autoren sehr unterschiedliche, manchmal gegensätzliche Definitionen verwandt. Dies ist einerseits Folge der außerordentlichen Heterogenität des Gegenstandsbereiches, andererseits auch Ergebnis der Geschichte des NGO-Begriffes. Die Heterogenität des Gegenstandsbereiches wird deutlich, wenn NGOs einer-

---

1 Hier sei nur ein Vertreter der NGOs zitiert: "Nichtstaatliche Organisationen - was heißt das schon? Eine bewaffnete Verbrecherbande oder eine Vereinigung von Nonnen, die sich der Kontemplation widmen, sind auch nichtstaatliche Organisationen. ... Die Problematik unserer Existenz besteht nicht unbedingt im Antagonismus, vielmehr in der Komplementarität zur staatlichen Tätigkeit. Die NGO-Terminologie kann sogar die Entwicklung von Basisaktivitäten behindern, da sie sie von vornherein dem Verdacht der Behördenfeindlichkeit aussetzt." MUSENGIMANA 1989, S. 11.

seits als kleine bäuerliche Selbsthilfegruppen beschrieben werden,[2] andererseits die Zusammenschlüsse von staatsnahen internationalen Organisationen auf der Ebene der Vereinten Nationen (UNO) ebenfalls mit dem Terminus NGO versehen werden.

Die Spannweite des so benutzten NGO-Begriffes erklärt sich teilweise aus der Geschichte der Entstehung des Terminus NGO, der seine Ursprünge in der Resolution einer UNO-Organisation hat[3] und dabei auch viele durch staatliche Initiative gegründete Organisationen umfaßte.[4] In der Folge verlor der Begriff seinen eindeutigen Bezug auf inter- oder supranationale Organisationen im UNO-Umfeld. Besonders mit Aufkommen der Grundbedürfnisdebatte in der entwicklungspolitischen Diskussion und der Thematisierung der Selbsthilfefähigkeiten der Entwicklungsländer fand der Begriff zunehmend Anwendung auf Selbsthilfegruppen, Genossenschaften, Gewerkschaften, Parteien etc..[5] Obwohl sich der Begriff NGO als Etikett in Wissenschaft und Praxis längst etabliert hat, scheint momentan nicht einmal in der Weise ein Minimalkonsens an inhaltlicher Bestimmung zu bestehen, daß nahezu völlig unter staatlicher Kontrolle liegende Organisationen ausgegrenzt werden, solange sie nur privatrechtlich organisiert sind.[6] Zwecks Handhabbarkeit des Terminus NGO bleibt also nur die Möglichkeit, einen NGO-Begriff im folgenden zu definieren und sich so auf in dieser Arbeit verwendete Termini zu verständigen.

Die Erarbeitung einer Positiv-Definition des Begriffes konzentriert sich auf die Kriterien <u>Nichtstaatlichkeit und Freiwilligkeit, Organisationsform, Gemeinnützigkeit</u> sowie <u>Zielsetzung</u>. In diesem Sinn sind NGOs <u>nichtstaatliche freiwillige Organisationen</u>, das heißt, daß staatliche Institutionen keinen bestimmenden Einfluß auf die jeweiligen Organisation haben sollten. Dieses Kriterium ist problematisch, da häufig indirekt Einfluß auf NGOs aus-

---

2 Vgl. z.B. den diffusen NGO-Begriff bei SCHNEIDER 1986, S. 17 f..
3 "Any international organization which is not established by inter-governmental agreement shall be considered as a non-governmental organization." ECOSOC-Resolution 288 (X) vom 27. Febr. 1950, zitiert nach LISSNER 1977, S. 24.
4 Sogenannte "Government-organized-NGOs" (GONGOs).
5 Zur Geschichte des NGO-Begriffes vgl. z.B. BÖSINGER 1990, S. 11 ff.; GLAGOW 1985, S. 398; GLAGOW 1987, S. 8 f.; LISSNER 1977, S. 23 ff.; SCHNEIDER 1986, S. 102 f..
6 Sogenannte "Quasi-NGOs" (QUANGOs).

geübt wird (z.B. durch Finanzierung, personelle Verflechtung, Gesetzgebung etc.) und somit in Grenzbereichen im Einzelfall geprüft werden muß, ob eine Organisation das Etikett der Nichtstaatlichkeit zu Recht trägt. Darüber hinaus erfolgt der Ein- und Austritt oder die Gründung der NGO auf freiwilliger Basis. NGOs sind weiterhin formale Organisationen, d.h. sie verfügen über definierte Zielsetzungen und ein Netzwerk von formal strukturierten Rollen und Positionen, das Amtsträger in definierte Pflichten einbindet. Ferner verfügt eine Organisation über miteinander kommunizierende Mitglieder mit einer Einsatzbereitschaft für die Organisation.[7]

Als nächstes Kriterium ist das der Gemeinnützigkeit zu nennen. NGOs gehören zur Gruppe der "Non-Profit-Organisationen" (NPOs),[8] d.h., daß die Verteilung eines Profits unter ihre Mitglieder nicht möglich ist. Im Gegensatz zu erwerbswirtschaftlichen Organisationen ist das primäre Ziel von gemeinnützigen Organisationen die Hilfe für andere und nicht das privatwirtschaftliche Gewinnstreben.

Um nun NGOs von allen anderen nichtstaatlichen, gemeinnützigen und freiwilligen Organisationen abzugrenzen, ist ihre Zielsetzung als viertes kennzeichnendes Kriterium zu betrachten. NGOs setzen die ihnen zur Verfügung stehenden Mittel prinzipiell für Projekte und Programme ein, die der Entwicklung,[9] vorzugsweise der ärmeren Segmente der Bevölkerung von Entwicklungsländern, dienen.

Aus den vier Kriterien ergibt sich folgende Positivdefinition: **Eine NGO ist eine auf Basis der Freiwilligkeit formal organisierte Gruppe der Gesellschaft im nichtstaatlichen Bereich, die einem Ge-**

---

7 Zum Begriff Organisation vgl. BÖSINGER 1990, S. 11.
8 Eine genaue Definition und Beschreibung der Kennzeichen von NPOs erfolgt im Kapitel 2.1 "Zur Theorie von Non-Profit-Organisationen".
9 Ein einheitlicher Entwicklungsbegriff existiert nicht. Es gibt jedoch weitgehende Übereinstimmung darüber, daß Entwicklung mehr ist als ein bloßer wirtschaftlicher Wachstumsprozeß und zu verbesserter Grundbedürfnisbefriedigung und der Partizipation der Bevölkerung an den sie betreffenden politischen und wirtschaftlichen Entscheidungen führen muß. Die Süd-Kommission formulierte folgende Definition von Entwicklung: "Entwicklung ist ein Prozeß, der Menschen die Möglichkeit gibt, ihre Anlagen zu entfalten, Selbstvertrauen zu entwickeln und ein menschenwürdiges Leben zu führen. Sie ist ein Prozeß, der den Menschen die Angst vor Not und Ausbeutung nimmt. Entwicklung ist eine Bewegung weg von politischer, wirtschaftlicher und sozialer Unterdrückung." Zitiert nach NUSCHELER 1991, S. 75.

winnverteilungsverbot unterliegt und deren Ziel es ist, die Entwicklung der Gesamtgesellschaft oder bestimmter Zielgruppen in den Entwicklungsländern zu fördern.

Der so definierte NGO-Begriff ist noch sehr weit gefaßt und beinhaltet eine äußerst heterogene Gruppe von Organisationen, deren Formen so vielfältig und unterschiedlich sind, wie die von ihnen mitzulösenden Probleme. Bevor dieser Begriff durch weitere Ausgrenzungen weiter konkretisiert wird, sollen noch einige für NGOs charakteristische Kennzeichen dargestellt werden.[10] Vermerkt sei zunächst die Tatsache, daß sich das NGO-Personal häufig sowohl aus ehren- als auch aus hauptamtlichen Mitarbeitern zusammensetzt, die oft auch über Sitz und Stimme in den die NGO kontrollierenden Organen verfügen. Diesem Personal wird nachgesagt, daß es überdurchschnittlich motiviert ist, da es den Dienst in der NGO auch aus weltanschaulichen Gründen aufgenommen hat. Als weiteres NGO-typisches Merkmal sei erwähnt, daß NGOs meist eine Mittlerrolle zwischen externen Geldgebern und Dritten, d.h. in der Regel Nichtmitgliedern einnehmen, die sich durch ein Bedürfnis an materieller oder immaterieller Unterstützung auszeichnen und die Leistungen der NGOs nicht oder nicht zu Marktpreisen entlohnen.

Zur weiteren Konkretisierung des NGO-Begriffs sind nun zusätzliche Ausgrenzungen vorzunehmen, um auch darzustellen, was NGOs nicht sind. Ökonomisch betrachtet liegt ein erheblicher Unterschied zwischen den grundsätzlich gemeinnützigen NGOs einerseits und den Selbsthilfeorganisationen (SHOs) andererseits, die zwar auf Gegenseitigkeit aufbauen, jedoch primär an der Maximierung des Gruppenwohls orientiert sind. Derartige SHOs sind zwar keine NGOs im o.g. Sinne, können aber sehr wohl Teil der Zielgruppe von NGO-Aktivitäten sein.[11]

Weiterhin sind GONGOs, QUANGOs, Consultings und Sekten aus dem definierten Feld der NGOs ausgegrenzt. GONGOs sind von einer Re-

---

10 Zu den Kennzeichen von NGOs vgl. z.B. BRATTON 1990, S. 106; BURLA 1989, S. 107; CAMPBELL 1989, S. 7; PADRON 1987, S. 71.
11 Zu unterschiedlichen Konzepten von SHOs und NGOs vgl. insbesondere ANHEIMER 1987, S. 184 und NEUBERT 1990 a, S. 298. Neubert stellt verdeutlichend die Konzepte von Reziprozität (für SHOs) und Altruismus (für NGOs) gegenüber. Vgl. NEUBERT 1990, S. 562 ff.. Sinngemäß kann die Ausgrenzung von SHOs auch auf Verbände angewandt werden, in denen Leistungserbringer und Leistungsempfänger ebenfalls identisch sind. Vgl. BURLA 1989, S. 74.

gierung mit dem Ziel des Zugangs zum Ressourcenfluß der NGOs gegründete Organisationen, die weitgehend staatlicher Kontrolle unterliegen[12] und damit das Kriterium der Nichtstaatlichkeit nicht erfüllen. Die Beschreibung und Abgrenzung der QUANGOs ist komplizierter. Lissner nennt alle Organisationen, die ihre Ressourcen zu mehr als 5o % aus öffentlichen Kassen beziehen QUANGOs,[13] während Gorman nicht ausschließen will, daß auch zu 80 % aus öffentlichen Kassen finanzierte Organisationen noch ihre Unabhängigkeit bewahren können, wenn ihre verbleibenden privaten Spendeneinnahmen ausreichen, um ein ökonomisches Überleben in jedem Fall zu sichern.[14] Unstrittig ist, daß vollständig öffentlich finanzierte Organisationen das Kriterium der Freiwilligkeit nicht erfüllen.[15]

Als weitere Nicht-NGOs sind Consultings[16] zu nennen, die das Kriterium der Gemeinnützigkeit nicht erfüllen, und Sekten, die das Zielkriterium nicht erfüllen, da sie "Scheinentwicklung" betreiben und in ihrer Missionstätigkeit ihr Hauptziel zu sehen ist.[17]

Neben der Definition der NGOs bliebe noch die Erstellung der Typologie als zweites Arbeitsinstrument. Eine Typologie sollte die Vielfalt von NGOs in überschaubare Teilbereiche gliedern. Sie dient der beschreibenden Strukturerfassung, wobei sich Anzahl und Art der Kriterien zweckmäßigerweise nicht nur nach den Merkmalen des Untersuchungsgegenstandes richten, sondern auch nach dem Forschungsgegenstand.[18] Als Gliederungskriterien kommen in Frage: die Gründungsursache, die Art der Aktivitäten, die Art der Finanzie-

---

12 Vgl. NEUBERT 1990, S. 565. Lissner nennt Organisationen mit entscheidendem Regierungseinfluß "para-governmental-organizations". LISSNER 1977, S. 25.
13 Vgl. LISSNER 1977, S. 25.
14 Vgl. GORMAN 1984 a, S. 2. Gorman nennt CARE als Beispiel für eine weitgehend öffentlich finanzierte NGO.
15 Vgl. GLAGOW 1987, S. 9; GORMAN 1984 a, S. 2; LISSNER 1977, S. 24 f.. Typische Vertreter der QUANGOS sind die staatsnahen - formalrechtlich privatwirtschaftlich organisierten - Durchführungsorganisationen der Regierungen (z.B. die GTZ in Deutschland) und die Freiwilligenentsendedienste wie Peace Corps (USA), Canadian University Service Overseas (Kanada), Mellemfolkeligt Samvirke (Dänemark) etc..
16 Dazu zählen auch sogenannte "gemeinnützige Consultings", denen aus Kreisen der etablierten NGOs betrügerische Machenschaften vorgeworfen werden, da sie die Gewinnverteilungsrestriktionen gemeinnütziger Organisationen z.B. durch nicht marktgerechte Gehaltszahlungen umgehen. Vgl. NEUBERT 1990, S. 565 f..
17 Vgl. NEUBERT 1990, S. 566 und SCHNEIDER 1986, S. 108.
18 Vgl. BURLA 1989, S. 76 ff..

rung, Art und Weise der religiösen oder säkularen Anbindung, die Größe, die Zusammensetzung und Bedeutung der Mitgliedschaft, die unterschiedliche Professionalität der Mitarbeiter, die Organisationsstruktur, der Zugang zur Zielgruppe, die Zielgebung etc..[19] Stellte man nur diese Kriterien mit den jeweiligen Merkmalen in Matrixform dar, erhielte man mehrere Tausend Ausprägungsformen, die in ihrer Unübersichtlichkeit den Untersuchungsgegenstand nicht überschaubarer machten, zumal einige NGOs bei den genannten Gliederungskriterien in mehrere Kategorien fielen. Es ist daher angeraten, die Diversa der NGO-Gemeinschaft zu akzeptieren und nicht durch Abstraktionen zu negieren.[20] Für den Zweck dieser Arbeit reicht es aus, die NGOs in zwei Gruppen zu teilen. Die erste Gruppe ist die der Süd-NGOs, die ihren Ursprung in den Entwicklungsländern haben und auch von Gruppen aus der Bevölkerung der Entwicklungsländer kontrolliert werden. Die zweite Gruppe ist die der Nord-NGOs, die der Kontrolle von Gruppen aus den Industrieländern unterliegen. Zu dieser Gruppe zähle ich auch die Gliederungen von Nord-NGOs, die in Entwicklungsländern arbeiten, selbst wenn deren Mitarbeiterschaft sich vollständig aus Staatsbürgern der Entwicklungsländer rekrutiert.

Leider gibt es bereits für diese beiden Kategorien in der Literatur die unterschiedlichsten Bezeichnungen, und besonders in den Entwicklungsländern haben sich verschiedene Begriffe für NGOs etabliert. Für das Verständnis des Textes, und insbesondere der Zitate verschiedener Autoren, ist es notwendig, dem Leser die jeweiligen Synonymbegriffe vorzustellen. Die unterschiedlichen Bezeichnungen sind dabei nicht zufällig entstanden, sondern eher als Reflex auf eine politische Situation oder die sprachlich/kulturelle Bindung an die ehemalige Kolonialmacht. Während das Kürzel NGO z.B. auf den Philippinen noch als Markenzeichen gilt,[21] ist in Indien, britischer Tradition folgend, der Begriff "voluntary agency" üblich.[22]

---

19 Zu den unterschiedlichsten Typologien vgl. z.B. BRATTON 1990, S. 106; CERNEA 1988, S. 10; FOWLER 1988 a, S. 3 ff.; FRANTZ 1987, S. 122; GARILAO 1987, S. 115 f.; GLAGOW 1989, S. 5; GORMAN 1984 a, S. 3; SAWADOGO 1989, S. 14.
20 Dazu CERNEA 1988, S. 10: "But these compartmentalizations are abstractions and real life bursts out: if one is what one does, the same NGO may fall in several categories at the same time."
21 Vgl. GUÉNAU 1989, S. 4.
22 Vgl. GUÉNAU 1989, S. 4; SETHI 1983, S. 19. Zu finden ist auch

In anglophonen Entwicklungsländern dominiert der Begriff "private voluntary organizations" mit der schwarzafrikanischen Variante der "voluntary development organizations", während in Lateinamerika ebenfalls mit dem Begriff "non-governmental-development organizations" die Betonung auf dem karitativen und nicht so sehr auf dem nichtstaatlichen Charakter von NGOs liegt.[23] Gebräuchlich ist allerorten die Einfügung des Wortes "Entwicklung" in der jeweiligen Landessprache als Ergänzung zum NGO-Kürzel.[24] Im Gegensatz zu den Vertretern der Süd-NGOs, vermeiden die Autoren aus den Industrienationen nicht die Erwähnung der Nichtstaatlichkeit von Süd-NGOs, setzen dem Terminus NGO aber ein Kürzel zur Entwicklungsländerzuordnung voran.[25]

Bei der Kennzeichung von Nord-NGOs wird in der Literatur ebenfalls dem Terminus NGO ein Kürzel zur geographischen Kennung vorangestellt.[26] Besonderheiten bilden dabei die britischen, französischen und nordamerikanischen NGOs. Die Franzosen kürzen NGO mit ONG[27] (für "Organisation Non-Gouvernementale") ab, die Briten nennen NGOs "voluntary agencies" und die Nordamerikaner gebrauchen das Kürzel PVO (für "private voluntary organizations"). Ich werde mich im folgenden auf die Kürzel Süd-NGO oder Nord-NGO beschränken. Das Kürzel NGO umfaßt beide Kategorien.

1.2 Die Herausforderung der NGOs

Während die Industrienationen in den letzten 40 Jahren zu Reichtum gekommen sind und die sozialen Verhältnisse sich in einigen

---

die abgekürzte Form "VOLAG", vgl. FERNANDEZ 1987, S. 39.
23 Vgl. OECD 1989, S. 15; PADRON 1987, S. 70 ff.;
24 Z.B. "Third World Development NGO" oder "Non-governmental Development Organization". Vgl. FOWLER 1989, S. 18; GARILAO 1987, S. 113 ff.; PADRON 1987, S. 69.
25 Daraus ergibt sich "Third World" / "local" / "national" / "LDC" / "indigenous" - NGO. Vgl. z.B. DAC 1985, S. 150 ff.; DE CROMBRUGGHE/HOWES/NIEUKERK 1987 a, S. 290; ELLIOTT 1987, S. 60; GORMAN 1984 a, S. 3.; HELLINGER 1987, S. 139; KAJESE 1987, S. 79; YATES 1986, S. 35 ff..
26 Daraus ergibt sich "European" / "international" / "North Atlantic" / "First World" - NGO. Vgl. z.B. DE CROMBRUGGHE/HOWES/NIEUKERK 1987 a, S. 290; ELLIOTT 1987, S. 60; GARILAO 1987, S. 113 ff.; HELLINGER 1987, S. 139; VAN DER HEIJDEN 1987, S. 105.
27 Ähnlich dem deutschen Kürzel NRO für Nichtregierungsorganisation.

Schwellenländern erheblich verbessert haben, leben zu Beginn der neunziger Jahre circa 1 Milliarde Menschen in absoluter Armut, d.h. sie verfügen über ein Durchschnittseinkommen von weniger als 370 US-$ pro Jahr.[28] Insbesondere für die Region südlich der Sahara waren die achtziger Jahre ein verlorenes Jahrzehnt, und weder die Bemühungen der Entwicklungsländer noch der EZ konnten einen Rückgang des Lebensstandards in einigen Ländern verhindern. Die Erwartung, EZ könnte entscheidend zur Entwicklung beitragen, ist überhöht. Die nationalen und weltwirtschaftlichen Rahmenbedingungen sind von ungleich größerer Bedeutung. Doch auch bei Berücksichtigung dieser Relativierungen sind die Ergebnisse staatlicher EZ insgesamt als enttäuschend anzusehen. Das folgende Kapitel soll zunächst mögliche Ursachen für das relative Versagen staatlicher EZ skizzieren, soweit sie in den Strukturen der Industrieländer zu finden sind (Kapitel 1.2.1). Danach ist das Augenmerk auf die Entwicklungsländer zu richten, deren Strukturen ebenfalls einem Erfolg der EZ häufig nicht dienlich sind (Kapitel 1.2.2). Daran anschließend erfolgt die Darstellung des sich durch die Schwächen der staatlichen EZ verändernden Aufgabenbereichs der NGOs (Kapitel 1.2.3).

1.2.1 Mängel in der staatlichen Entwicklungszusammenarbeit

Die Kritik macht sich im wesentlichen an fünf Punkten fest. Erstens die Feststellung, daß die im Rahmen der Entwicklungszusammenarbeit zur Verfügung gestellten Ressourcen zu gering sind und in keinem Verhältnis zur Lösung des Problems stehen. Zweitens wird kritisiert, daß die zuständigen Ministerien und Behörden einer heterogenen Aufgabenzuweisung unterliegen, somit nicht sach- und zielgerecht handeln können und drittens ineffektiv sind, soweit es die Erreichung der Zielgruppen in den Entwicklungsländern angeht. Eine vierte Beobachtung kritisiert die Tatsache, daß EZ von zu großen organisatorischen Einheiten durchgeführt wird, die ihren eigenen bürokratischen Zwängen unterliegen und fünftens dazu neigen, gegenüber kulturellen Eigenheiten der Zielgruppen ignorant zu sein.

---

28 Zur Dimension der Armut in den Entwicklungsländern vgl. z.B. den Weltbankbericht 1990. WORLD BANK 1990, S. 1 - 6.

Auch wenn die Ressourcen der EZ der wachsenden Verelendung in einigen Entwicklungsländern nicht Einhalt gebieten können, wächst der politische und moralische Druck auf eine Erfüllung des "0,7-Prozent-Zieles",[29] während sich die reichen Länder eher von der Erfüllung dieses Zieles entfernen. Als Argument für die Nichterfüllung dieser Selbstverpflichtung wird in der Regel vorgetragen, daß die Mittel in absoluten Zahlen in den letzten Jahren schneller zugenommen haben, als Qualitäten wie Motivation, Partizipation, Organisationsstärke und Integrität sich in den Entwicklungsländern entwickeln konnten. Dadurch sei ein Absorptionsproblem aufgetreten, und die verfügbaren Mittel überstiegen bereits die vorhandenen guten und wirklich verantwortbaren Einsatzmöglichkeiten und ließen sich nur noch mit Mühe ausgeben ("Pipeline-Problem"). Dies führe wiederum zur Zurückhaltung bei Haushaltsberatungen.[30] Tatsächlich hängt die Durchlässigkeit der "Pipeline" auch von Geber-Kriterien und Evaluierungsmethoden sowie Zielsetzungen der zuständigen Regierungsstellen ab. Angesichts der drängenden Schuldenproblematik und der Möglichkeiten, das Absorptionsvermögen einzelner Länder bei politischer Opportunität zu erhöhen, ist nur schwer vorstellbar, daß technische Gründe einer Erhöhung der Hilfe im Wege stehen.[31]

Neben dieser Kritik an der Quantität der staatlichen EZ gibt es ungleich vehementere Kritik an ihrer Qualität, die zunächst unter einer heterogenen Aufgabenzuweisung an die zuständigen Ministerien leidet. Entwicklungspolitik stellt sich als kaum noch entwirrbares Gemisch aus humanitären Elementen, aufgeklärtem Eigeninteresse und außen-, wirtschafts- sowie verteidigungspolitischen Eigeninteressen[32] dar, deren Durchführung in den meisten Geberländern unter-

---

29 Einige Industrienationen haben in UNO-Resolutionen die Absicht erklärt, 0,7 % ihres Bruttosozialprodukts für die EZ zu verwenden. Bisher haben nur einige skandinavische Länder und die Niederlande dieses Ziel erreicht. Vgl. SCHULTZ 1989, S. 368.
30 Vgl. BERWEGER 1989, S. 30; NUSCHELER 1991, S. 76; SCHULTZ 1989, S. 371 ff..
31 Dazu CASSEN 1990, S. 219: "Meistens ... sind solche Beschränkungen, wo sie wirklich existieren, Beschränkungen der Aufnahmefähigkeit des Empfängers für die Art Hilfe, die der Geber am liebsten möchte, nämlich Projekthilfe, und nicht eine beschränkte Fähigkeit zum wirksamen Einsatz zusätzlicher Mittel überhaupt."
32 So heißt es z.B. in den bundesdeutschen Grundlinien der Entwicklungspolitk der Bundesregierung aus dem März 1986: "Die Entwicklungspolitik unterliegt ebenso wie die anderen Politik-

halb der Ministerialebene angesiedelt ist. Da die wohlorganisierten Einflüsse aus Außen- und Wirtschaftsministerien in relevanten Fällen gewichtiger sind als die Lobbyarbeit entwicklungspolitisch tätiger Organisationen, sind auch Entwicklungshilfeministerien in erster Linie Nebenaußen-[33] oder Nebenwirtschaftsministerien, und EZ bleibt, was sie seit jeher war, "ein Politikbereich mit nur geringem Veränderungspotential".[34]

Die wohl gravierendste Kritik an der EZ, sie erreiche die Zielgruppen nicht, wurde in aller Deutlichkeit seit McNamaras "Nairobi-Fanfare"[35] im Jahre 1973 oft wiederholt und trifft noch heute zu. 1988 faßte ein Vizepräsident der Weltbank die Erfolge der EZ bei der Armutsbekämpfung zusammen: " ... our efforts to fight against poverty have met with disappointing results."[36] Die Grundbedürfnisstrategie[37] konnte sich als konzeptionelle Basis in der offiziellen EZ kaum durchsetzen. So verwundert es nicht, daß die Evaluierung des Bundesministeriums für wirtschaftliche Zusammenarbeit (BMZ) zu einem harten Urteil über die diesbezügliche Effizienz der offiziellen EZ kommt: "Entwicklungshilfe hat im Untersuchungszeitraum keinen Einfluß auf die Verbesserung der Befriedigung von Grundbedürfnissen (medizinische Versorgung, Alphabetenquote, Kalorienversorgung, Lebenserwartung) gehabt."[38]

---

bereiche dem grundgesetzlichen Auftrag, dem deutschen Volke zu nutzen und Schaden von ihm abzuwenden." BMZ 1986, S. 7.
33 In der Bundesrepublik gilt der Kanzlererlaß von Dezember 1964, demzufolge das Auswärtige Amt für alle politischen Fragen der Vergabe von Entwicklungshilfe zuständig ist. Vgl. VON STOCKHAUSEN 1989, S. 302.
34 VON STOCKHAUSEN 1989, S. 304. Zum Problembereich der heterogenen Aufgabenzuweisung vgl. auch GLAGOW 1985, S. 399 ff.; HOFMANN et al. 1988, S. 1 f.; KLEMP 1988, S. 5 f.; VON STOCKHAUSEN 1989, S. 302 ff..
35 Die Rede des damaligen Weltbankpräsidenten gilt als der offizielle (zumindest rhetorische) Durchbruch der Grundbedürfnisstrategie. Vgl. McNAMARA 1981, S. 233 ff..
36 Moeen Kureshi, zitiert nach VINCENT 1989, S. 172.
37 Die Grundbedürfnisstrategie bestreitet entschieden, daß quantitatives Wirtschaftswachstum grundsätzlich langfristig zur Verbesserung der allgemeinen Lebensbedingungen führt ("trickle-down"-Effekt) und favorisiert unter anderem eine Ressourcenallokation zugunsten investiver Zwecke im Bereich der sozialen Infrastruktur ("Invest-in-the-poor"-Strategie).
38 Agarwal u.a.; in: "Wirkungen der Entwicklungshilfe. Bestandsaufnahme und Überprüfung für die zweite Entwicklungsdekade", Forschungsberichte des BMZ (Bd. 50), Köln, 1984, zitiert nach KLEMP 1988, S. 29. Zusammenfassend urteilt CASSEN 1990, S. 87 über die gesamte staatliche EZ: "Die Geber könnten mehr tun, um

Der vierte Kritikpunkt ist eher organisationssoziologischer Natur. Er stellt die Fähigkeit zu großer Verwaltungen in Frage, unter Anwendung bürokratischer Normen und der jeweiligen spezifischen Verwaltungsrationalität sachgemäß und flexibel auf die jeweiligen Projekt- und Programmerfordernisse zu reagieren.[39] Jährigkeitsprinzip und haushaltsrechtliche Bestimmungen führen zu technisch-bürokratischem Routinedenken und einer Abwicklungsmentalität, die mit den Realitäten in den Entwicklungsländern kaum in Kontakt steht. Bei wachsenden Mittelabflüssen und stagnierenden Personalkostenbudgets ist dabei ein kontraproduktiver Trend zu möglichst teuren und damit "mittelabflußintensiven" Projekten[40] zu erwarten.[41]

Die bürokratische Zwangslage und der damit verbundene Trend zu "mittelabflußintensiven" Projekten führen - und dies wäre der fünfte Kritikpunkt - zu einer Ignoranz gegenüber dem kulturellen Umfeld der Projekte und Programme. Obwohl die Entwicklungsorganisationen ein hochgradiges Professionalitätsniveau in Einzelbereichen aufgebaut haben, kommt es auf dem Gebiet der Projektdurchführung immer wieder zu grotesken Fehlleistungen. Meist ist dies darauf zurückzuführen, daß Erfahrungen ungeprüft in anderen Regionen angewandt oder eurozentristisch konzipierte Projekte völlig an den Lebensrealitäten der Entwicklungsländer vorbeigeplant werden und so zu Akzeptanzproblemen bei den Zielgruppen führen.
Eine großzügigere, tatsächlich an den Interessen der Zielgruppen orientierte, unbürokratische und kulturell sensible EZ könnte ein Baustein zur Verbesserung der Lebensbedingungen in den Entwicklungsländern sein. Da staatliche EZ definitorisch stets in Übereinstimmung mit den herrschenden Gruppen in den Entwicklungslän-

---

den Armen zu helfen (oder ihnen wenigstens nicht zu schaden), wenn sie den Auswirkungen aller ihrer Projekte auf die Armut mehr Beachtung schenkten."
39 Vgl. GLAGOW 1985, S. 402; KLEMP 1988, S. 43 ff..
40 Ein Beispiel aus dem BMZ: "Etwa 70 Referenten der federführenden Einheiten haben jeder einzelne für sich im Durchschnitt 45 Millionen DM Jahr für Jahr in Projekte zu investieren ... Viele Referenten kennen eine größere Zahl 'ihrer Projekte' schon nicht mehr." BÖLL 1985.
41 "Im Extremfall kann sich in der Folge ein sogenannter Löschpapiereffekt einstellen, der beispielsweise dazu führt, daß ein Großkrankenhaus alle zur Verfügung stehenden öffentlichen Mittel absorbiert und damit das Gesundheitswesen eines Landes gefährdet." KLEMP 1988, S. 49.

dern durchzuführen ist, kann sie kaum besser sein, als die sie aufnehmenden Strukturen.[42] Diesen die Reichweite der EZ begrenzenden binnengesellschaftlichen Strukturen der Entwicklungsländer gilt die Aufmerksamkeit des nächsten Kapitels.

1.2.2 Mängel in der Entwicklungsorientierung in den Entwicklungsländern

Weil der Unternehmer als eine treibende Kraft der wirtschaftlichen Entwicklung in den Entwicklungsländern kaum zu finden war, inthronisierten die Modernisierungstheoretiker der Entwicklungspolitik in den fünfziger Jahren den Staat als Planer, Lenker, Unternehmer, als den Entwicklungsmotor schlechthin. Bereits 1968 hat Gunnar Myrdal das Versagen des Staates geschildert und ihm Schwäche, soziale Disziplinlosigkeit und Korruption[43] vorgeworfen. Die damals unkonventionelle Kritik an der Rolle des Staates in Entwicklungsländern ist inzwischen zur Gewißheit geronnen. In der Mehrheit der Entwicklungsländer erweisen sich die Staatsapparate als dysfunktional und werden zunehmend als zentrales Hindernis von Entwicklung betrachtet. Für die wirtschaftliche Entwicklung der Entwicklungsländer hat es meist fatale Auswirkungen, wenn mit der "Verstaatlichung der Wirtschaft" de facto eine "Privatisierung des

---

42 Dazu Cassens EZ-Bestandsaufnahme: "Dieser Bericht unterstreicht jedoch die Tatsache, daß die Linderung der Armut sowohl von der EZ als auch von der Politik der Empfängerländer abhängt, und bei dieser Art der Zusammenarbeit spielt die EZ eindeutig die Rolle des 'Juniorpartners'." CASSEN 1990, S. 28 f..
43 Vgl. Myrdals Ausführungen in "Asiatisches Drama", insbesondere das Kapitel "Gleichheit und Demokratie", MYRDAL 1973, S. 145 ff.. Mit Korruption des Staates ist hier nicht die Überlebenskorruption des "kleinen Mannes" gemeint, sondern die Bereicherungskorruption der herrschenden Gruppen, die ganze Staaten zur Beute Einzelner (sog. "Beutestaaten") werden ließ. Körner spricht in diesem Zusammenhang von "Kleptokratien". Vgl. KÖRNER et al. 1984, S. 134 ff.. Aufschlußreich sind Fallbeispiele, wie z.B. in NEUDECK/GERHARD 1987, S. 262 ff. über Mosambik und Somalia. Zu Einschätzungen des Südens vgl. den Bericht der Süd-Kommission: "Over-centralization, limited administrative capabilities, laxity of tax administration, and authoritarian tendencies have combined to provide fertile conditions for corruption in many developing countries. ... The issue bears not solely on venality in the public sector, but on encouragement and facilitation of corruption within society through governmental mismanagement." SOUTH COMMISSION 1990, S. 51 f..

Staates" stattfindet, und nicht in effizienter Produktion, sondern in der Manipulation des staatlichen Ausgabenprozesses die lukrativsten Geschäfte zu machen sind.[44] Der sich ausdehnende öffentliche Sektor gerät dabei immer mehr unter die Kontrolle einer auf Selbstprivilegierung bedachten Staatsklasse,[45] die ein ausgesprochen etatistisches Staatsverständnis[46] hat und ihre Privilegien notfalls auch mit Gewalt verteidigt.

Politisch unbeeinflußbar sind solche Staatsklassen jedoch nicht. Sie sind in miteinander konkurrierende Segmente gespalten und, anders als frühere Oligarchien, zudem aus Legitimationsgründen zumindest verbal Entwicklungszielen verpflichtet. Nicht alle Segmente pflegen einen zynischen Umgang mit dieser Propaganda, und so gibt es sehr wohl Möglichkeiten politischer Einflußnahme. So könnten z.B. durch eine klare Umorientierung der Entwicklungszusammenarbeit die eher reform- und entwicklungsorientierten Segmente der Staatsklasse gefördert werden[47], wohingegen eine unkritische Mittelzuteilung letztendlich den status quo stützt und sich in die bestehenden Strukturen der Ungleichheit integriert.[48] Radikale

---

44 Zur Rolle des Staates vgl. u.a. ARICKAL 1976, S. 18 f; KLEMP 1988, S. 59 ff.; KORTEN 1987, S. 146; TRENK 1990, S. 1 f..
45 Nach Elsenhans umfaßt die Staatsklasse alle im öffentlichen Sektor (Verwaltung und Staatsbetriebe) Beschäftigten, die über überdurchschnittlich hohe Einkommen oder andere Privilegien verfügen. Für die Staatsklasse ist der Staatsapparat das Instrument, über den sie sich Mehrprodukt aneignet, verteilt, sich reproduziert, Investitionen tätigt, Legitimation verschafft, andere gesellschaftliche Klassen klientelistisch an sich bindet, sowie sich selbst kleinere oder größere Privilegien verschafft, ohne dabei individuell über die Produktionsmittel verfügen zu müssen. Vgl. ELSENHANS 1981, S. 121; ELSENHANS 1986, S. 156 f..
46 "Dies bedeutet nun aber keineswegs, daß diese Staaten, deren Regierungen diesem Etatismus anhängen, besonders effizient organisiert wären, daß dort eine mustergültige, wirkungsvolle Verwaltung am Werk wäre. Ganz im Gegenteil ist der Etatismus in diesen Ländern Ausdruck einer ineffizienten, notorisch unzuverlässigen Administration. ... Etatismus ist ein Resultat der Schwäche einer Staatsorganisation, für die ein Ausgleich in der direkten Herrschaft und Kontrolle der Regierung bis in die Detailfragen hinein gesucht wird. Etatismus hat also durchaus deutliche Bezüge zu ... Dezisionismus: Er setzt das Recht der Regierung zur jederzeitigen willkürlichen Einschaltung in und Änderung von Entscheidungen voraus." SCHIEL 1987, S. 83 f..
47 Vgl. ELSENHANS 1985, S. 226 f.; VON STOCKHAUSEN 1989, S. 300.
48 Dazu CASSEN 1990, S. 104: "Es wird manchmal gesagt, die EZ könne den Armen nicht helfen, weil sie den politischen und sozialen Status quo, aus dem die Armut entstehe, noch verstärke. ... Es mag sein, daß die EZ das tatsächlich tut, je nach-

Kritiker fordern deshalb auch die Einstellung der EZ oder die Bindung an entwicklungspolitische Auflagen wie der Aufhebung der die Staatsklassen begünstigenden Wechselkurs- und Preisverzerrungen, Rückführung der Einkommensdisparitäten, Einschränkung des Staatskonsums, Förderung der Landwirtschaft etc..[49]
Die sich aus der Gesamtsituation ergebende Ohnmacht staatlicher EZ - sieht man von den Möglichkeiten des umstrittenen "Politikdialoges" ab - führt zu einer zunehmenden Favorisierung nichtstaatlicher EZ, deren Möglichkeiten und Grenzen Gegenstand der nächsten Kapitel sind.

1.2.3 Veränderungen im Aufgabenfeld der NGOs

Die Geschichte der Aufgabenstellung der NGOs reicht weiter in die Vergangenheit zurück als die der staatlichen EZ. So sind die Kirchen bereits seit der Kolonialzeit in diesem Feld aktiv und können insbesondere in den Sektoren Bildung und Gesundheit auf eine lange Tradition zurückblicken. Während derartige Aktivitäten sich bis über den Beginn unseres Jahrhunderts zurückverfolgen lassen, entstanden säkulare NGOs erst nach dem Ersten Weltkrieg und gewannen während des Zweiten Weltkrieges an Bedeutung.[50]
Diese europäischen NGOs waren in der Katastrophenhilfe aktiv, und die Beschränkung auf den "welfare-approach" bestimmte ihr Erscheinungsbild bis zu Beginn der siebziger Jahre. Hauptaufgabe war die Lieferung von Nahrungsmitteln und die Einrichtung sozialer Dienste. Die Kofinanzierung der Nord-NGOs durch die Regierungen des Nordens begann bereits in den sechziger Jahren.[51]
Das heute bekannte heftige Wachstum der NGOs nahm seinen Anfang in den sechziger Jahren und wurde verstärkt durch die Krisen der siebziger Jahre (Ölkrise und ökonomische Folgen etc.). Nach ein-

---

dem wie sie eingesetzt wird. Es kann aber auch sein, daß sie, vielleicht sogar ohne es zu wollen, wirtschaftliche Veränderungen bringt, die zu politischen und sozialen Reformen führen."
49 Vgl. BRANDT/ZEHENDER 1986, S. 245 f.; KLEMP 1988, S. 61; VON STOCKHAUSEN 1989, S. 300 f..
50 Oxfam wurde z.B. 1942 und CARE 1945 gegründet. Zur NGO-"Frühgeschichte" vgl. z.B. OECD 1989, S. 19 ff.; HOFMANN et al. 1988, S. 4 f.; DICHTER 1989, S. 16; HERBERT-COPLEY 1987, S. 21.
51 In den USA bereits in den fünfziger Jahren. Zur "Nachkriegsgeschichte" der NGOs vgl. DREESMANN 1990, S. 213; ELLIOTT 1987, S. 57; LANDIM 1987, S. 31; OECD 1989, S. 28.

zelnen Industrienationen nahmen auch multinationale Organisationen die Finanzierung von Nord-NGOs in ihre Programme auf,[52] und die veränderte NGO-Landschaft wandte sich von der reinen Katastrophenhilfe zunehmend auch entwicklungspolitisch mittelfristigen Aufgabenstellungen zu.[53]

Die hohen Wachstumsraten bei den Nord-NGOs hielten bis in die achtziger Jahre an. Verschuldungskrise, ökologische Desaster und die immer offenbarer werdenden Limitierungen staatlicher EZ ließen die besonderen Vorteile basisnaher NGOs wichtiger denn je erscheinen. Das wachsende System von Nord-NGOs sowie der jetzt auch aktiver werdenden Süd-NGOs entwickelte sich zur ernstzunehmenden Alternative zum "mainstream" des durch staatliche Aktivitäten geprägten entwicklungspolitischen Denkens. Zunehmend wurde die Rolle des Staates in den Entwicklungsländern hinterfragt. Eine neue Gründungswelle von Süd-NGOs setzte ein, die nun auch durch staatliche Stellen des Nordens ohne die Einbindung vermittelnder Nord-NGOs unterstützt wurden ("Direktfinanzierungen").

Als Ergebnis des rapide steigenden Ressourcenzuflusses und neuer Aufgabenstellungen hat sich das Bild der Süd-NGOs in den achtziger Jahren weiter verändert. Neugründungen von NGOs haben dafür gesorgt, daß nahezu jeder Bereich der Gesellschaft der Entwicklungsländer von mehr oder weniger spezialisierten NGOs berührt wird. Bestehende Süd-NGOs haben ihre traditionellen Aufgabengebiete um Bereiche erweitert, die bisher der Domäne des Staates zugeordnet wurden und sind durch bessere Organisation sowie höhere Mobilisierungskapazität selbstbewußter geworden. Bevor ein Blick in weitere denkbare zukünftige Rollenverteilungen gewagt wird, um die notwendige Projektion für zukünftige Managementerfordernisse der Süd-NGOs zu erstellen, soll hier zunächst eine Bestandsaufnahme der NGO-Situation zu Beginn der neunziger Jahre erfolgen. Dabei werden erstens das <u>finanzielle Volumen</u> der weltweiten NGO-Aktivitäten, zweitens die <u>Anzahl der NGOs</u> und ihre geographische Verbreitung sowie ihre Bedeutung für einzelne Staaten und drittens ihre <u>bisherigen Aufgabenfelder</u> im Vordergrund stehen.

Obwohl die statistische Erfassung des <u>Finanzvolumens</u> aller NGOs auf Schwierigkeiten stößt, läßt sich - zumindest für die Nord-NGOs - aus den verfügbaren Informationen der Trend ableiten, daß der

---

52 Vgl. SMITH 1987, S. 88; OECD 1989, S. 28.
53 Vgl. z.B. HERBERT-COPLEY 1987, S. 21; LANDIM 1987, S. 31 f..

nichtstaatliche Teil der EZ mit beachtlichen Raten wächst. Die Auszahlungen der Nord-NGOs stiegen von 1970 bis 1986 um das Vierfache, und im selben Zeitraum verdreifachten sich die privaten Spendeneinnahmen der Nord-NGOs. Die staatlichen Zuschüsse der OECD-Staaten an Nord-NGOs verzehnfachten sich sogar.[54]

Die mehr als 4 1/2 Milliarden US-$, die 1986 den Nord-NGOs zur Verfügung standen, wurden zu ca. 70 % durch private Spenden aufgebracht, während der Rest von den Regierungen der OECD-Staaten finanziert wurde. Die Nord-NGOs geben zur Zeit ca. 15 % der offiziellen EZ-Mittel aus,[55] wobei - wie Abbildung 1 zeigt - der Löwenanteil der Leistungen aus wenigen Ländern stammt.

Abbildung 1
Ausgaben der Nord-NGOs nach Staaten (1986, in Mio. US-$)

Staat:	Nord-NGO-Ressourcen:	Kofinan-zierung:	Totale Ausgabe:	% - Anteil an OECD-Summe:
USA	1.753	484	2.237	48,6
BRD	545	223	768	16,7
Kanada	176	144	320	7,0
Niederlande	140	97	237	5,2
Grossbritannien	191	31	222	4,8
Frankreich	84	56	140	3,0
Schweden	85	46	131	2,8
Schweiz	66	50	116	2,5
Japan	82	19	101	2,2
Restliche OECD-Staaten	216	117	333	7,2
Summe OECD	3.338	1.267	4.605	100,0

Quelle: VAN DER HEIJDEN 1990, S. 26.

Dabei ist allerdings unklar, welcher Prozentsatz der Auszahlungen der Nord-NGOs unter Zuhilfenahme von Süd-NGOs erfolgt. Wahrscheinlich ist, daß dieser Prozentsatz aufgrund der begrenzten Kapazitä-

---

54 Zu den Zahlenangaben vgl. HOFMANN et al. 1988, S. 6; VAN DER HEIJDEN 1987, S. 104; MINEAR 1987, S. 96.
55 Zahlenangaben aus DICHTER 1989, S. 16; VAN DER HEIJDEN 1990, S. 18. 10 % der Nord-NGOs haben ein jährliches Budget von je mehr als einer Million US-$. Vgl. DICHTER 1988, S. 38.

ten der Nord-NGOs gestiegen ist, und der betreffende Betrag in absoluten Zahlen somit noch schneller steigt, als die Zunahme der Auszahlungen der Nord-NGOs. Während zum Auszahlungsvolumen der Nord-NGOs Statistiken zu finden sind, ist die Informationslage über die Zahl der NGOs unübersichtlich. Bei der OECD sind 1702 Nord-NGOs registriert, wobei die tatsächliche Zahl der entwicklungspolitisch aktiven NGOs auf über 4.000 geschätzt wird.[56] Zur Anzahl der Süd-NGOs ist infolge des denkbar heterogen definierten NGO-Begriffs, und hierbei insbesondere wegen der häufig diffusen Abgrenzung/Nichtabgrenzung zu Selbsthilfeorganisationen, eine große Datenvielfalt vorzufinden. Schätzungen reichen von ca. 20.000 Süd-NGOs bis zu Zahlen in Millionenhöhe, wobei mit ziemlicher Sicherheit 20.000 - 30.000 NGOs im Süden der weiter oben festgelegten Definition entsprechen und in der Regel von Organisationen des Nordens unterstützt werden.[57]

Die Datenlage über die Verteilung der NGOs auf die Weltregionen ist besser. Offensichtlich gibt es NGOs fast überall auf der Welt, mit nur zwei nennenswerten Ausnahmen: NGOs sind sehr selten in den ehemals sozialistischen Ländern Osteuropas und den Staaten des Nahen Ostens anzutreffen, in denen ein allzu etatistisches Staatsverständnis bzw. die Korankultur[58] ihrer Verbreitung entgegenstehen. Nach Kontinenten betrachtet[59] läßt sich feststellen, daß lateinamerikanische NGOs auf eine lange Tradition zurückblicken, und die Gründungsursachen hier häufig in Verteilungsproblemen und Einkommensdisparitäten zu finden waren. In Asien, insbesondere in Südasien, scheinen Massenarmut und die Nichtgewährleistung der Grundbedürfnisbefriedigung die zentralen Themen bei der Entstehung der meisten NGOs in den sechziger Jahren gewesen zu sein. Jüngeren Datums ist die NGO-Gründungswelle in den afrikanischen Staaten südlich der Sahara. In der Regel gibt es pro Staat nur etwa 20 - 50 funktionsfähige NGOs, wobei in Kenia und Zimbabwe die Entwicklung der NGOs weiter fortgeschritten ist.

---

56 Vgl. OECD 1989, S. 17. Auf die 200 größten NGOs entfallen ca. 75 % der finanziellen Ressourcen. Vgl. DREESMANN 1990, S. 213.
57 Vgl. DICHTER 1988, S. 38; HELLINGER 1987, S. 135.
58 Vgl. WILLIAMS 1990, S. 31. Nach Schneider legt die Korankultur mehr Wert auf die Pflicht der Gläubigen zu individueller Wohltätigkeit als auf organisierte Solidarität. Vgl. SCHNEIDER 1986, S. 35.
59 Vgl. dazu LANDIM 1987, S. 30; SCHNEIDER 1986, S. 104 f.; VAN DER HEIJDEN 1990, S. 20 ff..

Innerhalb der Staaten etablieren sich die NGOs wegen der besseren Infrastruktur und der möglichen Nähe zu Regierungsstellen eher in den Städten.[60] Insbesondere für kleinere Länder sind die Leistungen der NGOs signifikant. In den am wenigsten entwickelten Ländern (LLDCs) sind die NGO-Leistungen vergleichbar denen der multinationalen Geberorganisationen, und die Auszahlungen der Nord-NGOs finanzieren inzwischen 13 % des Zahlungsbilanzdefizites der LLDCs[61] und sind dort besonders in Bereichen der sozialen Infrastruktur zum Leistungsträger geworden.[62]

Eine Einschätzung bezüglich der Verteilung der NGO-Aktivitäten auf verschiedene **Aufgabenfelder** ist schwierig. Als Information zur momentanen Situation können die Forschungen zum Verhalten der Nord-NGOs dienen, deren Ausgabeverhalten besser beobachtet werden kann. Nach Erhebungen des Entwicklungsauschusses der OECD gehen ca. 50 % der Auszahlungen in Bereiche der sozialen Infrastruktur (bei der bilateralen EZ der OECD-Staaten sind dies ca. 22 %), wobei insbesondere in den Bereichen Gesundheit, Ernährung, Geburtenkontrolle und "community development" die Prozentanteile bei den NGOs signifikant höher sind als in der staatlichen EZ. Im Bereich der ökonomischen Infrastruktur hingegen ist der Ausgabenanteil bei den NGOs mit ca. 5 % erheblich niedriger als in der staatlichen EZ (ca. 15 %). Entgegen der allgemein verbreiteten Vermutung, daß NGOs Produktion und einkommenschaffende Maßnahmen vernachlässigen, liegt bei ihnen der Anteil der diesbezüglichen Auszahlung mit ca. 23 % genauso hoch wie in der staatlichen EZ. Richtig ist die ebenfalls verbreitete allgemeine Vermutung, daß NGOs einen höheren Anteil ihrer Ausgaben für Katastrophen- und Flüchtlingshilfe ausgeben (ca. 13 %), als dies in der staatlichen EZ (ca. 9 %) der Fall ist.[63]

---

60 Vgl. ARICKAL 1976, S. 51.
61 Vgl. VAN DER HEIJDEN 1990, S. 18.
62 Z.B. bestreiten in Burkina Faso NGOs ca. 20 % aller Entwicklungsausgaben oder betreiben in Haiti ca. 50 % aller Gesundheits- und 60 % aller Grundbildungseinrichtungen. Vgl. VAN DER HEIJDEN 1990, S. 21 f..
63 Zu den Daten vgl. VAN DER HEIJDEN 1987, S. 109; VAN DER HEIJDEN 1990, S. 20 ff..

Nach dem in diesem Kapitel erfolgten Blick in Geschichte und Gegenwart der NGOs soll versucht werden, bisherige Entwicklungen in die Zukunft zu extrapolieren und damit Aussagen über zukünftige Managementerfordernisse zu ermöglichen. Zur Analyse der Veränderungen der NGO-Aufgaben wird hier das Dreigenerationenmodell[64] zur Beschreibung von unterschiedlichen NGO-Aufgaben herangezogen. Danach können NGOs in solche der ersten, zweiten oder dritten Generation unterschieden werden.

Die erste Generation von NGOs entstand, wie oben beschrieben, im wesentlichen nach dem Zweiten Weltkrieg und konzentrierte sich auf Katastrophen- und Notfallhilfe. Ihre Leistungen lagen überwiegend im logistischen Bereich. Obwohl die in lebensbedrohenden Situationen absolut notwendige Soforthilfe dieser "relief and welfare"-NGOs auch in Zukunft unverzichtbarer Bestandteil der EZ sein wird, bietet sie wenig oder nichts als Entwicklungsstrategie, da sie den Empfängern keine längerfristige Perspektive bietet.

Aus Erfahrungen der Katastrophenhilfe erwuchs dann in den späten siebziger Jahren die zweite Generation der NGOs. Die Grenzen eines reinen Nothilfeansatzes waren zu überwinden und den Opfern von Katastrophen und Unterentwicklung Hilfe zur Selbsthilfe zu leisten. Die Projekte waren auf Wirkungen ausgerichtet, die über den zeitlichen Rahmen des NGO-Engagements hinausgingen und erforderten ein Projektmanagement mit mittelfristigem Zeithorizont. Die Selbsthilfemöglichkeiten der Zielgruppen derartiger Bemühungen wurden um die Ressourcen der NGOs ergänzt. Allerdings ist auch die Reichweite der NGOs der zweiten Generation begrenzt, da sie an den die Unterentwicklung verursachenden Strukturen (dysfunktionale nationale Politiken, Weltwirtschaftsordnung etc.) wenig ändern.

In jüngerer Zeit führte diese Erkenntnis der Begrenztheit des Ansatzes der NGOs der zweiten Generation zur Entstehung von NGOs der dritten Generation, die neben dem Aufbau und der Unterhaltung dauerhafter Systeme ihr Augenmerk auch auf das diese Systeme umgebende politische und institutionelle Umfeld richten. Ziel ist dabei, auch die Aktivitäten anderer Akteure, hauptsächlich der Regierungen, auf Entwicklungsdienlichkeit auszurichten. Derartige Ansätze erfordern eine strategische Planung, die einen weiteren Zeithorizont als den des Projektmanagements erfaßt.

---

64 Das Dreigenerationenmodell zur Beschreibung unterschiedlicher NGO-Aktivitäten wurde zuerst von David Korten vorgestellt. Zu dem Modell vgl. BRODHEAD 1987, S. 3; KORTEN 1987, S. 147 ff..

Abbildung 2
Aktivitäten der NGOs nach dem Dreigenerationenmodell:

	NGOs der 1. Generation:	NGOs der 2. Generation:	NGOs der 3. Generation:
Typische Aktivität:	Katastrophen- und Notfallhilfe	Förderung von Selbsthilfeprojekten	Aufbau dauerhafter Systeme/Programme – Katalysator
Problemdefinition:	Mangel an Gütern oder Dienstleistungen	Lokale Probleme	Institutionelle und politische Hindernisse
Zeithorizont:	Soforthilfe	Projektzyklus	unbefristet
Akteure:	NGOs	NGOs und Zielgruppe	NGOs und relevante Institutionen
Zielgruppe:	Individuum oder Familie	Dorf	Region / Nation
Management:	Management der Logistik	Projektmanagement	Strategisches Management

Das in der Abbildung 2 schematisch dargestellte Dreigenerationenmodell sollte aber den Blick nicht für die Realität verstellen, in der die aufgezeigten idealtypischen NGOs kaum zu finden sein dürften. Alle drei NGO-Generationen haben ihre eigene Berechtigung und koexistieren nebeneinander. So wie NGO-Aktivitäten der ersten Generation auch in Zukunft nötig sein werden, so ist neben der Beeinflussung nationaler Politiken und der Schaffung stabiler Systeme der sozialen Infrastruktur auch in Zukunft die Schaffung lokaler Kapazitäten notwendig, um Ansprüche an Politik artikulieren zu können und darüber hinaus lokale Ressourcen zu reorganisieren. Ausprägungen aller drei NGO-Generationen finden sich nicht nur in einem Land, sondern manchmal sogar innerhalb einer einzelnen NGO.[65] Es erscheint deshalb angemessener, von einem Kontinuum zu sprechen, das sich von einer extrem paternalistischen und wohlfahrtsorientierten NGO der ersten Generation über projektbezogene NGOs der zweiten Generation zu am anderen Rand des Kontinuums ausschließlich Lobby-Arbeit betreibenden NGO erstreckt. Ausgehend von

---

[65] Vgl. dazu KORTEN 1987, S. 149. Charles Elliott kritisierte das Dreigenerationmodell, weil es seines Erachtens in der Realität eine wesentlich subtilere Verbindung zwischen den NGO-Generationen gibt, als sie das Modell beschreibt. Vgl. ELLIOTT 1987, S. 58 f..

diesem Kontinuum läßt sich nun eine Bewegung des gesamten NGO-Feldes in Richtung der Aktivitäten der dritten Generation (vgl. Abbildung 3) beobachten, das fortgeschrieben in die Zukunft eine neue Arbeitsteilung zwischen Süd- und Nord-NGOs erfordert und Schlüsse auf in Zukunft erforderliche Managementkapazitäten zuläßt.

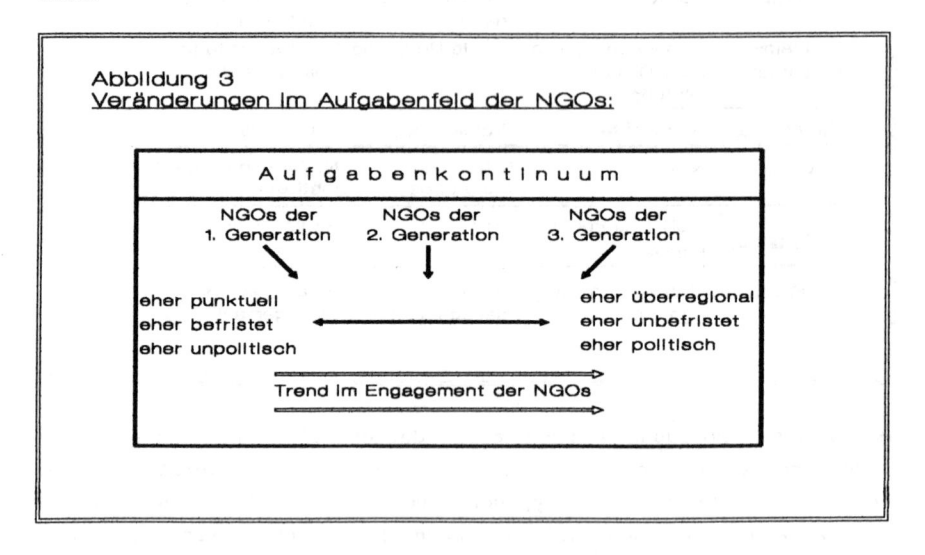

Abbildung 3
Veränderungen im Aufgabenfeld der NGOs:

Aufgabenkontinuum

| NGOs der 1. Generation | NGOs der 2. Generation | NGOs der 3. Generation |

eher punktuell
eher befristet
eher unpolitisch

eher überregional
eher unbefristet
eher politisch

Trend im Engagement der NGOs

Dabei ist zunächst noch festzustellen, daß dieser Trend ergänzt wird durch eine Aufgabenverlagerung von Nord-NGOs zu den Süd-NGOs. Die Nord-NGOs haben die Notwendigkeit einer Hinwendung zu Aktivitäten der dritten NGO-Generation schon erkannt. Sie haben aber erhebliche Probleme mit dem Vollzug der notwendigen Umstellungen, da es häufig erbitterten organisationsinternen Widerstand gegen eine hieraus resultierende notwendige Umverteilung von Spenden zugunsten der politischen Aufklärungsarbeit gibt.[66] Die Veränderungen finden nur langsam statt, haben aber bereits zu großen Veränderungen für die Süd-NGOs geführt, die mehr als bisher in angestammte Domänen der Nord-NGOs eindringen können und, insbesondere im Aufgabenbereich der NGOs der zweiten Generation, Ausführungsorgan der Nord-NGOs geworden sind. Den Süd-NGOs wird auch zugebilligt, sie bewegten sich durch mehr Neugründungen schneller als die Nord-NGOs

---

66 Vgl. ELLIOTT 1987, S. 58 ff.. Nach Elliott finden die Veränderungen bei den Nord-NGOs in England und in der BRD weniger langsam als z.B. in den USA statt.

in Richtung der NGOs der dritten Generation.[67] Bezüglich der Arbeitsteilung zwischen Nord- und Süd-NGOs zeichnet sich eine Kontroverse in der Weise ab, daß die Süd-NGOs eine weitergehende Delegation der Entscheidungsgewalt über Ressourcenverteilung, Rechnungslegungs- und Evaluierungsprozeduren einfordern.[68] Die Nord-NGOs weisen dies unter Hinweis auf Managementschwächen der Süd-NGOs zurück,[69] während die Wissenschaft es als mittelfristig unvermeidlich ansieht, daß Nord-NGOs in den Entwicklungsländern deutlich weniger operational sind und sich mehr auf die verbleibenden Aufgaben in den Industrienationen konzentrieren müssen. Eine Vermeidung dieses "re-tooling" in der Arbeitsteilung würde langfristig zu einer Identitätskrise des gesamten Nord-NGO-Sektors führen.[70]
Langfristig werden die sich abzeichnenden Änderungen in der Aufgabenverteilung zwischen Süd- und Nord-NGOs vollzogen werden müssen.

Für die Nord-NGOs verbleiben vier Aufgabenfelder, nämlich der <u>Transfer von Ressourcen</u> in den Süden, die <u>Aufklärungsarbeit</u> und die <u>Lobbyarbeit</u> in den Industrienationen sowie die <u>Finanzierung von internationalen NGO-Netzwerken.</u>
Erste Aufgabe ist die Übertragung der den Nord-NGOs in der Hauptsache von ihren Spendern übertragenen <u>Ressourcen</u> sowie die arbeitsintensive Pflege und Betreuung dieses Spenderstammes.[71] Die

---

[67] Vgl. dazu ELLIOTT 1987, S. 64; YATES 1989 a, S. 17.
[68] Ein typischer Kommentar zur Arbeitsteilung zwischen Nord- und Süd-NGOs: "Our friends in the international NGO community seem to have a kind of mental block against accepting this fundamental option: that however poor or underdeveloped our countries are and however ill-managed or non-professional our indigenous NGOs are in the South, the burden of responsibility for development is ours and ours alone. This is not mere rhetoric, but a fundamental principle ... ." KAJESE 1987, S. 80. Vgl. auch BAUER/DRABEK 1988, S. 80; DRABEK 1990, S. X.
[69] Zur Kontroverse vgl. KAJESE 1987, S. 79 f.; SMITH 1987, S. 87.
[70] Gleichlautend Tim Brodhead in einem Interview: "... NGOs in the North Atlantic region are in the twilight of their historical era. They began in the post-World War II era to bring money and resources overseas, and they encountered little resistance or critical challenge in foreign countries. Now, however, the Third World is coming of age. They have their own NGOs ... North Atlantic NGOs must be ready to adapt to a new role abroad and at home if they are to do something creative in the years ahead." zitiert nach SMITH 1984, S. 148 f.. Vgl. auch DE CROMBRUGGHE/HOWES/NIEUKERK 1987 a, S. 293; DREESMANN 1990, S. 217; ICVA 1989, S. 13; MINEAR 1987, S. 97; YATES 1989 a, S. 16 f..
[71] Spender sind auch wichtige Adressaten von Informationen durch die Nord-NGOs. CARE-USA hat z.B. über eine Million solcher

Geber der staatlichen EZ stellen den Nord-NGOs in zunehmenden Maße ebenfalls Ressourcen zur Verfügung, da sie sich so, unter Beachtung des ordnungspolitischen Prinzips der Subsidiarität, von wahlarithmetrisch unattraktiven Aufgaben entlasten können, zusätzlich Legitimation durch die Partizipation an der in der Öffentlichkeit positiv eingeschätzten Rolle der NGOs erhalten und außerdem Hilfe leisten können in Staaten, zu denen ein gespanntes außenpolitisches Verhältnis besteht.[72] Die Leistungen der OECD-Staaten an Nord-NGOs haben sich seit Mitte der siebziger Jahre verzehnfacht. Die finanzielle Abhängigkeit der NGOs von diesen Leistungen hat sich auf ca. 30 % verdreifacht.[73] Einige Autoren thematisieren bereits den Mittelabflußdruck, der sich bei den NGOs zeigt, deren Absorptionskapazität inzwischen ausgereizt ist.[74] Als problematisch an der sprunghaft zunehmenden Finanzierung der Nord-NGOs durch staatliche Geber gilt der mit dem Mittelzufluß einhergehende vermutete politische Einfluß auf die NGOs, da sich die Entstaatlichung der EZ als "Verstaatlichung" der NGOs im Sinne des Korporativismus erweisen könnte.[75] Aus der beschriebenen Situation ergeben sich die in Abbildung 4 dargestellten Ressourcenströme in

---

Individualspender, die durch ihre Leistungen die Unabhängigkeit der Nord-NGOs sichern. Vgl. VAN DER HEIJDEN 1987, S. 106.
72 Z.B. Chile, Nicaragua, Vietnam, Namibia etc.. Zur Motivationslage der OECD-Staaten bzgl. eines Ressourcentransfers an die Nord-NGOs vgl. NUSCHELER 1987, S. 303; SCHULZ 1989, S. 379 f.; STUCKE 1988, S. 2; VAN DER HEIJDEN 1987, S. 103.
73 Dabei reicht diese Marge von ca. 15 % in Großbritannien bis zu 45 % in Kanada. Alle Zahlenangaben aus HOFMANN et al. 1988, S. 6; HELLINGER 1987, S. 135. Zu den verschiedenen Kofinanzierungsmethoden auch der multilateralen Geber vgl. DAC 1985, S. 151 f.; CAMPBELL/VINCENT 1989, S. 116 f.; OVERSEAS DEVELOPMENT INSTITUTE 1988, S. 43. Zum Wachstum des "ODA-channeling" der NGOs vgl. auch DREESMANN 1990, S. 215.
74 DICHTER 1988, S. 36 zum Zustand der USA-NGOs: " ... now NGOs are more supply than demand driven." Vgl. auch SCHNEIDER--BARTHOLD 1987, S. 111; VAN DER HEIJDEN 1987, S. 110.
75 Die sehr kontrovers geführte Debatte um das Für und Wider einer zunehmenden Zusammenarbeit staatlicher und nichtstaatlicher Stellen konnte bisher die Frage nach den Auswirkungen dieser Zusammenarbeit nicht klären. Vgl. z.B. CASSEN 1990, S. 101; OECD 1989, S. 29; STUCKE 1988, S. 3 f.. Kritisch: HELLINGER 1987, S. 137; NUSCHELER 1987, S. 303; VAN DER HEIJDEN 1987, S. 106 f.. Zu Beispielen für Eingriffe in die Politik einzelner NGOs vgl. OVERSEAS DEVELOPMENT INSTITUE 1988, S. 45. Relativierend: HOFMANN et al. 1988, S. 29 und das sehr illustrative "Hot-Money-Modell" in FOWLER 1982, S. 81 f.. Dreesmann argumentiert pragmatisch und unterstellt, daß die Regierungen mit der Gründung von QUANGOs auf eine Verweigerungshaltung der NGOs reagieren könnten. DREESMANN 1990, S. 216.

der EZ. Der Ressourcenstrom zu den Nord- und Süd-NGOs ist dabei der am schnellsten wachsende in der EZ.

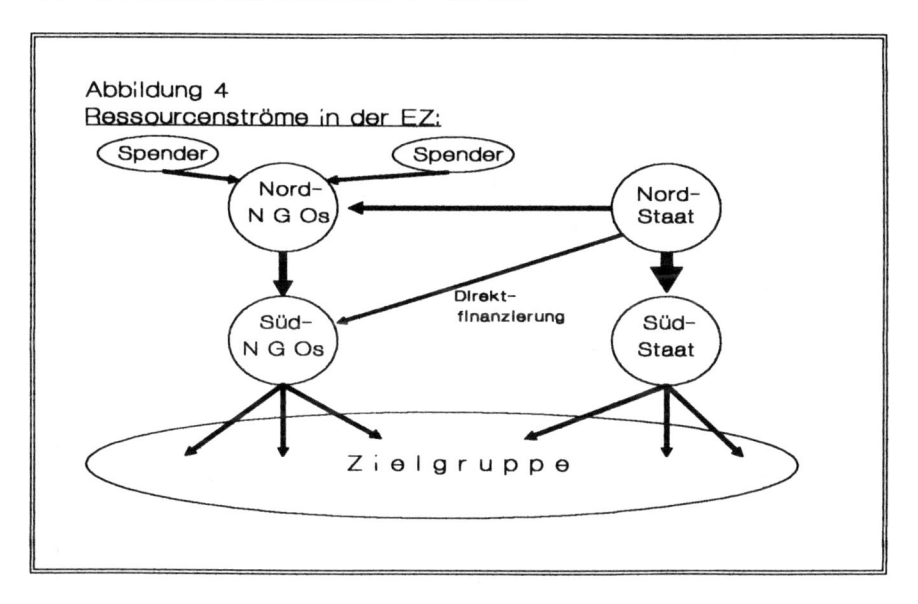

Abbildung 4
Ressourcenströme in der EZ:

Die zweite Aufgabe der Nord-NGOs liegt in der <u>Aufklärungsarbeit</u> in den Industrieländern. Der aus Spendenakquisitionsgründen ohnehin kontinuierliche Zwang zur Rechenschaftslegung gegenüber den Spendern sollte erweitert werden um eine Aufklärung über die der Unterentwicklung zugrundeliegenden Ursachen. Die von Kritikern als "Hungerpornographie" bezeichnete Reduzierung von Kampagnen auf die Darstellung von Elend und Hilflosigkeit mag zwar der finanziell ergiebigste Ansatz sein, wird aber den Realitäten nicht gerecht und vermittelt ein falsches Bild von der Arbeit der NGOs, die in der Mehrheit den reinen Nothilfeansatz überwunden haben. Auch Vertreter der Süd-NGOs fordern eine ausgewogenere Information, da sie eine Darstellung der Eigenanstrengungen der Entwicklungsländer vermissen und die Zurücksetzung in den Stand des Almosenempfängers als inadäquat und als ihrer Menschenwürde abträglich empfinden.[76]
Da die Entwicklungsländer in den Industrienationen keine natür-

---

[76] Zu den Forderungen an eine verbesserte Aufklärungsarbeit und die mit ihr einhergehende Spendenakquisitionsproblematik vgl. BMZ 1990, S. 9; ELLIOTT 1987, S. 58 ff.; OECD 1989, S. 37; PADRON 1987, S. 75; THEUNIS 1988, S. 27 und speziell für die US-NGOs SMITH 1984, S. 152.

liche Lobby haben, fordern die Süd-NGOs von den Nord-NGOs vermehrt die Einnahme der Rolle des "Anwaltes der Armen" als dritte Aufgabe. Nord-NGOs genießen in der Öffentlichkeit einen größeren Vertrauensvorschuß als staatliche Geber[77] und sind somit für diese Aufgabe prädestiniert. Deshalb ist die Forderung nachvollziehbar, daß die Nord-NGOs mehr als bisher ihre organisationsegoistischen Widersprüche überwinden und sich zu den für effektive Lobbyarbeit notwendigen Netzwerken zusammenschließen, die vor allem im Dialog mit den staatlichen Gebern Aussicht auf Einflußnahme haben.[78] Der Aufbau solcher nationalen Netzwerke sollte - und dies ist die vierte Aufgabe der Nord-NGOs - um den Aufbau oder die Stärkung bereits existierender internationaler NGO-Netzwerke ergänzt werden.[79]

Für die Süd-NGOs lassen sich drei Aufgabenfelder darstellen. Diese sind die Bewältigung eines vermutlich starken Zuwachses im Bereich der direkten Projekt- und Programmimplementation, zweitens die Wahrnehmung von Lobbyfunktionen in den Entwicklungsländern und drittens die Umgehung des Staates in den Fällen, in denen der Staat als Träger von Entwicklung versagt und in diesem Sinne nicht beeinflußbar ist.

Die meisten Süd-NGOs sind als NGOs der zweiten Generation zu bezeichnen[80] und legen ihr Hauptaugenmerk auf die Implementation von Projekten und Programmen. In diesem Bereich wird in Zukunft eine enorme quantitative Ausweitung stattfinden, da das gesamte NGO-

---

77 Vgl. u.a. die Umfrageergebnisse bei BERWEGER 1989, S. 30.
78 Zur Notwendigkeit und Formen der Lobbyarbeit vgl. SCHWEERS 1988, S. 12; THEUNIS 1988, S. 26 f.; VAN DER HEIJDEN 1987, S. 107; VINCENT 1989, S. 181 und zur aktuellen bundesdeutschen Diskussion um "Germanwatch" als Nachfolger des gescheiterten NRO-Netzwerkes MEYER 1991, S. 39 und das Interview mit Bernd Dreesmann in epi, Ausg. 3/1991, S. 9.
79 Als nachahmenswertes Beispiel soll hier nur der Versuch des "International Council for Voluntary Agencies" (ICVA) erwähnt werden, dessen Programm "Management for Development" regionale Netzwerke zur Unterstützung des NGO-Management auf allen Kontinenten aufbaut.
Zum Stand des Netzwerkaufbaus vgl. DREESMANN 1990, S. 212; DE GRAAF 1987, S. 277; LECOMTE 1986, S. 120; OECD 1989, S. 25; SMITH 1984, S. 124 f.; SOUTH COMMISSION 1990, S. 268.
80 Dies trifft insbesondere auf die afrikanischen NGOs zu. Vgl. z.B. DE GRAAF 1987, S. 294.

System einen wachsenden Anteil der EZ durchführen und die Aufgabenverlagerung von Nord- auf Süd-NGOs diesen Trend verstärken wird.[81] Dieser Volumenzuwachs wird die NGOs und ihre Managementkapazitäten unter erheblichen Druck setzen.

Der Aufgabenbereich der Süd-NGOs wird nicht nur quantitativ wachsen. Entwicklung ist alles andere als eine politisch neutrale Aufgabenstellung, und die NGO-Bemühungen werden zu Konflikten mit staatlichen und lokalen Eliten führen. Um langfristig und wirksam benachteiligten Bevölkerungsgruppen zu helfen, muß ein Übergang zu NGOs der dritten Generation erfolgen, d.h., daß bestehende NGOs sich mehr als bisher auch als politische Akteure und Lobbyisten verstehen oder mehr neue NGOs gegründet werden, die sich auch in Aufgabenfeldern der NGOs der dritten Generation engagieren. Wie in den Industrienationen ist Lobbyarbeit ohne die Gründung von Netzwerken, Dachverbänden etc. kaum möglich. Diese Netzwerke haben auch Schutzfunktionen für die ihnen zugeordneten NGOs zu übernehmen.[82]

Drittens haben Süd-NGOs die Aufgabe, die Umgehung des zunehmend kritisierten Staates in den Entwicklungsländern zu ermöglichen. Das unterstellte Desinteresse des Staates an den Lebensbedingungen politisch Einflußloser, die schleppend arbeitende und häufig unter Korruptionsverdacht stehende Bürokratie und ein etatistisches Staatsverständnis - das dazu führt, daß der Staat ständig Aufgaben an sich reißt, zu deren Lösung ihm die erforderlichen Kapazitäten fehlen - macht eine Alternative erforderlich. Die Süd-NGOs bieten die Möglichkeit, den Staat zu umgehen und ein größeres Maß an Eigeninitiative der Bürger zu verwirklichen.[83]

1.3 Die komparativen Vorteile der Süd-NGOs

Kaum ein Bereich der EZ wird so positiv beurteilt wie die Entwicklungszusammenarbeit der NGOs. Sie gilt als erprobter Ansatz mit hoher Effektivität, Effizienz und Nachhaltigkeit. Süd-NGOs haben

---

81 Vgl. BERWEGER 1989, S. 31; DICHTER 1989, S. 16; KLEMP 1988, S. 50.
82 Zur Lobbyarbeit vgl. ELLIOTT 1987, S. 64; GUÉNAU 1989, S. 8; SETHI 1983, S. 21 und die Ausführungen in Kapitel 1.4.1 .
83 Vgl. HOFMANN et al. 1988, S. 7; VON STOCKHAUSEN 1989, S. 299 f..

danach den Vorteil, vorbei an Regierungsbürokratien direkt und effektiv auch in entlegenen und sonst vernachlässigten Gebieten die Zielgruppen der EZ zu erreichen (Kapitel 1.3.1). Durch die Organisation von Selbsthilfegruppen fördern sie Motivation, Selbsthilfewillen und Partizipation der Zielgruppen und erreichen dadurch Nachhaltigkeit (Kapitel 1.3.2). Dabei gehen sie flexibel, unbürokratisch und angepaßt vor, leisten in innovativen und experimentellen Ansätzen sogar noch Pionierarbeit und - um den "Mythos NGO" perfekt zu machen - können dies alles auch noch kostengünstiger als staatliche Träger leisten.[84]
In einigen Spezialgebieten führen die komparativen Vorteile der Süd-NGOs zu einer Verdrängung staatlicher Träger. Das gilt vor allem für Klein- und Kleinstprojekte sowie Projekte und Programme, bei denen kleinteiliges Vorgehen nötig ist. Besonders aktiv sind Süd-NGOs in den Bereichen soziale Wohlfahrt, Frauenförderung, Familienplanung, Basisgesundheitsversorgung, Wasserversorgung, Grundbildung sowie in der Förderung von Kleinunternehmen, Genossenschaften und Kooperativen durch Kredit und Beratung.[85] In diesen Bereichen werden die komparativen Kostenvorteile[86] vor allem der Süd-NGOs deutlich, die sich aus geringeren Verwaltungs- und Lohnkosten ergeben.[87]

Erst in jüngerer Zeit wird versucht, diesen generellen Eindruck der Leistungsfähigkeit von NGOs durch empirische Untersuchungen zu bestätigen, wobei allerdings methodische Probleme auftraten. Insbesondere wurde bisher von Seiten der NGOs wenig Zeit und Arbeit in die Sammlung von Daten investiert, die als Grundlage für wei-

---

84 Zur nahezu durchgängig positiven Beurteilung der NGOs vgl. u.a. ANTROBUS 1987, S. 97; BERWEGER 1989, S. 31; BRATTON 1989, S. 569 ff.; CASSEN 1990, S. 100; DAC 1985, S. 150; FOWLER 1988 a, S. 8 f.; NUSCHELER 1987, S. 302; OECD 1989, S. 136; SCHNEIDER 1986, S. 154; SMITH 1984, S. 116; STREETEN 1987, S. 92; STUCKE 1988, S. 2.
85 Zu den "Spezialgebieten" der NGOs vgl. ANTROBUS 1987, S. 96 f.; ARICKAL 1976, S. 169; BRATTON 1989, S. 572; CASSEN 1990, S.278; CERNEA 1988, S. 21; SMITH 1984, S. 154; SMITH 1987, S. 88 f..
86 In den USA beträgt der Verwaltungskostenanteil bei NGOs 5-6 %. Bei staatlichen Trägern sind es 20-30 %. Vgl. SMITH 1984, S. 149. Vgl. auch GORMANN 1984 b, S. 59: "PVOs can typically make an aid dollar stretch much further than bilateral ... agencies can ... ." OECD 1989, S. 36: "Nach Schätzungen erfahrener Fachleute entfallen bei gutgeführten NRO etwa lo % der Ausgaben auf Verwaltungskosten und Spendenaktionen."
87 Vgl. DAC 1985, S. 152; WINKELMANN 1989, S. 43.

tergehende Forschungen hätten dienen können.[88] Ein Vorteil nichtstaatlicher gegenüber staatlicher EZ kann empirisch kaum bewiesen werden, da erstens die Arbeit und Erfolge der NGOs sich einer Quantifizierung weitgehend entziehen und zweitens ein direkter Vergleich durch die Unterschiedlichkeit der Projekte, der Vorgehensweise und der jeweiligen Handlungsspielräume staatlicher respektive nichtstaatlicher Akteure kaum möglich ist.[89]
Es gibt noch keine substantielle Studie - etwa mit dem Kaliber der Studie Cassens "Does Aid Work?" zur staatlichen EZ - über die Leistungsfähigkeit der NGOs. Die vorhandenen Studien[90] vermitteln ein ambivalentes Bild, wobei die Mehrzahl der Autoren komparative Vorteile der NGOs in den oben beschriebenen Bereichen bestätigen, insbesondere in bezug auf die Erreichung der Zielgruppen und die Nachhaltigkeit von NGO-Bemühungen durch partizipative Vorgehensweisen.[91] Die Zweifel an den komparativen Vorteilen der NGOs beziehen sich fast ausschließlich auf die Fähigkeit, tatsächlich die Zielgruppen zu erreichen.[92]

Zusammenfassend läßt sich sagen, daß bisher kaum allgemeingültige, empirisch belegbare Aussagen über die Effizienz der Gesamtheit der NGOs gemacht werden können. Es ist aber relativ unumstritten, daß den NGOs, im Vergleich zu staatlichen Akteuren in bestimmten Bereichen, komparative Vorteile zuzugestehen sind, die NGOs dieses

---

88 Zur diesbezüglichen Kritik vgl. DICHTER 1988, S. 37; DICHTER 1989, S. 17; NEUBERT 1990 a, S. 297; OVERSEAS DEVELOPMENT INSTITUTE 1988, S. 45; SCHNEIDER 1986, S. 273; SMITH 1984, S. 145; SMITH 1987, S. 89.
89 Insbesondere Vertreter der NGOs verweisen auf die Nichtvergleichbarkeit der unterschiedlichen Vorgehensweisen. Vgl. FOX 1987, S. 15. Zu den Methodenproblemen vgl. DE CROMBRUGGHE/ HOWES/NIEWKERK 1987, S. 83; FOWLER 1988 a, S. 5 ff.. Zu der notwendigen Vertraulichkeit vgl. SMITH 1984, S. 150.
90 Trendsetter bei den Studien mit eher kritischen Ergebnissen war eine von Judith Tendler im Jahre 1982 für US-AID erstellte Arbeit über NGO-Aktivitäten. Gehaltvoll sind die Studien der EG aus dem Jahre 1981 (LECOMTE et al. 1981) und 1987 (DE CROMBRUGGHE/HOWES/NIEWKERK 1987). Eine jüngere Studie der kanadischen Entwicklungsbehörde CIDA kam nach der Untersuchung von 420 NGO-Projekten zu Ergebnissen, die die beschriebenen NGO-Vorteile bestätigen. Vgl. OECD 1989, S. 122.
91 Vgl. BAUER/DRABEK 1988, S. 83; DAC 1985, S. 152; DICHTER 1989, S. 16; OECD 1989, S. 122; SMITH 1987, S. 89; VAN DER HEIJDEN 1990, S. 23.
92 Vgl. dazu FOX 1987, S. 15; HOFMANN et al. 1988, S. 8; KORTEN 1987, S. 157; OECD 1989, S. 135; SMITH 1987, S. 89. Alle Autoren beziehen sich dabei mehr oder weniger direkt auf die Studie Judith Tendlers von 1982, die nur US-NGOs untersucht hatte.

ihnen innewohnende Potential aber noch längst nicht genutzt haben und die Realisation dieses Potentials keineswegs garantiert ist.[93] Die folgenden Kapitel sollen die wichtigsten Vorteile der NGOs skizzieren.

1.3.1 Zielgruppennähe

Eine Verbesserung der Lebenssituation der Ärmsten in den Entwicklungsländern erfordert einen selektiven Angriff auf die schlimmsten Formen der Armut. Bei dieser von den Grundbedürfnisstrategien geforderten Vorgehensweise haben Süd-NGOs komparative Vorteile, insbesondere durch ihren besonderen Zugang zu den Zielgruppen, die soziale Kompetenz ihrer Mitarbeiter und organisatorische Strukturen, die kleinteilige Vorgehensweisen erlauben. Süd-NGOs können unter Umgehung des Staates unmittelbar bei ihren Zielgruppen ansetzen, d.h. ohne den Umweg über Regierungen vor Ort "Graswurzelarbeit" leisten. Dies gilt insbesondere für Zielgruppen in entlegenen und infrastrukturell vernachlässigten Gebieten.[94]
Neben der lokalen Präsenz der Süd-NGOs ist es die soziale Kompetenz der einheimischen Entwicklungshelfer der Süd-NGOs, die die Bedürfnisse und Möglichkeiten ihrer Klientel genau kennen und keine sozialen und sprachlichen Barrieren zu überwinden haben, bevor sie aktivierend tätig werden können. Ohne die, manchen Experten der Industrieländer eigene, kolonialistische und überholt paternalistische Haltung und ohne den sich aus westlichem Zeitdruck ergebenden zwei- bis fünfjährigen Rhythmus von Stellenbesetzungen, bringen sie als Animateure praxisrelevante Erkenntnisse und Erfahrungen ein.[95]

---

[93] Zum Unterschied zwischen Potential der NGOs und dessen Nutzung vgl. FOWLER 1988 a, S. 23; GORMAN 1984 c, S. 255.
[94] Vgl. dazu GORMAN 1984 b, S. 59; KLEMP 1988, S. 32 ff.; SMITH 1987, S. 87; VON STOCKHAUSEN 1983, S. 33 f.. Skeptischer äußert sich Winfried Böll, der die tatsächliche Erreichung der Ärmsten als "Glücksvorhaben" ansieht. Vgl. das Interview mit Böll in NEUDECK/GERHARD 1987, S. 58.
[95] Zu den Vorteilen einheimischer Akteure vgl. COOMBS 1980, S. 12 f.; KAJESE 1987, S. 82; KORTEN 1987, S. 154; SAWADOGO 1989, S. 15; SCHNEIDER-BARTHOLD 1987, S. 79 f.. Zur Kritik am Weltbild des westlichen Akteurs vgl. z.B. BÜSCHER 1988, S. V: "Aus den 'Selbstverständlichkeiten' eines wissenschaftlich-technischen Weltbildes geborene Vorstellungen von wirtschaftlicher Entwicklung schaffen und erhalten jedoch fremde, künstliche Strukturen. Nur wenig von dem, was aus dieser westlich-abend-

Schließlich ist festzuhalten, daß die organisatorische Struktur der Süd-NGOs ihre Arbeit begünstigt. Die den Süd-NGOs nachgesagte größere Flexibilität begünstigt sie besonders in Situationen, die von ständigen Änderungen des Umfeldes geprägt sind und sich dem Verhalten der Zielgruppe - insbesondere bei Projekten/Programmen mit partizipativem Charakter - anzupassen haben.[96] Das Ausmaß der tatsächlichen Nutzung des komparativen Vorteils der Zielgruppennähe ist empirisch belegt in Fallstudien zu einzelnen Süd-NGOs[97] und in Evaluierungen der Geber.[98]

1.3.2 Dauerhaftigkeit der erreichten Effekte

Es ist "erstaunlich wenig darüber bekannt, wie Projekte weitergeführt werden, nachdem die Anfangsphase mit aktiver Beteiligung des Gebers abgelaufen ist. Es trifft zweifellos zu, daß eine Anzahl Projekte, die ... nach fünf Jahren erfolgreich aussehen, die Erwartungen nicht erfüllen, wenn sich der Geber zurückzieht, so daß sie bei einer neuen Betrachtung nach weiteren fünf Jahren weit weniger Anlass zur Zufriedenheit geben."[99] Projekte und Programme sollten aber auch nach der Periode, die durch externe Unterstützung gekennzeichnet ist, lebensfähig sein. Dies sind sie jedoch nur, wenn die Betroffenen motiviert sind, begonnene Arbeit fortzuführen und sich dauerhaft zu engagieren. Dies ist nach bisherigen Erfahrungen umso mehr der Fall, je stärker die Betroffenen die Projekte und Programme durch Partizipation und das Einbringen ihrer Selbsthilfefähigkeiten selbst mitgestaltet haben. Partizipation bedeutet hier, daß die Zielgruppen ermutigt werden, ihre eigenen Ressourcen zu mobilisieren und zu kontrollieren. Von

---

ländischen Perspektive wirtschaftspolitisch und entwicklungspolitisch Sinn macht, besitzt auch aus afrikanischer Perspektive vergleichbaren Rang. Deshalb können in abendländischer Rationalität wurzelnde Programme, Organisationsformen, entwicklungspolitische Maßnahmen schlechthin - seien sie nun marktwirtschaftlich oder planwirtschaftlich geprägt - in afrikanischer Kultur kaum Wurzeln schlagen."
96 Zum Erfordernis "organisatorischer" Nähe zur Zielgruppe vgl. VAN HEEMST 1982, S. 23 f.; FOWLER 1988 a, S. 11.
97 Vgl. z.B. GOUNOT 1990, S. 81 f.; LÜBKE 1990, S. 123; RICHRATH 1990, S. 171 ff.; TEUBER 1990, S. 87 ff..
98 Vgl. BRATTON 1989, S. 569; DAC 1985, S. 152. Skeptischer: DE CROMBRUGGE/HOWES/NIEUWKERK 1987; S. 86 f. über die Partner der EG und SMITH 1984, S. 150 f. über nordamerikanische NGOs.
99 CASSEN 1990, S. 158.

Beginn jeder Aktivität an sollten Zielgruppen alle Aktivitäten auf die Erfüllung der von ihnen als besonders dringend empfundenen Bedürfnisse ausrichten und selbst über den weiteren Gang der Dinge entscheiden. Ein derart partizipatives Vorgehen gewährleistet mehr als jede "Kommando-Entwicklung" eine realistische und dem Umfeld angepaßte Projekt- und Programmentwicklung, da die Betroffenen in der Regel am besten wissen, was wie zu erreichen ist.[100]
Neben Partizipation ist Selbsthilfe das zweite Schlagwort in der Diskussion um die Dauerhaftigkeit von Erfolgen der EZ. Idealerweise können Mitarbeiter von Süd-NGOs durch ihre Kenntnis der Zielgruppen und durch Kontakte zu Gebern örtliche Selbsthilfebemühungen fördern und - wo dies nötig erscheint - durch externe Ressourcen ergänzen. Verschiedene Evaluierungen haben ergeben, daß entschiedene Selbsthilfebemühungen mit der späteren Dauerhaftigkeit von Entwicklungseffekten positiv korrelieren.[101] Negativen Einfluß auf Selbsthilfebemühungen hat eine Überförderung, die Eigenanstrengung überflüssig erscheinen läßt. Deshalb ist hier auf strenge Einhaltung des Subsidiaritätsprinzips zu achten. Obwohl zu einer subsidiären Förderung Geber jeder Art geeignet sind, hat sich gezeigt, daß einerseits Selbsthilfegruppen relativ kleine Gebilde mit geringer Absorptionsfähigkeit sind und andererseits staatliche Geber erhebliche administrative Probleme bei der geforderten kleinteiligen Vorgehensweise haben. Bewährt hat es sich deshalb, daß Süd-NGOs als Selbsthilfeförderorganisationen wirken, das heißt, Selbsthilfe anregen und fördern, wo dies nötig ist.[102] Wo der Zielgruppe die Ressourcen zur Selbsthilfe fehlen, müssen allerdings durch die Maßnahmen der NGOs der "ersten Generation" Hilfebedürftige erst selbsthilfefähig gemacht werden.

1.3.3 Förderung des Pluralismus

Wenn Armut unter anderem eine Funktion von Machtlosigkeit ist, wird keine NGO-Arbeit langfristig helfen, solange die Armen nicht

---

100 Vgl. im selben Sinne: FRANTZ 1987, S. 126; KORTEN 1987, S. 146; SCHNEIDER-BARTHOLD 1987, S. V f.; SMITH 1987, S. 89; STREETEN 1987, S. 3.
101 Vgl. VAN DER HEIJDEN 1990, S. 23; DE GRAAF 1987, S. 282 f..
102 Zur Rolle der NGOs als Selbsthilfeförderorganisationen vgl. PADRON 1987, S. 74; SCHNEIDER-BARTHOLD 1987, S. 70; TEUBER 1990, S. 88 f..

in sozialer und politischer Hinsicht gestärkt werden und lernen, ihre Forderungen zu artikulieren. Demokratisierung - definiert als weitverteilte Kontrolle über politische und ökonomische Besitzstände und den ungehinderten Fluß von Informationen - ist kein Luxus reicher Industrienationen, sondern die conditio sine qua non jeder grundbedürfnisorientierten Entwicklungspolitik.[103] Während bilaterale EZ im Rahmen des "Politikdialoges" auf die Wahrung der Menschenrechte, gerechte Verteilung des Volkseinkommens, entwicklungsdienliche Verwendung der Staatseinnahmen etc. zu drängen hat, liegt die Aufgabe der NGOs - insbesondere der NGOs der "dritten Generation" - in dem Versuch, Demokratisierungsbemühungen der Basis zu stützen und zu schützen und die öffentliche Meinung und die Politik in Richtung Entwicklungsdienlichkeit zu beeinflussen, zumindest aber staatlichem Meinungs- und Gewaltmonopol Meinungspluralismus entgegenzusetzen.[104] Im folgenden soll skizziert werden, wie vornehmlich die Süd-NGOs Demokratie an der Basis realisieren, durch Vernetzung diese Demokratisierungsbemühungen schützen können und schließlich die NGOs auf die staatliche Politik Einfluß nehmen, in einigen Sektoren gar Meinungsführerschaft übernehmen können.

Die demokratische Gestaltung von Entwicklungsprozessen an der Basis und innerhalb einer Süd-NGO ist ein Prozeß mit Vorbildfunktion. Sogar unter diktatorischen Regimen sind solche "practical schools of democracy"[105] machbar und zeigen vorher nicht wahrnehmbare Spielräume für demokratische Prozesse auf.[106] Eine verbesserte politische Hebelwirkung der Süd-NGOs wäre zu erreichen, wenn sie ihre organisationsegoistischen Sichtweisen überwinden und mehr als bisher zusammenarbeiten würden, um Netzwerke und damit politi-

---
103 Vgl. GUPTA 1986, S. 14; KORTEN 1987, S. 147; SCHNEIDER-BARTHOLD 1987, S. VI f.
104 Vgl. BRATTON 1990, S. 116; RAHNEMA 1985, S. 70; VAN DER HEIJDEN 1987, S. 112. Empirisch für Indien: ARICKAL 1976, S. 171.
105 Dazu die Südkommission: " ... such grass-roots organizations not only help to meet the felt needs of their members, but may in time become important pillars of the democratic system." SOUTH COMMISSION 1990, S. 81.
106 BRATTON 1989, S. 570: "By their very existence, NGOs help to pluralize the institutional environment and, to the extent that they encourage participation in decision making, to promote a democratic political culture." Vgl. auch BENTEN-BUSCH 1988, S. 88 f.; ELLIOTT 1987, S. 59; PADRON 1987, S. 74 f.; SCHNEIDER-BARTHOLD 1987, S. 71 f..

sche Gegenmacht zu bilden.[107] Bisher gelang es nur in wenigen Ländern, funktionierende NGO-Netzwerke aufzubauen, die Schutzfunktionen wahrnehmen könnten.[108] Gelegentlich ist anzutreffen, daß Süd-NGOs aufgrund externer Finanzierung in der Höhe ihrer Budgets ländlichen Provinzverwaltungen nahekommen und bei Konzentration auf einen Sektor oder eine Region Einfluß auf den Staat als Akteur nehmen oder ihn verdrängen und in Monopolstellung geraten, d.h. Politik selbst bestimmen, Planungs- und Politikmöglichkeiten der Regierungen einengen und die Allokation von offiziellen EZ-Leistungen verändern.[109] Dies führt nicht zwingend zu positiven Ergebnissen, da auch Süd-NGOs nicht völlig frei sind vom "urban bias" und NGO-Vorleistungen die staatlichen Leistungen ebenfalls in relativ begünstigte Regionen lenken können.[110]

Besonders bezüglich der staatlichen Politik für ländliche Gebiete können Süd-NGOs wegen ihrer exzellenten Kenntnisse zunehmend **Meinungsführerschaft** übernehmen und im Sinne ihrer Zielgruppen Lobbyarbeit betreiben. Dies scheint insbesondere dort möglich zu sein, wo NGOs sich auf bestimmte Themen spezialisieren (und beschränken) und die Regierungen eine generelle politische Alternative zu ihrem Handeln deshalb nicht fürchten oder dort, wo NGOs innovativ Konzepte entwickeln und testen, die später von Regierungen übernommen und fortgeführt werden können.[111]

---

107 Zu den Problemen und Funktionen der Netzwerke vgl. DE GRAAF 1987, S. 295; GARILAO 1987, S. 116; KORTEN 1987, S. 156 f..
108 Vgl. dazu ANNIS 1987, S. 129; HOFMANN et al. 1988, S. 24.
109 Vgl. dazu empirisch gehaltvolle Untersuchungen zu Afrika und Asien: ANHEIMER 1987, S. 185; BRATTON 1989, S. 584; GARILAO 1987, S. 115 ff. und S. 119; NEUBERT 1990 a, S. 309; WINKELMANN 1989, S. 42.
110 Zur Problematik des NGO-Einflusses auf staatliche Ausgabenpolitik vgl. BRATTON 1989, S. 584; FOWLER 1988 a, S. 24 f.; NEUBERT 1990 a, S. 302.
111 VINCENT 1989, S. 177: " ... certain Southern NGOs have become authentic partners, competent and influential, who are taken seriously by the local governments who call upon their technical skills." Zu Möglichkeiten und Problemen der Meinungsführerschaft der Süd-NGOs vgl. BRATTON 1989, S. 582 f.; BRATTON 1990, S. 88 f. und S. 109; FOWLER 1988 a, S. 23; GARILAO 1987, S. 116; GUPTA 1986, S. 16 f.; WINKELMANN 1989, S. 42 und die Beispiele bei KORTEN 1987, S. 150. Umfassender die Evaluierung von USAID in OECD 1989, S. 135 f..

1.4 Der Handlungsspielraum der Süd-NGOs

Durch die ökonomischen und politischen Rahmenbedingungen wird der Handlungsspielraum der Süd-NGOs eingeschränkt. Es ist zwischen Einschränkungen der formalen Freiheit und der materiellen Freiheit zu unterscheiden. Die Einschränkungen der formalen Freiheit, das heißt der Einschränkungen des Handlungsspielraumes der Süd-NGOs durch Gesetze, Verordnungen, Erlasse oder sonstiges staatliches Handeln, sind Thema des Kapitels 1.4.1. In Kapitel 1.4.2 soll daran anschließend aufgezeigt werden, wie die durch die ökonomische Umwelt gegebene materielle Freiheit weitere Einschränkungen des Handlungsspielraumes der Süd-NGOs mit sich bringt. Erkennbare Einschränkungen des Handlungsspielraumes der Süd-NGOs - aber auch Grenzen ihrer in Kap. 1.3 aufgezeigten komparativen Vorteile - führen zu den in Kapitel 1.4.3 thematisierten Grenzen der NGOs. Der eingegrenzte Handlungsspielraum der Süd-NGOs kann aber nicht ausgenutzt werden. In Kapitel 1.4.4 wird die Vermutung formuliert, daß Management- und Verwaltungsprobleme weitere Einschränkungen für die Effektivität und Effizienz der Süd-NGOs mit sich bringen.

1.4.1 Formale Freiheit

Entwicklung, die mehr als karitative Symptombekämpfung meint, tangiert die Machtverhältnisse, zielt letztendlich auf die Veränderung von Strukturen ab, ist in diesem Sinne immer auch politisch und ruft regelmäßig die Vertreter der Machtelite auf den Plan.[112]
In diesem Spannungsverhältnis ist zunächst zu beobachten, mit welchen Befürchtungen und Erwartungen Süd-NGOs und Regierungen sich begegnen.
Einige Süd-NGOs haben versucht, ihre Regierungen zu ignorieren, auch wenn sie öffentlich den Willen zur Zusammenarbeit äußern. Diese Süd-NGOs schätzen häufig ihre Regierungen als inkompetent oder ihren Interessen entgegenstehend ein. Beispiele für effektive und den komparativen Stärken angemessene Kooperation zwischen Süd-NGOs und Regierungen sind selten. Vorherrschend ist die Einschät-

---

[112] BRATTON 1990, S. 95: "To try openly to rearrange the allocation of resources on which the power structure of the state rests is to run the risk of political repression." Vgl. auch ANTROBUS 1987, S. 97 f.; BERWEGER 1989, S. 33.

zung der Regierung als mächtiger Einflußgröße auf die Rahmenbedingungen, mit denen die Zielgruppen der Süd-NGOs und die Süd-NGOs selbst zu leben haben, und die es somit zu beeinflussen gilt.[113] Dies gilt natürlich in besonderem Maße für diejenigen Süd-NGOs, die sich ganz oder teilweise den Aufgabenfeldern der "NGOs der dritten Generation" verpflichtet fühlen.

Mit welchen Befürchtungen und Erwartungen die jeweiligen Regierungen den Süd-NGOs gegenüberstehen, ist in erster Linie Ergebnis machtpolitischer und nicht sozialpolitischer oder sonstiger Erwägungen.[114] Die Neigung, auf Süd-NGOs mit Mißtrauen, Kontrolle oder gar Feindseligkeiten bis zum Verbot zu reagieren, ist dabei abhängig vom "Charakter" der Regierung, der sich aus seiner Machtbasis und seiner Entwicklungsorientierung ergibt.[115] Danach sind unsichere etatistisch orientierte Regierungen eher geneigt, bei Süd-NGOs Einschränkungen des Handlungsspielraumes zu bewirken. Repräsentative Demokratien geben mehr Raum als Einparteien-"Demokraturen" oder Kriegsrechtsregime.[116] Positiv vermerkt von Regierungen jeglichen Charakters werden allerdings denkbare mit der NGO-Arbeit einhergehende Legitimationsfunktionen, wobei insbesondere auf lokaler Ebene Politiker sich gern die NGO-Erfolge als Ergebnis eigenen Waltens zuschreiben lassen.[117] Rationaler ist die positive Einstellung von Regierungen, wenn in "cost-sharing"-Modellen die Süd-NGOs mit ihren Projekten und Programmen zur Haushaltsentlastung herhalten müssen.[118] Es ist Aufgabe der Süd-NGOs, festzustellen, inwieweit in diesen Fällen der Handlungsspielraum durch die Vergabe von Legitimation "erkauft" wird.[119]

Entsprechend den unterschiedlichen Projekt- und Programmansätzen ("Generationen") der Süd-NGOs und den verschiedenen "Charakteren" der Regierungen ist eine große <u>Spannbreite von NGO/Regierungs-Be</u>-

---

113 Vgl. KORTEN 1987, S. 157.
114 Vgl. BRATTON 1989, S. 576.
115 Wobei die Machtbasis determiniert, in wessen Interesse die Regierungen handeln werden und welche Handlungsspielräume ihnen eingeräumt werden. Die Entwicklungsorientierung bestimmt, ob und wie weit die Regierung an der Verbesserung der Lage der Armen interessiert ist. Vgl. VAN HEEMST 1982, S. 59 f..
116 Vgl. BRATTON 1989, S. 575; VAN HEEMST 1982, S. 59 f.. In zunehmenden Maße wirken hier die Ergebnisse bilateralen Politikdialoges mit Geberländern ein, die über den Mittelvergabemodus Einflußmöglichkeiten auf finanziell abhängige Länder haben.
117 Vgl. BRATTON 1989, S. 572.
118 Vgl. BRATTON 1989, S. 572; NEUBERT 1990, S. 561; NEUBERT 1990 a, S. 299.
119 Vgl. FOWLER 1988 a, S. 22; NEUBERT 1990, S. 567.

ziehungen denkbar, die von der Mitfinanzierung der NGOs bis zu ihrem möglichen Verbot reichen kann.[120]
Gemein ist allen denkbaren Situationen innerhalb der beschriebenen Spannbreite, daß das Verhältnis zwischen Süd-NGO und Staat generell kein partnerschaftliches, sondern ein durch Hierarchie geprägtes ist. Die Süd-NGOs haben sich im Zweifelsfall dem Gewaltmonopol des Staates zu beugen, und ihr politischer Alltag ist nicht durch die Frage "Miteinander oder Gegeneinander", sondern vielmehr durch das "Miteinander oder Nebeneinander" geprägt, wobei fast nirgends eine klare Arbeitsteilung zwischen Staat und Süd-NGOs besteht und der modus vivendi stets neu erarbeitet werden muß.[121]

Der Staat hat unterschiedliche Sanktionsmöglichkeiten. Zunächst besteht für alle Süd-NGOs unter allen Regimen eine "Überlebensnische der Irrelevanz",[122] d.h. unterhalb einer von Staat zu Staat unterschiedlich definierten Schwelle fühlen sich der Staat und seine Akteure nicht bedroht und intervenieren nicht. Diese Situation kann zu einschneidenden Selbstbeschränkungs- und Selbstzensierungsmaßnahmen bei Süd-NGOs führen. Die als Folge des Verlassens der "Überlebensnische der Irrelevanz" erfolgte Reaktion des Staates kann nach dem Grad der Heftigkeit in die vier Stufen Überwachung, Koordinierung, Vereinnahmung und Auflösung unterschieden werden.
Im Falle der Überwachung[123] erläßt die Regierung Gesetze, die z.B. die Neugründung von Süd-NGOs genehmigungspflichtig oder durch bürokratisches Prozedere fast unmöglich machen. Häufig erstreckt sich die Kontrolle auf die Kontakte zu ausländischen Geberinstitutionen und hierbei in der Regel auf die Finanzströme und damit auf die wirtschaftliche Sollbruchstelle der Süd-NGOs.
Der weitergehende Eingriff in die NGO-Autonomie ist der der Koordinierung.[124] Dieses im Prinzip sinnvolle Unterfangen könnte in

---

120 Vgl. die Beispiele aus verschiedenen Kontinenten: BAUER/DRABEK 1988, S. 83; BRATTON 1989, S. 584; DE GRAAF 1987, S. 284 f.; FERNANDEZ 1987, S. 44 ff.; NEUBERT 1990 A, S. 304.
121 Vgl. ARICKAL 1976, S. 156; BRATTON 1989, S. 575; GUÉNAU 1989, S. 8.
122 Zum Thema der "Relevanzfalle" vgl. SCHIEL 1987, S. 89 f.; VON STOCKHAUSEN 1983, S. 34 f.; VON STOCKHAUSEN 1989, S. 298 und zu den Gefahren einer Verletzung der "Nischengrenzen" vgl. KRUGMANN-RANDOLF 1988, S. 4; SCHWEERS 1988, S. 12.
123 Vgl. BRATTON 1989, S. 577 f.; HOFMANN et al. 1988, S. 31; SCHWEERS 1988, S. 12; WILLIAMS 1990, S. 32.
124 Vgl. BRATTON 1989, S. 578; DE GRAAF 1987, S. 284 f..

der Tat die unterstellten Duplikationen von NGO-Bemühungen vermeiden helfen, kann aber zu einer de-facto-Genehmigungspflicht jeglicher NGO-Aktivität führen und durch behördliche Willkür oder Inkompetenz dringend erforderliche Initiative ersticken.
Politisch subtiler ist dagegen die Methode der <u>Vereinnahmung</u>,[125] bei der staatliche und parastaatliche Organisationen über die Vorstände der Süd-NGOs oder NGO-Dachorganisationen die Süd-NGOs für eigene (Propaganda-)Zwecke instrumentalisieren und so die Süd-NGOs zu QUANGOs werden.
Der weitestgehende und äußerst selten vorgenommene Eingriff der Regierung wäre nach dieser Interventionshierarchie das <u>Verbot</u>[126] einer oder mehrerer Süd-NGOs. Dies erfolgt eigentlich nur, wenn die Regierung ihre Machtbasis durch NGO-Aktivitäten bedroht sieht, oder nach einem Putsch, bei dem mit der alten Regierung auch alle ihr nahestehenden Organisationen abgeschafft werden. Es kann aber als Ausnahme angesehen werden, daß die Regierung NGO-Aktivitäten völlig unterbindet. Dies ist nur aus Ländern mit zentralistischer Verwaltung bekannt, deren Staatsverständnis keine Konkurrenz erlaubt.
Meist kann auch unter wenig toleranten Regierungen die vorhandene formale Freiheit durch Süd-NGOs nicht vollständig ausgenutzt werden,[127] weil die Einschränkungen der materiellen Freiheit dies nicht erlauben.

1.4.2 Materielle Freiheit

Die materielle Freiheit der Süd-NGOs und damit auch ihr diesbezüglicher Handlungsspielraum korreliert zunächst positiv mit den sozialökonomischen Rahmenbedingungen und dem tatsächlichen Entwicklungsstand der Region, in der die NGO ihre Aktivitäten durchführt.[128] Die Schwierigkeit, umfangreiche Süd-NGO-Aktivitäten aus den Ressourcen der Zielgruppen oder aus Spenden zu finanzieren und die politische Problematik einer Finanzierung mit staatlichen Ressourcen, führt tendenziell zu einer Abhängigkeit von ausländischen

---

125 Vgl. BRATTON 1989, S. 579; DE GRAAF 1987, S. 284 f..
126 Vgl. BRATTON 1989, S. 579 f.; FOWLER 1988 a, S. 22.
127 Vgl. z.B. HOFMANN et al. 1988, S. 30; NYATHI 1990, S. 19 f..
128 Vgl. ARICKAL 1976, S. 25 f. und S. 171.

Gebern.[129] Probleme bei der Eigenfinanzierung der Süd-NGOs führten in der Vergangenheit zu einer Zunahme dieser Abhängigkeit.[130] Die ausländischen Geber sind meist Nord-NGOs, die zunehmend von Süd-NGOs als den eigentlichen Ausführungsorganisationen ihrer Programme abhängen (vgl. Kapitel 1.2.3 "Veränderungen im Aufgabenfeld der NGOs"). Je effektiver und intensiver Süd-NGOs arbeiten, desto wertvoller sind sie für Nord-NGOs. Objektiv betrachtet besteht also eine klare Interdependenz, die aber de facto durch die unterschiedliche Informationslage von Süd- und Nord-NGOs mißachtet wird und von einem Geber-Diktat überlagert werden kann, da die Nord-NGOs ihre Ressourcen aufgrund guter Information verteilen können, die Süd-NGOs in der Regel aber schlechter informiert sind und sich in einer Abhängigkeit von ihren jeweiligen Gebern glauben.[131] Somit ist nicht nur die Annahme von Staatsgeldern, sondern auch die Akzeptanz von Ressourcen der Nord-NGOs mit "politischen Kosten" verbunden.[132] Selbst bei festgeschriebenen und konvergierenden Anschauungen wird die Geber-NGO schon aufgrund der kulturellen Unterschiede (z.B. Einstellungen bzgl. Zeit, Effizienz, Kommunikation, Prioritäten etc.) Gefahr laufen, ihre Position im Konfliktfall auszunutzen[133] und insbesondere in den potentiellen Konfliktfeldern Projektförderung, Mittelvergabeprinzipien und Abrechnungsverfahren ihre Interessen durchzusetzen, ohne allzu viele Mühe auf die Vermittlung ihrer Situation verwandt zu haben. Insbesondere Vertreter von Süd-NGOs kritisieren die im Rahmen der Projektförderung[134] auftretende "Projektitis", d.h. die Konzentration der Geber auf die verwaltungstechnische Exekution von Projekten, deren theoretischer zeitlicher Verlauf mit der Realität der NGO-Aktivitäten nur bedingt Gemeinsamkeiten aufweist (siehe die Kritik an staatlicher "Abwicklungsmentalität" in Kapitel 1.2.1

---

129 Zur politischen Wertung unterschiedlicher Finanzierungsmethoden vgl. Kapitel 2.2.5 "Finanzmanagement". Zur Problematik der Abhängigkeit von staatlichen Zuwendungen siehe auch Kapitel 1.1: "Definition der NGOs".
130 Vgl. CAMPBELL/VINCENT 1989, S. 33; NEUBERT 1990 a, S. 304.
131 Zur Interdependenz von Nord- und Süd-NGOs vgl. ARICKAL 1976, S. 177 f.; MEYER 1990, S. 12; NYATHI 1990, S. 21; SMITH 1984, S. 147; YATES 1986, S. 36.
132 Zur Anwendung des Opportunitätskostenprinzips auf die mit der Hereinnahme von Ressourcen verbundenen "politischen Kosten" vgl. insbesondere LISSNER 1977, S. 87 f..
133 Vgl. NYATHI 1990, S. 19; YATES 1986, S. 35.
134 Als "Projekt" werden Maßnahmen bezeichnet, die ein in sich geschlossenes, technisch, zeitlich und wirtschaftlich klar abgegrenztes Vorhaben umfassen. Vgl. KLEMP 1988, S. 10.

"Mängel in der staatlichen Entwicklungszusammenarbeit"). Ein rigider Nachvollzug von Plänen zur Erreichung kurzfristiger Ziele korreliert häufig negativ mit dem übergeordneten Ziel der Dauerhaftigkeit der erreichten Effekte[135] und zwingt zu unnötiger "administrative gymnastics" bei den Süd-NGOs.

Im Bereich der Mittelvergabeprinzipien wird das Prinzip der Jährigkeit[136] von den Süd-NGOs als Einschränkung der materiellen Freiheit empfunden, die zu Finanzmangel- oder -überflußerscheinungen führen kann.[137]

Im Bereich der Abrechnungsverfahren (vgl. Kapitel 2.2.4 "Management von Kontrolle und Rechnungswesen") führen die manchmal absurd anmutenden Forderungen der Geber zu Unverständnis bei den Süd-NGOs, die allzu kleinliche Verfahren kritisieren.[138]

Die weitestgehende Einschränkung inhaltlicher Art liegt in der Tendenz der Geber, die in ihren Ländern aktuellen und häufig wechselnden entwicklungspolitischen Ideen (Entwicklungs-"Moden") in einer Geschwindigkeit bei den Süd-NGOs durchzusetzen, die der erforderlichen Langfristigkeit von NGO-Aktivitäten nicht gerecht wird und ihre administrativen und personellen Kapazitäten überlastet. Die Geber folgen dabei in einer Art Herdentrieb den Pendelausschlägen der intellektuellen Analyse. Obwohl sie damit den

---

135 LECOMTE 1986, S. 40 f.: "This approach disregards the target group's capabilities once the project has been identified as qualifying for aid; it forces what people's own initiative can create into the straitjacket of what the project agreement proposes. ... the group is no longer the protagonist, it is simply the recipient. There is no longer a local initiative absorbing outside contributions, but an outside initiative looking for local participation. Participatory management vanishes and assistance takes over. The change of approach can kill off the group's initiative, which alone gives permanence and meaning to any activity." Zum Problem der "Projektitis" vgl. auch CAMPBELL/VINCENT 1989, S. 41; DE CROMBRUGGHE/HOWES/NIEUWKERK 1987, S. 83; NYONI 1987, S. 55; VINCENT 1989 b, S. 12; VON STOCKHAUSEN 1983, S. 34.
136 Jährigkeit bedeutet, daß zugewiesene Mittel in exakter Höhe in genau einem Jahr ausgegeben werden und belegt werden müssen.
137 Vgl. MEYER 1990, S. 13. Erfreulicherweise wird das Prinzip der Jährlichkeit zunehmend durch die Nord-NGOs in Frage gestellt und insbesondere bei multilateralen Kofinanzierungen durch größere Zeiträume ersetzt. Vgl. DE CROMBRUGGHE/HOWES/NIEUWKERK 1987 a, S. 295.
138 Besonders bundesdeutsche Geber werden als pedantisch kritisiert. Zum Stellenwert der Abrechnungsproblematik vgl. BAUM 1988; ELLIOTT 1987, S. 63 und ein Interview mit Winfried Böll in NEUDECK/GERHARD 1987, S. 62.

Interessen ihrer Ressourcengeber gerecht werden, kann der häufige Wandel dem Charakter der NGO-Arbeit widersprechen und erhebliche Probleme in den Süd-NGOs verursachen.[139] Aus Süd-NGO-Sicht wären die idealen Geber strukturverwandte Nord-NGOs, die mit Verständnis für die Situation und die Bedürfnisse der Entwicklungsländer flexibel auf die Problemsituation der Süd-NGOs reagieren und so neue Handlungsspielräume eröffnen könnten. Oft wird Geberverhalten allerdings als empfindliche Einschränkung im Sinne des "Wer zahlt, schafft an!" empfunden.[140]

1.4.3 Grenzen der Leistungsfähigkeit

Die Diskussion um die "natürlichen" Grenzen der NGOs befaßt sich im wesentlichen mit den Problembereichen der mangelhaften Wiederholbarkeit/Übertragbarkeit der NGO-Projektansätze, der mangelnden Größe der NGOs, der Reichweite ihrer Arbeit und der Unangemessenheit eines Einsatzes von NGOs bei der Lösung von Problemen der materiellen Infrastruktur.
Obwohl das wichtigste Kriterium für die Beurteilung von Projekten und Programmen das der spezifischen Tragfähigkeit oder der wirtschaftlichen Lebensfähigkeit ist, wurden wiederholt "Konzepte der Wiederholbarkeit" diskutiert. Entsprechende Versuche scheiterten an der prinzipiellen Nichtwiederholbarkeit von Projekten, die eben ganz genau auf lokale Bedingungen zugeschnitten waren. Es muß wohl akzeptiert werden, daß lediglich die Kleinteiligkeit und die flexible Herangehensweise der NGOs kopiert werden könnten, nicht aber die konkrete Projektausgestaltung vor Ort.[141]
Die mangelnde Größe der NGOs bringt weitere Grenzen mit sich. Der Vorteil kleinteiligen und individuellen Vorgehens von Süd-NGOs birgt auch den Nachteil der Nichtrealisierbarkeit von Skaleneffekten, d.h. daß NGO-Aktivitäten sehr effektiv und gleichzeitig sehr ineffizient - weil teuer - sein können. Das gilt insbesondere für

---
139 Zur Problematik der Entwicklungs-"Moden" vgl. ANTROBUS 1987, S. 98; CAMPBELL/VINCENT 1989, S. 41; CASSEN 1990, S. 318; DE GRAAF 1987, S. 278; ICVA 1986 a, S. 10; NEUBERT 1990 a, S. 304; YATES 1986, S. 35.
140 Vgl. ANTROBUS 1987, S. 98; BRODHEAD 1987, S. 5; ELLIOTT 1987, S. 65.
141 Zum Problem der Nichtwiederholbarkeit vgl. CERNEA 1988, S. 18 f.; OECD 1989, S. 67 f..

kleine Süd-NGOs, bei denen die Gemeinkosten kaum verteilt werden können und so kleine Aktivitäten unverhältnismäßig hohe Kosten verursachen.[142]

Neben den mangelnden Skaleneffekten wird auch die Reichweite der Süd-NGOs im Kontext nationaler Problemlagen diskutiert. Versprengte, unverbundene, kleine, lokale Projekte setzen kaum Akzente in der Gesamtsituation eines Landes und bei unkoordiniertem Vorgehen beschränken sich die NGOs auf die Funktion, die Existenzschwierigkeiten vernachlässigter Teile der Bevölkerung zu lindern. Auch hier ist der Vorteil der NGOs (klein und flexibel) zugleich ihr Nachteil.[143]

Komparative Nachteile der NGOs gegenüber staatlicher EZ sind darüber hinaus dort festzustellen, wo es um die Lieferung industrieller Güter, die Investition erheblicher Mittel in Bauten oder Aufbau und Erhaltung materieller Infrastruktur geht.[144]

Aus den Vorteilen und den Grenzen der NGOs kann nun auf eine sinnvolle Arbeitsteilung zwischen nichtstaatlicher und staatlicher EZ geschlossen werden.[145] Da NGOs staatliche EZ in einigen Bereichen nicht ersetzen können und andererseits eine Kopie der NGO-Arbeit durch staatliche Träger nur eine schlechte Kopie ist, sind staatliche und nichtstaatliche EZ nur begrenzt substitutiv. Die Bekämpfung der Armut hat gewissermaßen "von oben" und "von unten" zu erfolgen, und ein komplementäres Vorgehen der Akteure ist nötig, wobei die NGOs ihre erheblichen Vorteile bei Grundbedürfnisprojekten und partizipativen Selbsthilfeansätzen einbringen können. Ausnahmen von einer komplementären Vorgehensweise scheinen nur dort geboten, wo aufgrund fehlender formaler Freiheiten keine Süd-NGOs existieren oder aufgrund mangelnder diplomatischer Kanäle staatliche EZ nicht möglich ist.[146]

---

142 Skaleneffekte sind Kostenersparnisse (je Produktions- oder Dienstleistungseinheit) durch Steigerung der Gesamtausbringung einer Organisation. Zum Problem mangelnder Skaleneffekte vgl. BRATTON 1989, S. 572; McLAUGHLIN 1986, S. 127 f.; VAN HEEMST 1982, S. 33 f.; WEISBROD 1988, S. 81.
143 Zum "Nachteil des Vorteils geringer Größe" vgl. CERNEA 1988, S. 25 f.; DICHTER 1989, S. 17; SCHWEERS 1988, S. 12; SETHI 1983, S. 20.
144 Vgl. CASSEN 1990, S. 77 f.; NEUBERT 1990 a, S. 309.
145 Dazu die Süd-Kommission: "Their work should be viewed as being complementary to, rather than conflicting with, government activity." SOUTH COMMISSION 1990, S. 35.
146 Die Realität ist aber von der oben beschriebenen idealen Kom-

1.4.4 Probleme des Managements

Angesichts der komparativen Vorteile der Süd-NGOs gegenüber anderen Akteuren der EZ in bestimmten Aufgabengebieten, wäre bereits für die Gegenwart eine bedeutendere Rolle der Süd-NGOs zu erwarten gewesen. Eine mögliche Erklärung für die Differenz zwischen gegebenen Handlungsspielräumen der Süd-NGOs und ihrer tatsächlichen Bedeutung sehen NGO-Vertreter und Wissenschaft in Managementproblemen innerhalb der Süd-NGOs. Tatsächlich wird sowohl von den Süd-NGOs selbst, von den mit ihnen kooperierenden Geberorganisationen und zunehmend auch aus der Wissenschaft Kritik an den organisatorischen Schwächen der Süd-NGOs geübt.

Die Mitarbeiter der Süd-NGOs weisen die Kritik an ihren Organisationen teilweise zurück und weisen darauf hin, daß viele organisatorische Schwächen ursächlich Ergebnis der zeit- und arbeitsaufwendigen Beziehungen zu den Geberorganisationen sind, die durch Besuchsprogramme, Berichtswesen und aufwendige Abrechnungen kaum noch Zeit für die eigentliche Projektarbeit lassen.[147]
Von Geberseite wird deutlicher Kritik an den Managementkapazitäten der Süd-NGOs geübt. Der Pressesprecher einer deutschen NGO faßte die diesbezügliche Geberkritik folgendermaßen zusammen: "Ein Projekt zu planen, die betriebswirtschaftlichen Größen festzusetzen, die sozialen Probleme der Zielgruppen richtig einzuschätzen, einen lückenlosen Verwendungsnachweis zu führen, die Projektsteuerung sachgerecht durchzuführen - diese Aufgaben überfordern nicht selten die Süd-NRO."[148] Vor allem wird neben allgemeinen Klagen über Managementschwächen kritisiert, daß Evaluierungen schlecht oder gar nicht durchgeführt würden, ein institutionalisierter Lernprozeß nicht stattfände und insbesondere in den Bereichen Finanzen und Rechnungswesen eklatante Schwächen bestünden. Insgesamt wird die Trägerstruktur als die Achillesferse der Süd-NGOs be-

---

plementarität weit entfernt. Vielmehr wirkt die theoretisch weithin akzeptierte Arbeitsteilung wesentlich diffuser, weil sowohl NGOs als auch staatliche Träger in der Domäne des jeweils anderen aktiv sind. Vgl. dazu MINEAR 1984, S. 23 f.. Zum Problem der Arbeitsteilung vgl. auch BAUER/KOCH 1990, S. 13 ff.; BMZ 1990, S. 4; BRANDT/ZEHENDER 1986, S. 246; CASSEN 1990, S. 100; KLEMP 1988, S. 34; VON STOCKHAUSEN 1983, S. 38; VON STOCKHAUSEN 1989, S. 300 ff.. Kritisch gegenüber dem Komplementaritätskonzept HOVEN/PELTZER/ZATTLER 1990, S. 1338 f..
147 Vgl. z.B. die Schilderungen bei MUSENGIMANA 1989, S. 12.
148 BAUM 1988, S. 5.

zeichnet.[149]
Die Kritik der Wissenschaft weicht von der der Geberinstitutionen wenig ab und stellt ebenfalls den Mangel an institutionalisiertem Lernen, finanzieller Verantwortlichkeit und qualifiziertem Personal in den Vordergrund und fordert mehr Training für NGO-Mitarbeiter, um die bereits erreichte Kapazitätsgrenze auszuweiten.[150] Im Gegensatz zu den Geberorganisationen betont die Wissenschaft aber, daß in den Süd-NGOs eine starke Vorliebe für Wohltätigkeit und soziales Engagement vorherrscht und die einem Projekt vor- oder nachgelagerten Prozeduren (Planung, Budgetierung, Evaluierung etc.) tendenziell vernachlässigt werden und das Bemühen sich darauf konzentriert, einen möglichst großen Anteil der verfügbaren Ressourcen der Zielgruppe zur Verfügung zu stellen.[151]

In den letzten Jahren hat das Bewußtsein für die Managementprobleme der Süd-NGOs zugenommen, und auch die Geber beginnen, die bereits überfälligen Investitionen in die Trägerstrukturen vorzunehmen, wobei sich insbesondere Nord-NGOs engagieren.[152] Dabei ist

---

149 Zur Geber-Kritik am Management der Süd-NGOs vgl. BMZ 1990, S. 10; DAC 1985, S. 154; DE CROMBRUGGHE/HOWES/NIEUWKERK 1987, S. 84; ELLIOTT 1987, S. 61; HOFMANN 1990, S. 239; KRUGMANN-RANDOLF 1988, S. 4; OECD 1989, S. 136; MEYER 1990, S. 13; SCHWEERS 1988, S. 11; SMITH 1984, S. 145 f.; WILLIAMS 1990, S. 32; WINKELMANN 1989, S. 42;
150 Vgl. BRATTON 1989, S. 572; HOFMANN et al. 1988, S. 31 und S. 52 f.; KANADA/HUSAK 1986, S. 2; NEUBERT 1990 a, S. 303; OECD 1989, S. 68 f.; SCHNEIDER-BARTHOLD 1987, S. 111; SMITH 1987, S. 89. Zur Personalsituation: "What is clear is that from the donor agency standpoint, deficiencies in manpower is the most important single constraint on the effectiveness of local NGOs." ELLIOTT 1987, S. 61.
151 Vgl. die grundsätzliche Kritik in CAMPBELL 1988, S. 294; CASSEN 1990, S. 278 f.; DE GRAAF 1987, S. 288; GLAGOW 1989, S. 20; KORTEN 1987, S. 157.
Ein Sonderproblem scheint für Süd-NGOs das Schaffen von Arbeitsplätzen für ihre Zielgruppen zu sein. Obwohl verschiedene Autoren übereinstimmend "job-creation" als wichtige Aufgabe der Süd-NGOs ansehen, wird den Süd-NGOs die Fähigkeit zur Schaffung von Arbeitsplätzen häufig abgesprochen. Einigen Süd-NGOs wird dabei unterstellt, nicht einmal ihre eigenen Unternehmungen angemessen führen zu können. Vgl. DE CROMBRUGGHE/ HOWES/NIEUKERK 1987, S. 83 f.; DE CROMBRUGGHE/HOWES/NIEUKERK 1987 a, S. 288; DE GRAAF 1987, S. 288; GARILAO 1987, S. 116; HARPER 1988, S. 19; HOFMANN et al. 1988, S. 53; NEUBERT 1990 a, S. 308; OECD 1989, S. 31.
152 Zu Notwendigkeit und Formen der Trägerstrukturförderung vgl. BAUM 1988, S. 5 f.; CAMPBELL 1989 a, S. 17; CAMPBELL/YATES 1986, S. 47; MEYER 1990, S. 12; VAN DER HEIJDEN 1990, S. 22; VAN REENEN/WAISFISZ 1988, S. 12 ff.; YATES 1989 a, S. 16.

noch weitgehend ungeklärt, welche Investitionen zur Behebung der von Süd-NGOs, Geberorganisationen und Wissenschaft vermuteten Managementprobleme nötig sind.

Zusammenfassend kann zunächst festgestellt werden, daß aufgrund komparativer Vorteile der NGOs auf einigen Gebieten (vgl. Kap. 1.3 "Die komparativen Vorteile der Süd-NGOs") eine tendenzielle Verlagerung einiger Aufgabengebiete von den Nord-NGOs zu den Süd-NGOs zu erwarten ist (vgl. Kap. 1.2.3 "Veränderungen im Aufgabenfeld der NGOs"). Einer weiteren erheblichen qualitativen und quantitativen Ausweitung des Aktionsbereiches der Süd-NGOs stehen jedoch Mängel im Management der NGOs entgegen. Eine Identifizierung dieser Managementprobleme ist aus dem Aktenstudium allein kaum möglich und erfordert somit eine empirische Untersuchung, zu der zunächst ein Referenzrahmen erstellt werden muß. Nötig ist die Erarbeitung einer Konzeption für ein rationales Management, um im Vergleich mit der vorgefundenen Realität Mängel im Management der NGOs identifizieren zu können. Das folgende zweite Kapitel dieser Arbeit dient der Erstellung dieser Konzeption, bevor im dritten Kapitel, korrespondierend mit diesem Referenzrahmen, die vorgefundene Realität der Managementprobleme dieser NGOs dargestellt werden kann.

2. Konzeption für das Management von NGOs

Der auch im Deutschen übliche Begriff "Management"[1] wird sowohl für die Personengruppe gebraucht, die Organisationen leitet, als auch für die Funktionen verwendet, die diese Personen ausüben. Letzteres ist Gegenstand dieser Arbeit, wobei von einem weitgefaßten Management-Begriff ausgegangen wird, der neben den aus der Betriebswirtschaftslehre bekannten sachbezogenen Führungs-, Leitungs- und Verwaltungsaufgaben auch eine personenbezogene und verhaltenswissenschaftliche Komponente des Management akzeptiert, mehr ist als bloße Verwaltung und auch die Pflege der Beziehungen zur Umwelt der jeweiligen Organisation (seien sie nun private oder öffentliche Organisationen) umfaßt.[2] Der Aufgabenbereich des Managements - im wesentlichen: planen, entscheiden, realisieren und kontrollieren - wird in NGOs nur unvollständig wahrgenommen (vgl. auch Kapitel 1.4.4 "Probleme des Managements"), obwohl ein entsprechender Bedarf besteht. Auch NGOs sind auf grundsätzlich knappe Ressourcen angewiesen, die einerseits beschafft und andererseits so effizient wie möglich eingesetzt werden müssen. Für das Umsetzen der beträchtlichen Aufwendungen der NGOs müssen, wie in anderen Unternehmungen auch, Ziele formuliert, Entscheidungen gefällt, Mitarbeiter eingestellt und motiviert und letztendlich auch Ergebnisse kontrolliert werden. Den Ergebnissen solchen Tuns ist es nicht dienlich, wenn das "Management-Rad" dabei über Versuch und Irrtum ständig neu erfunden werden muß.[3] Diese Erkenntnis scheint auf der Hand zu liegen. Die Umsetzung der daraus folgenden Konsequenzen scheitert aber oft an mangelndem Wollen und Können der Verantwortlichen.

---

1 Die heute oft synonym verwandten Begriffe "Management" und "Administration" finden auch Verwendung, indem in "Administration" eine Subfunktion des "Management" gesehen wird, die sich auf Durch- und Ausführung beschränkt. Darüber hinaus spricht man in erwerbswirtschaftlichen Organisationen von "Management" und in öffentlichen und Non-Profit-Organisationen von "Administration", meint aber hier prinzipiell gleiche Aufgabenbereiche. Vgl. STAEHLE 1989, S. 92.
2 Vgl. STAEHLE 1989, S. 66 und S. 73 f.; WÖHE 1990, S. 95 ff..
3 HANDY 1983, o.S.: "It has to be a waste of energy for each organization to discover anew, how to run itself, for each director or organizer or secretary to find out through trial and error, pain and stress, the secrets of successful coping. There has to be some theory that is useful; something that can be passed on from one generation to another, from one organization to another."

Das diagnostizierte Management-Defizit[4] besteht nicht nur in einem Mangel an Kenntnissen, sondern auch in einer einstellungs- und willensbedingten Management-Barriere, die zu einem mehr oder weniger ausgeprägten Mißtrauen gegenüber allem Management-Handeln führt. Dies erklärt sich aus der Geschichte des Managements und seinem Ursprung im privaten und gewinnorientierten Sektor. Management wird assoziiert mit Ausbeutung, Unterdrückung oder als Technik zur Begründung von Hierarchie und Macht angesehen. Mit dem Hinweis auf diese Ursachen wird den NGOs nicht unbegründet eine Tendenz zur Managementfeindlichkeit unterstellt,[5] die ideologische Ursachen hat. In den Entwicklungsländern wird diese Managementfeindlichkeit dadurch verstärkt, daß Management als Erfindung des Nordens angesehen wird und von den Organisationen des Südens eher als extern begründete Notwendigkeit denn als ein effektives Werkzeug zur Leitung von Organisationen eingeschätzt wird.[6]
Neben diesen diffusen Ängsten gibt es aber auch begründete Kritik an einem allzu technokratischen Management-Verständnis, das kaum Platz läßt für lokale Kulturen und Werte und als unangepaßt abgelehnt wird.[7] Dies alles scheint zu einer Situation zu führen, in der ein "antimanagement-bias" zunächst zu einer weitgehenden Ignoranz[8] gegenüber Managementtechniken geführt hat. Die Nichtanwendung dieser Techniken nimmt aber auch die Möglichkeit, diese in einer Phase der Erprobung, Anwendung und Reflexion zu verändern und an NGO-typische Aufgabenfelder und Situationen anzupassen. Die

---

4 NOVIB 1988, S. 322: "The significance of management can hardly be overestimated, as poor or inappropriate management appears to be a major factor that critically constrains successful development activities; it is precisely because of poor and inappropriate management that many activities of African development organizations, the same as elsewhere, that were potentially fruitful at the outset, do not come up to expectations and that others do not work out at all."
5 HANDY 1983, o.S.: "Management is an ugly word with ugly connotations particularly in the voluntary world. It smacks of hierarchy, of commanding and controlling, even of manipulation. No one, after all, likes to be managed even if some are content to be managers." Vgl. ähnliche Einschätzungen bei CAMPBELL 1989, S. 3 und S. 17; CAMPBELL/YATES 1986, S. 48; DICHTER 1989, S. 20; KORTEN 1987, S. 155 f.; SCHWARZ 1986, S. 5.
6 Vgl. CAMPBELL 1989, S. 3 und 7; CAMPBELL/YATES 1986, S. 48.
7 Vgl. CAMPBELL/YATES 1986, S. 48.
8 TANDON 1988, S. 321: "Many of these issues relate to organisational structure, the issue of salary, the issue of leadership, the issue of power, the issue of performance evaluation have become so sticky and conflictual that most voluntary, non-governmental organisations have decided to ignore them."

Problematik scheint sich schließlich dadurch zu potenzieren, daß die Selbstbeschränkung der NGOs auf "good work", "commitment", "voluntary spirit" und "muddling through"[9] sich in einer mangelhaften Nachfrage nach angepaßten betriebswirtschaftlichen Methoden niederschlägt. Die Angst vor Managementmethoden der "harten", profitorientierten Geschäftswelt führt als "self-fulfilling prophecy" so zu einer mangelhaften Beachtung der grundsätzlich vorhandenen Managementbedürfnisse karitativer Organisationen in der Wissenschaft.[10] Die Auflösung dieses Teufelskreises aus Ignoranz und mangelndem Angebot liegt in der Entwicklung eines Management-Wissens, das die spezifischen Charakteristika und Vorteile der NGOs intakt läßt und gleichzeitig das ökonomische Überleben der NGOs gewährleistet.[11]

Vor der Anwendung von Managementtechniken in NGOs müssen deren Arbeitsfelder genauer beschrieben werden. Während allgemeine Managementfunktionen wie Planung, Informationsverarbeitung etc. auf alle denkbaren Bereiche anwendbar erscheinen, hängen andere erheblich von den Zielen einer Organisation ab. Es liegt auf der Hand, daß die Produktion von PKW oder Computern anderer Managementfähigkeiten bedarf als z.B. das Angebot von Dienstleistungen wie Gesundheits- oder Kreditversorgung. Der Dachverband der NGOs "International Council of Voluntary Agencies" (ICVA) beschreibt als NGO-Management " ... the process of mobilizing both human and non-human resources for purposes of accomplishing the organization's set objectives or desired results. This process involves the identification of clients, their needs, and converting these needs into the mission of the organization."[12]

Die Managementaufgaben der NGOs können in zwei Gruppen aufgeteilt werden. Dem heterogenen Feld der Projekt- und Programmarbeit (als Intervention in die Zielgruppe und damit der eigentlichen Akti-

---

9 Vgl. BILLIS 1988, S. 305; CAMPBELL/YATES 1986, S. 47; COOK 1988, S. 110.
10 Zur mangelhaften Nachfrage nach entsprechender Forschung vgl. BURLA 1989, S. 52; SCHWARZ 1986, S. 24.
11 Vgl. MIDDLETON 1988, S. 219.
12 ICVA 1986 a, S. 25. Aufzählungen der Managementaufgaben von NGOs sind umfangreich, weil im Bereich der Projektdurchführung die Managementaufgaben so vielfältig sind wie die Aufgabenfelder der NGOs. Vgl. z.B. die Aufzählungen bei CAMPBELL 1988, S. 293; ICVA 1986, S. 8 - 12; NOVIB 1988, S. 323.

vität der NGOs) steht das Management der NGO selbst, gewissermaßen des Kerns der NGO, gegenüber. Die niederländische NGO NOVIB umschreibt beide Aufgabengruppen folgendermaßen: "Management is understood here in its broadest sense: it covers the whole range of identification, design, planning, execution, monitoring, and evaluation of projects and programmes carried out by development organizations, as well as the policy and running of parts of the organization concerned or of the organization as a whole."[13]
Der Rahmen dieser Arbeit gebietet eine Einschränkung auf die Aspekte des Managements der NGO selbst, des Kernmanagements. Die Vielschichtigkeit der NGO-Projekt- und Programmarbeit bedarf einer weit umfassenderen Analyse und läßt zudem weniger Raum für die anzustrebenden Generalisierungen, da in der Berücksichtigung unterschiedlicher Gegebenheiten gerade die Stärke und der Vorteil der NGOs zu sehen ist. Zur Verdeutlichung werden beide Bereiche des NGO-Managements in Abbildung 5 dargestellt.

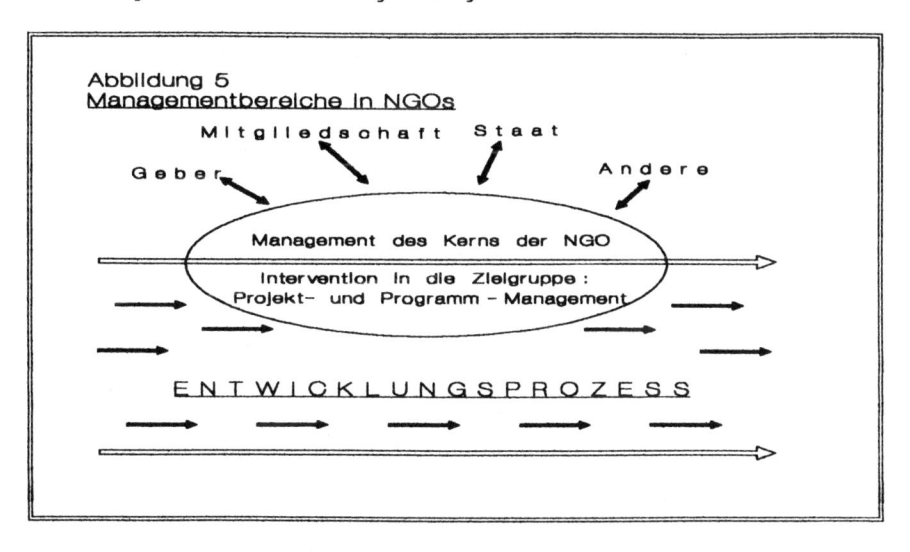

```
Abbildung 5
Managementbereiche in NGOs
            Mitgliedschaft    Staat
   Geber                              Andere
          ┌─────────────────────────────┐
          │ Management des Kerns der NGO │
          │ Intervention in die Zielgruppe: │
          │ Projekt- und Programm - Management │
          └─────────────────────────────┘

          E N T W I C K L U N G S P R O Z E S S
```

Bezüglich der Frage, welche Art von Management für den Kern der NGOs angewandt werden sollte, existieren drei Denkrichtungen. Die erste sieht in NGOs Organisationen wie andere auch und fordert die <u>Einführung der in der Geschäftswelt wohlerprobten Management-</u>

---

[13] NOVIB 1988, S. 322. Vgl. auch eine ähnliche Aufgabengruppierung bei DICHTER 1989, S. 18 f..

methoden.[14] Diese Denkrichtung unterstellt, daß Probleme der NGOs (z.B. Kapitalbeschaffungsprobleme, Komplexität der Organisation etc.) in etwa mit denen kleinerer kommerzieller Unternehmungen identisch seien. In einigen Bereichen der Non-Profit-Unternehmungen mag dies zwar zutreffen,[15] in der Mehrheit bedürfen die Managementmethoden aber einer Überarbeitung, bedarf es einer besonderen Management-Lehre, die die unter anderem durch die veränderte Marktsituation und den Wegfall des Profitinteresses gekennzeichnete Ausgangslage der NGOs würdigt.

Zweitens gibt es einen Ruf nach einer <u>speziellen Management-Lehre</u>, nach "participatory management", "development management" etc., die den speziellen Aufgaben der NGOs gerecht wird.[16] Eine extreme Variante dieser Denkweise fordert, die Projekte und Programme der NGOs zum Dreh- und Angelpunkt der Entwicklung eines NGO-Managements zu machen.[17] Diese Forderung ist in dem Moment problematisch, in dem NGOs einerseits mit Basisgruppen arbeiten und andererseits sich aus finanziellen Gründen international legitimieren müssen. Ein basisgruppenbestimmtes Management könnte so zu einem unangepaßten Management werden.

Eine dritte Denkschule folgt gewissermaßen dem japanischen Modell, d.h., <u>vorhandene Managementmethoden zu betrachten und sich Methoden auszuwählen</u>, die einerseits als effektiv gelten und andererseits in die "Organisationskultur" der NGOs passen.[18] Für einige Bereiche wird es nötig sein, neue Methoden und Techniken zu entwickeln, woraus dann konsequenterweise ein kohärenter Satz von Managementmethoden entstehen sollte.[19] Dieser Satz von Managementmethoden sollte einerseits dem Charakter der NGOs als Non-Profit-

---

14 Bzgl. dieses sogenannten "nuts-and-bolts"-Ansatzes vgl. CAMPBELL 1989, S. 4; FOWLER 1988, S. 86; KLEIN 1986, S. 134 f. und DICHTER 1989, S. 21: " ... after that sense of corporate purpose is established, then the non sexy stuff comes in and it is relatively plain old management in the most generic sense: accounting systems, administrative procedures ... how to recruit good people, maintain physical assets, and keep better control of limited financial resources, leading to more efficient use of those."
15 Z.B. hat ein privates Krankenhaus in etwa dieselben Managementprobleme wie ein öffentlich-rechtliches oder durch die freien Wohlfahrtsverbände geführtes.
16 Vgl. BILLIS 1988, S. 306; DICHTER 1989, S. 18 f..
17 Vgl. CAMPBELL 1989, S. 5 ff..
18 Vgl. VAN REENEN/WAISFISZ 1988, S. 42. Zu Abweichungen zwischen NGO- und Geschäftswelt-"Organisationskultur" vgl. CAMPBELL 1989, S. 7 ff. oder FOWLER 1989, S. 18.
19 Vgl. CAMPBELL 1989, S. 7 und 10 ff..

Organisationen entsprechen und andererseits bewährte Managementmethoden nach Überprüfung ihrer Anwendbarkeit integrieren. Bezüglich der kulturellen Übertragbarkeit solch eines Satzes von ausgewählten Managementmethoden gehen die Meinungen denkbar weit auseinander. In der kulturvergleichenden Managementforschung[20] stehen die "Universalisten" den "Kulturisten" gegenüber.[21] Während die "Universalisten" glauben, daß unabhängig von Umweltbedingungen Managementprinzipien immer und überall gültig sind, betonen die "Kulturisten", daß unterschiedliche kulturelle Bedingungen auch unterschiedliche Anforderungen an das Management-Verhalten stellen. Ein undogmatischerer Umgang mit der Frage nach der Übertragbarkeit von Managementmethoden käme vermutlich zu der Antwort, daß die eher "technischen" Teile des Management (Planung, Kostenrechnung, Budgetierung etc.) trotz vorhandener Transferprobleme am ehesten umweltunabhängig sind, während die verhaltensbezogenen Teile des Managements (Führung, Motivation etc.) ungleich stärker vom sozio-kulturellen Umfeld beeinflußt werden. Angewandt auf NGOs hieße dies, daß das Management von partizipativ organisierten Projekten und Programmen eher in den Ländern des Südens entwickelt werden sollte,[22] während insbesondere beim technischen Teil des Kernmanagements von NGOs die Übertragbarkeit von "westlichen" Managementmethoden als gegeben erscheint.

Fundus für eine Suche nach geeigneten Managementmethoden ist in den wissenschaftlichen Disziplinen in erster Linie die Betriebswirtschaftslehre[23] (BWL), die neben Psychologie und Soziologie Hauptstandort für Managementforschung ist. Ein Urteil darüber, wie betriebswirtschaftliche Methoden auf den Non-Profit-Bereich der Gesellschaft angewandt werden können, hängt dabei von den jeweiligen Auffassungen über BWL ab. Ein "klassischer" Ansatz der BWL mit einer inzwischen als überholt geltenden Konzentration auf den Betrieb als Einheit, die in einer Umwelt aus Beschaffungs- und Absatzmärkten ihren Gewinn maximiert,[24] schränkt die Anwendung auf die Non-Profit-Organisationen (NPOs) ein. Eine BWL, die sich als

---
20 Zur kulturvergleichenden Managementforschung vgl. VON KELLER 1982, S. 539 ff..
21 Zu Aussagen von in diesem Sinne "universalistischen", bzw. "kulturalistischen" Betrachtern des NGO-Management vgl. BILLIS 1989, S. 20; NOVIB 1988, S. 323.
22 Vgl. ähnlich: FOWLER 1989, S. 20.
23 Zum Verhältnis von Betriebswirtschaft und Managementlehre vgl. STAEHLE 1989, S. 68 ff..
24 Vgl. BURLA 1989, S. 16.

eine Managementlehre auffaßt, deren Aufgabe es ist, Bedingungen und Möglichkeiten einer sozio-ökonomischen rationalen Lenkung und Gestaltung von Betrieben aufzuzeigen und bei der eine verengte Konzentration auf Profitmaximierung nicht dominierend ist, könnte eher Heimat einer Forschung nach rationalen Managementmethoden für NPOs sein. Die sogenannte "Allgemeine BWL" ist so allgemein aber in der Regel nicht. Sie ist bei einzelnen Management-Problemen in NPOs unangepaßt und bedarf mehr als in der Managementlehre sonst üblich einer Ergänzung durch Soziologie, Politologie etc..[25] Die Entwicklung einer "Bereichsbetriebswirtschaftslehre" für den NPO-Bereich verbietet sich ebenfalls, da ihre Erkenntnisse angesichts der großen Heterogenität des NPO-Sektors nur zu sehr allgemeinen Aussagen kommen könnte und außerdem die Gefahr bestünde, daß in sich verselbständigenden "Bereichsbetriebswirtschaftslehren" Erkenntnisse erarbeitet werden, die andernorts schon zur Verfügung stehen.[26] Angebracht erscheint ein pragmatisches Vorgehen, bei dem in funktionalen Ansätzen bereits gewonnene Erkenntnisse betrachtet und auf Tauglichkeit für den jeweils interessierenden Teil des NPO-Sektors überprüft werden. Für den hier zu bearbeitenden Bereich der NGOs sollen deshalb im folgenden Kapitel zunächst exkursiv die in der Literatur bisher behandelten Besonderheiten des NPO-Sektors dargestellt werden, bevor eine operationale Konkretisierung durch die Anreicherung mit praktischen Management-Erfahrungen daran anschließt.

2.1 Zur Theorie von Non-Profit-Organisationen

Während die BWL sich in der Vergangenheit auf den privaten profitorientierten Betrieb konzentriert und dort einen beachtlichen Wissensstand erreicht hat, wurden private und öffentliche Non-Profit-Organisationen (NPOs) als Anomalien betrachtet. Obwohl sich in den USA ein entsprechender Forschungszweig zu etablieren scheint,[27] gibt es im deutschsprachigen Raum kaum eine Betrachtung der NPOs,

---

25 Zur Interdisziplinarität des Managementwissens vgl. STAEHLE 1989, S. 67 f..
26 Zu den Grenzen der BWL vgl. BURLA 1989, S. 57.
27 Siehe z.B. die Bemühungen zum Marketing der NPOs in KOTLER 1989 oder zum diesbezüglichen Rechnungswesen in ANTHONY/YOUNG 1984.

die über einzelne NPO-Kategorien (z.B. Krankenhäuser, Sportvereine, Verbände, kommunale Versorgungseinrichtungen etc.) hinausgeht. Eine Theorie der NPOs ist nicht in Sicht. Die verfügbare Literatur ist eher bescheiden und im Bereich der privaten NPOs noch unergiebiger als im Bereich der öffentlichen NPOs. Somit wird das Suchen nach gemeinsamen Kennzeichen und Strukturelementen von NPOs zu keiner leichten Aufgabe.[28]

Zunächst bedarf die Betrachtung der NPOs einer Eingrenzung des Objektbereichs, da, ähnlich wie bei dem Begriff NGO, bereits als Ergebnis der Heterogenität des Objekts eine Begriffsvielfalt entstanden ist.[29] Die Gegenstandspaare NPO versus profitorientierte Unternehmung werden dabei auch in die beiden Gruppen der erwerbswirtschaftlichen versus bedarfswirtschaftlichen Unternehmungen unterschieden. Kennzeichnend für die erwerbswirtschaftlichen Unternehmen ist dabei die Dominanz des Formalzieles Gewinn, während in den bedarfswirtschaftlichen Unternehmungen das Sachziel der Bedürfnisbefriedigung oder Bedarfsdeckung dominiert.[30] Typischerweise unterliegen NPOs einem Gewinnverteilungsverbot,[31] d.h. daß sie keine Gewinne an Individuen auszahlen dürfen. Dies schließt nicht die Zahlung von Gehältern an Mitarbeiter oder die Erstattung von Aufwendungen an Vorstandsmitglieder aus. Um das Gewinnverteilungsverbot effektiv werden zu lassen, dürfen diese Gehälter ein übliches Maß nicht übersteigen und dürfen keine ver-

---

28 Zum Stand der Wissenschaft vgl. BURLA 1989, S. 67 ff.; EASLEY/O'HARA 1986, S. 85; HANSMANN 1986, S. 57; SCHWARZ 1986, S. 5. Dazu BURLA 1989, S. 53: "Der zunehmenden Nachfrage nach professionellen Managementmethoden in Nonprofit-Organisationen steht ein erwachendes Interesse der Forschung an diesem Themenbereich gegenüber." Das "erwachende Interesse" der Forschung findet seinen Niederschlag auch in der Gründung von Forschungseinrichtungen und Postgraduiertenkursen in Großbritannien und den USA. Vgl. dazu HARPER 1988, S. 19; MIDDLETON 1988, S. 226; LSE o.J..
29 Jede Eingrenzung ist theoretischer Natur und wird den Realitäten manchmal nicht gerecht. Vgl. z.B. WEISBROD 1988, S. 24: "The roughly 15 percent of American nursing homes classed as nonprofits are not significantly different from their profit-making ... brethren." Außerdem gibt es mannigfaltige Hybridformen, die sich einer klaren Klassifizierung entziehen. Vgl. z.B. für den Krankenhausbereich WEISBROD 1988, S. 3: "... one-third of the nonprofits were already involved in joint ventures with for-profits and most of the others were considering it." Vgl. auch andere Beispiele bei ANTHONY/YOUNG 1984, S. 36 f..
30 Vgl. KOTLER 1978, S. XI; SCHWARZ 1986, S. 6.
31 Auch: "nondistribution constraint" oder "Ausschüttungsverbot".

schleierten Gewinntransfers beinhalten.[32]
Häufig wird das Gewinnverteilungsverbot mißverständlicherweise mit einem nicht existierenden Gewinnerzielungsverbot gleichgesetzt. Natürlich kann eine NPO am Jahresende auch einen Überschuß nicht-projektgebundener Mittel erwirtschaftet haben. Dieser Überschuß kann sogar unabdingbar für den finanziellen Handlungsspielraum einer NPO sein. Er darf nur nicht verteilt werden. Um ungewollte öffentliche Reaktionen zu vermeiden, nennt man ihn aber korrekterweise nicht Profit, sondern Rücklage oder ähnlich.[33] Der unglücklich gewählte Terminus "nonprofit" wird aus diesen Gründen gelegentlich durch den zutreffenderen Terminus "not-for-profit" ersetzt.
Die so beschriebenen NPOs lassen sich - ähnlich wie erwerbswirtschaftliche Unternehmen - in privat oder öffentlich kontrollierte NPOs unterscheiden. Daraus ergibt sich eine Vierteilung von Organisationstypen, wie sie in Abbildung 6 dargestellt ist.

Abbildung 6
Die vier grundtypischen Organisationsformen

	Privat kontrolliert:	Öffentlich kontrolliert:
Gewinn-Basis:	Gruppe I (z.B. Einzel-Unternehmen)	Gruppe II (z.B staatliche Fluglinie)
Non-Profit-Basis:	Gruppe III (z.B. N G O s)	Gruppe IV (z.B. Behörden)

Die Organisationen der Gruppe I werde ich im folgenden als den privaten Sektor bezeichnen, die Organisationen der Gruppen II und IV als den öffentlichen Sektor, während sich die Ausführungen über

---

32 Auch: "reasonable compensation constraint". Zum "nondistribution-" und "reasonable compensation constraint" von NPOs vgl. EASLEY/O'HARA 1986, S. 86; HANSMANN 1986, S. 58; LISSNER 1977, S. 25; O'NEILL/YOUNG 1988 a, S. 5; YOUNG 1983, S. 11.
33 Zur Möglichkeit der Gewinnerzielung von NPOs vgl. McLAUGHLIN 1986, S. 5; METZLER 1990, S. 34.

NPOs auf die Organisationen der Gruppe III als privat kontrollierte NPOs (= NPO-Sektor) beschränken werden. Im Sinne einer Minimaldefinition sind danach NPOs Organisationen, die einem Gewinnverteilungsverbot unterliegen und nicht staatlich kontrolliert sind.

Über die <u>Ursachen der Entstehung des NPO-Sektors</u>, des sogenannten dritten Sektors, gibt es unterschiedliche Ansichten. Je nach Standort des Betrachters wird <u>Staats- oder Marktversagen</u> als die zugrundeliegende Ursache vermutet.

Ein <u>Staatsversagen</u> wird in den Fällen unterstellt, in denen der Staat nicht in der Lage oder nicht willens ist, die Nachfrage von Gruppen der Gesellschaft nach bestimmten öffentlichen Gütern in ausreichender Quantität und Qualität zu befriedigen. Dies ist z.B. dann der Fall, wenn die Nachfrage nach öffentlichen Gütern sehr heterogen strukturiert ist und z.B. aus wahlarithmetischen Gründen eine Befriedigung dieser Nachfrage nicht erfolgt. In diesen Fällen könnten sich die betroffenen Gruppen selbst organisieren oder durch Spenden an NPOs eine Befriedigung der Nachfrage fördern. Mit zunehmender Heterogenität der Nachfrage nach öffentlichen Gütern oder zunehmender Entfernung einer Regierung von den Bedürfnissen der Bevölkerungsmehrheit, würde eine Unterstützung von NPOs als Antwort auf ein Staatsversagen zunehmen.[34]

Jüngeren Datums ist die Literatur zum <u>Marktversagen</u> als Entstehungsursache für den NPO-Sektor. Die in Marktmodellen der ökonomischen Theorie oft unterstellte vollkommene Information aller Marktteilnehmer besteht in der Realität nicht. Da zwischen Konsumenten und Anbietern ein Interessenkonflikt besteht, könnte ein Anbieter eine bestehende Informationsasymmetrie zu seinem Vorteil ausnutzen und Extraprofite zu Lasten des Konsumenten realisieren. Eine Aufhebung der Informationsasymmetrie ist für den Konsumenten mit prohibitiven Kosten verbunden und er wird, wo dies möglich ist, die Dienste einer NPO in Anspruch nehmen, weil er dort eine Aufhebung des grundsätzlichen Interessenkonfliktes zwischen Anbie-

---

34 Zum Staatsversagen als Entstehungsursachen für den dritten Sektor vgl. insbesondere WEISBROD 1977, S. 51 ff. und den Versuch einer historischen Beweisführung bei WEISBROD 1977, S. 63 f.. Ähnlich: YOUNG 1983, S. 13; HOFMANN et al. 1988, S. 4. Nicht gelöst in diesem Modell ist das "free-rider"-Problem. NPOs stellen meist öffentliche Güter her (in der Regel Dienstleistungen), auf die nahezu jedermann Zugriff hat, auch wenn er sich nicht an den Kosten beteiligt. Diese Situation entmutigt tendenziell die Geldgeber von NPOs.

tern und Konsumenten unterstellt.[35] Dies gilt in besonderem Maße für karitative Dienstleistungen, bei denen der Spender nicht selbst Empfänger der Leistungen ist und die Qualität des Outputs nur schwer überprüfen kann, insbesondere wenn der Ort der Leistung weit entfernt ist.[36]

Die wegen Markt- und Staatsversagens entstandenen bedarfswirtschaftlichen NPOs teilen mit den erwerbswirtschaftlichen Organisationen einige Kennzeichen, weisen aber auch Unterschiede auf. Beide Organisationsformen sind zielgerichtete Systeme, die ihre Organisationen auf die Erreichung bestimmter Ziele auszurichten haben, und beide müssen grundsätzlich knappe Produktionsfaktoren (Kapital, Arbeit) beschaffen und kombinieren. Beide sind auch soziale Systeme, in denen die menschliche Zusammenarbeit, die Motivation zur Leistungserbringung und die Entwicklung des menschlichen Fähigkeitspotentials Hauptfaktoren sind. Gemeinsam ist damit die Notwendigkeit zur Erfüllung von Führungsfunktionen wie Planen, Motivieren, Kontrollieren, Koordinieren etc..[37]
Die Hauptunterschiede liegen im <u>Gewinnverteilungsverbot</u> für NPOs und der <u>problematischen Effizienzmessung</u>. Die <u>Marktsituation</u> ist bei NPOs häufig - anders als in erwerbswirtschaftlichen Unternehmen - durch nichtschlüssige Tauschbeziehungen (vgl. Kapitel 2.2.1 "Management des Marketing") gekennzeichnet. Weitere Unterscheidungsmerkmale sind die <u>mitgliedschaftliche Struktur</u> von NPOs und die speziellen Probleme der <u>Finanzierung</u>. Diese Gesamtsituation ist nur für ein bestimmtes Spektrum von potentiellen Mitarbeitern attraktiv, und so unterscheiden sich NPOs von der Geschäftswelt auch durch eine andere Begrenzung der denkbaren <u>Personalauswahl</u>. Die Hauptunterschiede zwischen erwerbswirtschaftlichen Organisationen und NPOs sind der Abbildung 7 zu entnehmen und werden im folgenden näher betrachtet, um eine erste Grundlage für die Entwicklung eines rationalen Managements für NGOs zu entwickeln.

---

35 Zum sogenannten "Präferenzkonzept" als Antwort auf das Marktversagen vgl. BEN-NER 1986, S. 94; COOK 1988, S. 104; EASLEY/ O'HARA 1986, S. 90 f.; HANSMANN 1986, S. 61 ff.; McLAUGHLIN 1986, S. 18 ff.; METZLER 1990, S. 71 ff.; WEISBROD 1988, S. 44 f.; YOUNG 1983, S. 127 f..
36 Zur Anwendung des Präferenzkonzeptes als Erklärung für die Entstehung von NGOs vgl. SMITH 1984, S. 156.
37 Zu Gemeinsamkeiten erwerbs-/bedarfswirtschaftlicher Organisationen vgl. SCHWARZ 1986, S. 10; EASLEY/O'HARA 1986, S. 85 f..

Abbildung 7
Hauptunterschiede von Strukturmerkmalen in erwerbswirtschaftlichen Organisationen und NPOs

Strukturmerkmal:	Erwerbswirtschaft:	N P O s:
Hauptzweck:	Gewinnerzielung	Bedürfnisbefriedigung
Produzierte Güter:	marktfähige Individualgüter	überwiegend kollektive Güter
Erfolgskontrolle:	Primär über marktbestimmte Größen	Kein Indikator für Gesamteffizienz, kaum quantifizierbare Nutzenmessung
Steuerung der Organisation:	Orientiert am Markt	Mitglieder entscheiden über Organisationsverhalten
Finanzierung:	Kapitaleinlagen, Gewinne und Kredite	Mitgliederbeiträge, Spenden, Zuwendungen etc.
Mitarbeiter:	Hauptamtliche Mitarbeiter	Nebeneinanderher von haupt- und ehrenamtlichen Mitarbeiten

Zunächst seien hier die direkten Folgen des <u>Gewinnverteilungsverbotes</u> diskutiert. Da die Realisierung von Profiten nicht Ziel einer NPO ist, stellt sich die Frage, wie die Umwelt auf die Ausweisung von Überschüssen oder Defiziten in Rechenschaftsberichten reagiert. Es hängt wohl von der jeweiligen Situation ab, ob Defizite als Anzeichen schlechten Managements oder Aufforderung zum Geben für potentielle Spender interpretiert werden. Unabhängig von der Darstellungsweise von Überschüssen - man vergleiche z.B. die Bildung sogenannter "stiller Reserven" in erwerbswirtschaftlichen Organisationen - besteht natürlich auch für NPOs die Notwendigkeit, Rücklagen für notwendiges Arbeitskapital oder den Ersatz abgeschriebener Investitionen zu bilden.[38] Der Nachteil für NPOs liegt dabei im relativ eingeschränkten Handlungsspielraum des Managements, das nicht wie in erwerbswirtschaftlichen Organisationen unbeschränkt Überschüsse aus ertragreichen Perioden zur Finanzierung ertragsschwacher Perioden verwenden kann.

Zu den indirekten Folgen des Gewinnverteilungsverbotes gehört der Wegfall der in erwerbswirtschaftlichen Organisationen dominierenden Steuerungsgröße Gewinn. Infolgedessen entfallen die anderen

---

[38] Zu den direkten Folgen des Gewinnverteilungsverbotes vgl. ANTHONY/YOUNG 1984, S. 41; McLAUGHLIN 1986, S. 24; O'NEILL/YOUNG 1988 a, S. 5 f..

Funktionen des Gewinns, nämlich Maßstab für Effizienz[39] zu sein und dem Management bei positivem Ergebnis Legitimation zu verschaffen.[40] Beides entfällt in NPOs, wobei insbesondere der Wegfall des Gewinns als eindeutiger Erfolgsmaßstab in den NPOs ersetzt werden muß. Dabei ist zu beobachten, daß in NPOs tendenziell Entscheidungen so gefällt werden, daß mit vorhandenen Ressourcen zwar eine möglichst hohe Leistung (Output) erzielt werden soll, allerdings das komplizierte Interessengleichgewicht einer Koalition aus Geldgebern, Mitarbeitern, Zielgruppen und anderen nicht gefährdet werden darf. Diese Situation führt nicht immer zu rationalem Verhalten in Bezug auf ökonomische Prinzipien. Tendenziell wird deshalb in NPOs das Streben nach alleiniger ökonomischer Effizienz durch ein Streben nach Effektivität ersetzt.[41] Da die Differenz zwischen Einnahme und Ausgabe nichts über die Effektivität oder Effizienz einer NPO aussagt, müßte der Output direkt bewertet werden. Dies stößt auf gravierende Schwierigkeiten, da der Output meist in solchen Dienstleistungen besteht, für die es kaum einen Markt gibt und die deshalb mit den in der Ökonomie üblichen Maßstäben kaum bewertbar sind.[42] Außerdem sind nicht die Leistungen der NPO das Ziel, sondern der bei den Klienten der NPO erzielte Nutzen, der nicht innerhalb der NPO erfaßt werden kann. Das anvisierte Nutzenziel ist dabei meist qualitativer Art und die Zielerreichung kann nur durch Indikatoren gemessen werden.

Der Vorteil der NPOs, die weitgehend der Kontrolle und der Sanktionsgewalt des Marktes (und der "Strafe des Unterganges") entzogen sind, liegt in der größeren Handlungsfreiheit. Einem rein ökonomischen Kalkül können sich NPOs entziehen, bezahlen diesen Vorteil aber mit dem Nachteil, nicht immer konkret zielorientiert planen und verwalten zu müssen und somit eventuell Opfer der Versuchung des Nachgebens gegenüber den breitgestreuten und oft heterogenen

---

39 Effektivität bewertet die Wirksamkeit einer Aktivität, also ob oder wie weit Effekte erzielt worden sind. Effizienz stellt die erreichten Effekte in Relation zu den zu ihrer Erreichung notwendigen Ressourcenaufwendungen. Effizienz erfordert neben Effektivität auch eine optimale Allokation, um mit den gegebenen Ressourcen ein möglichst hohes Maß an Effekten zu erzielen.
40 Gewinn ist aber kein perfekter Maßstab für gutes Management, da er nicht alle Aspekte einer Periode umfaßt und bestenfalls über kurzfristige Erfolge Auskunft gibt.
41 Zum Primat der Effektivität in NPOs vgl. McLAUGHLIN 1986, S. 23 und S. 60; YOUNG 1983, S. 130.
42 Zu Beurteilungsproblemen vgl. ANTHONY/YOUNG 1984, S. 36; MIDDLETON 1988, S. 222; SLAVIN 1988, S. 84; WEISBROD 1988, S. 46.

Interessen von Mitgliedern und Klienten zu werden. Eine Zielfestlegung erfolgt auf dem "kleinsten gemeinsamen Nenner". Langfristig kann ein solcher "organisationspolitischer Opportunismus" zu einer Verzettelung der Kräfte und zu Ziellosigkeit, Strukturkonservatismus, diskontinuierlichen Planungsprozessen und damit zu einer Verkrustung im status quo führen, dessen Aufhebung in der Regel mit größeren Widerständen verbunden ist als dessen Beibehaltung ("normative Kraft des Faktischen").[43]
Festzuhalten ist, daß der Mangel eines klaren Erfolgsindikators in **NPOs das Management** vor die Aufgabe stellt, alternative und angepaßte Kriterien für die Beurteilung der Leistung der jeweiligen NPOs zu erstellen.

Zu einem ähnlichen Ergebnis kommt die Betrachtung der <u>Markt- und Konkurrenzsituation</u> der NPOs. Zunächst ist hier festzustellen, daß die Leistungen der NPOs meist nicht marktfähig sind.[44] Allerdings muß eine NPO Freiwilligkeit bei Geldgebern erzeugen und erhalten, die potentielle Spender zur Finanzierung von NPOs veranlaßt. Diese Kontrolle durch den Spender greift besonders, wenn sich mehrere NPOs um ihn bemühen. Der Wettbewerb der NPOs untereinander kann dabei ähnlich effizienzfördernde Kraft entfalten wie der Wettbewerb unter erwerbswirtschaftlichen Organisationen.[45] Insbesondere in Situationen, in denen eine solche Wettbewerbssituation nicht besteht, muß das Management der NPOs die Selbstüberprüfung ihrer Ziele und Ergebnisse institutionalisieren, will sie nicht Gefahr laufen, ziel- und ergebnislos Opfer des oben beschriebenen Opportunismus zu werden.

Die durch Gewinnverteilungsverbot und den teilweisen Wegfall der Kontrolle durch den Markt entstandene komplizierte Managementaufgabe wird durch die andersartige Eigner-Struktur in NPOs weiter erschwert. Anders als in erwerbswirtschaftlichen Organisationen, die von den Eignern oder ihren Vertretern geführt werden, sind

---

43 Zu den Folgen der problematischen Leistungsmessung in NPOs vgl. SCHWARZ 1986, S. 21 f..
44 Öffentliche Güter sind grundsätzlich nicht marktfähig, weil Preisbildung und meist auch Konkurrenz außer Kraft gesetzt sind und der Nichtzahler ("Trittbrettfahrer"/ "free rider") von der Nutzung nicht ausgeschlossen werden kann.
45 Zur Wettbewerbssituation von NPOs vgl. McLAUGHLIN 1986, S. 28 f.; METZLER 1990, S. 45 und S. 58; SCHWARZ 1986, S. 41.

NPOs meist <u>mitgliedschaftlich strukturierte Systeme</u>. Die Mitgliedschaft ist oberstes Macht- und Entscheidungszentrum, und häufig nimmt die Klientel der NPO über die mitgliedschaftliche Struktur und geeignete demokratische Prozesse Einfluß auf die sie betreffenden Entscheidungen. Die Mitgliedschaft wird zwischen regelmäßig stattfindenden Mitgliederversammlungen durch einen Vorstand vertreten, dessen Aufgabe in der Regel die Kontrolle der durch hauptamtliche Mitarbeiter wahrgenommenen Geschäftsführung ist. Diese Situation ist nicht unproblematisch und führt aus mehreren Gründen häufig zu Friktionsverlusten im Bereich des Management.

Zunächst kann eine NPO nur so gut sein wie die Mitglieder, die sie für Ämter in ihren Organen zu rekrutieren vermag. Diese Ämter bieten oft Mühsal und Zeitverlust und damit kaum Anreize für qualifizierte Mitglieder. Bei der Zusammensetzung der Vorstände dominiert das Kriterium der Repräsentation desjenige des Sachverstandes. Das heißt, daß aus dem ohnehin zu geringen Rekrutierungspotential in oftmals ungenügenden Wahlverfahren nicht einmal "die Besten" ausgesucht werden. In der Folge kann dies dazu führen, daß NPOs über mitgliederstarke Vorstände verfügen, deren Kompetenz nicht ausreicht, in ausreichendem Maße Informationen zu beschaffen und zu verarbeiten und den Geschäftsbetrieb der NPO zu kontrollieren. Eine weitere Restriktion liegt im zu begrenzenden Zeitaufwand für derartige ehrenamtliche Tätigkeiten.[46]

Berücksichtigt man die Tatsache, daß einem solchen Vorstand eine Gruppe von hauptamtlichen Mitarbeitern mit oft langjähriger Berufserfahrung und exzellenten Detailkenntnissen über die jeweiligen Organisationen gegenübersteht, erkennt man eine nahezu paradoxe Situation. Management in NPOs kommt danach in einer Art "Gegenstromprinzip" zustande. Während die größte Entscheidungskompetenz beim nicht optimal informierten Souverän (= Mitgliedschaft) zu finden ist, liegt die größte Sachkompetenz bei einer kleinen Gruppe von Spezialisten. Der faktischen Hierarchie der Sachkompetenz gegenübergestellt ist die formale Hierarchie der Entscheidungskompetenzen. Im Extrem erstellen immer besser ausgebildete Sachbearbeiter und Spezialisten immer bessere Beschlußvorlagen, die umso weniger von den Kontrollinstanzen verstanden werden, je

---

46 Dies führt weiterhin zu einem zu häufigen Personalwechsel in diesen Gremien. Zu Auswahl und Kompetenz von NPO-Führungsorganen vgl. ANTHONY/YOUNG 1984, S. 48 f.; MIDDLETON 1988, S. 223; SCHWARZ 1986, S. 50 ff.; YOUNG 1983, S. 108 f..

höher diese in der Formalhierarchie angesiedelt sind. Diese Situation unterscheidet sich grundlegend von der Standardsituation in erwerbswirtschaftlichen Organisationen, bei denen sich Kompetenz und Entscheidungsgewalt meist auf eine Gruppe vereinen. In NPOs wird dagegen tendenziell mit beschränkter Kompetenz geführt. Es darf daher nicht verwundern, daß die im Interesse einer demokratischen Willensbildung erforderlichen Prozesse im Vergleich zum autokratischen Management des privaten Sektors als zeit- und kostenaufwendig, innovationshemmend und ineffizient apostrophiert werden.[47] Dieses strukturelle Problem ist den NPOs gegenwärtig, und als Schlüsselstelle eines erfolgreichen Managements ist die Nahtstelle zwischen Kompetenz- und Formalhierarchie identifiziert. Diese Nahtstelle liegt zumeist im Verhältnis zwischen den Vertretern des Souveräns (z.B. Vorstandsvorsitzende) und der Mitarbeiter (z.B. Geschäftsführer). Mitarbeiter versuchen deshalb manchmal, Vorstandswahlen zu moderieren, um ihnen genehme "brauchbare" Vorstandsmitglieder zu erhalten.[48]
Das notwendige Funktionieren der "checks and balances" innerhalb einer NPO bedarf sorgfältiger Planung. Die Bildung von sogenannten "executive committees" oder ähnlichen Kondensationen von Vorstandskompetenz ist eine denkbare und oft verwandte Methode zur Kommunikationsverbesserung.[49]

Auch im Bereich <u>Finanzierung</u> gibt es erhebliche Unterschiede zur Erwerbswirtschaft. Die Vielfalt der Finanzierungsquellen ist dabei so groß wie die Heterogenität des NPO-Aufgabenfeldes und läßt Verallgemeinerungen kaum zu. Je nach Charakter und Aufgabe der NPO stehen im Vordergrund der Finanzierung die Einnahme von Gebühren (z.B. Schulen), die Refinanzierung über staatliche Systeme (z.B. Krankenhäuser), Stiftungen (z.B. Museen) oder Spenden und Zuwendungen.[50] Während einige NPOs von jeweils einer Finanzierungsart

---

47 Vgl. dazu McLAUGHLIN 1986, S. 218 f.; O'NEILL/YOUNG 1988 a, S. 7 f.; SCHWARZ 1986, S. 18 ff..
48 Zu den Grenzen dieses Modells vgl. McLAUGHLIN 1986, S. 223: "That is a role that few individuals handle well, especially when they are evaluating friends, and may explain why some boards seem so tolerant of poor performance."
49 Weiterhin ist eine sinnvolle Arbeitsteilung innerhalb des Vorstandes, eine Institutionalisierung der Kommunikation und eine überlegte Nutzung der vorhandenen Zeitressourcen von Vorteil für die Funktion des Vorstandes. Zu den Erfordernissen qualifizierter Vorstandsarbeit vgl. McLAUGHLIN 1986, S. 224 ff..
50 Im folgenden wird unterschieden zwischen Spenden, die in der

abhängig sind, nutzen andere mehrere oder alle Möglichkeiten. Grundsätzlich ist dabei die Abhängigkeit von dominanten Geldgebern (z.b. bedeutsamen Einzelspendern oder staatlichen Zuwendungsgebern) problematisch, da diese eventuell Einfluß auf das NPO-Verhalten nehmen könnten.[51]

Gewinnverteilungsverbot und das Gebot angemessener Entlohnung[52] haben im Zusammenhang mit der Aufgabenstellung der NPOs auch Besonderheiten bei der Personalauswahl in NPOs verursacht. Dies gilt sowohl für Führungskräfte als auch für alle anderen Mitarbeiter. Die Leistung von guten Managern von NPOs kann sich nicht wie in der Erwerbswirtschaft in höheren Gewinnen niederschlagen oder zu höheren, leistungsabhängigen Löhnen führen. Dem widerspricht der Charakter der NPOs. Die öffentliche Meinung und die Meinung relevanter Gruppen (Mitgliedschaft etc.) erwartet darüber hinaus, daß Manager von NPOs für gute Leistungen keine Extravergütungen erhalten, während dies in der Erwerbswirtschaft in Form von Gewinnbeteiligungen weitgehend akzeptiert wird. Folglich entwickelte sich ein relativ geringes Einkommensniveau für Führungskräfte zum Charakteristikum in NPOs.[53]

Insbesondere dynamische Führungskräfte suchen in ihrer Arbeit persönliche Ziele und Werthaltungen zu verwirklichen, wobei die drei Sektoren der Ökonomie dazu unterschiedliche Möglichkeiten bieten. Die Gesamtsituation in den NPOs sorgt dabei tendenziell dafür, daß eher altruistisch motivierte Manager in NPOs anzutreffen sind.[54]

Regel auflagenfrei gewährt werden und Zuwendungen, die in der Regel aufgrund einer vertraglichen Regelung gezahlt werden und weitgehend zweckbestimmt sind.
51 Zur NPO-Finanzierung vgl. HANSMANN 1986, S. 79; O'NEILL/YOUNG 1988 a, S. 6; WEISBROD 1977, S. 66; YOUNG 1983, S. 110 f..
52 Angemessene Entlohnung ist hier im Sinne des "reasonable compensation constraint" zu verstehen.
53 Zur relativ schlechten Entlohnung in NPOs und deren Verursachung vgl. ANTHONY/YOUNG 1984, S. 52; METZLER 1990, S. 71; WEISBROD 1988, S. 50; YOUNG 1983, S. 91 f..
54 "Altruistische" Manager arbeiten in NPOs, weil "für Manager mit partizipationsaltruistischer Motivation der Organisationszweck ebenso wie der Konsum am Arbeitsplatz mit positiven Vorzeichen in die Nutzenfunktion eingeht. Solche Manager akzeptieren deshalb ein tieferes Einkommen als Bewerber mit rein egoistischer und nur auf das Geldeinkommen gerichteter Motivation. ... Wie bei den Spendern können bei Managern auch psychische Leistungen wie Prestige oder moralische Befriedigungen Anlaß zu Einkommenskonzessionen sein." METZLER 1990, S. 44; vgl. auch BURLA 1989, S. 68.

Dieser auch als "self-screening"[55] bezeichnete Vorgang der Präferierung eines Sektors durch Personen führt dazu, daß sich im NPO-Sektor hochmotivierte Manager in Wunschpositionen einfinden,[56] diese aber häufig aus weltanschaulichen/ideologischen Gründen (vgl. Kapitel 2. "Konzeption für das Management von NGOs") den gezielten Erwerb von Führungstechniken versäumt haben.[57] Die sich daraus ergebende Notwendigkeit von Investitionen in die Weiterbildung des Führungspersonals scheint aber im NPO-Sektor noch nicht akzeptiert zu sein.[58]

Die erwähnten "screening"-Effekte wirken natürlich auch auf alle anderen Mitarbeiter, allerdings mit unterschiedlichen Folgen. Der NPO-Sektor hat eine Tradition als Niedriglohnsektor,[59] und für Gehaltsempfänger in den unteren Lohngruppen ist die Realisierung ihrer Berufswünsche in NPOs oft mit kaum zu verkraftenden Lohneinbußen verbunden. Es ist zu beobachten, daß der NPO-Sektor von Mitarbeitern wegen zu geringer Löhne verlassen wird und ein Großteil dieser Mitarbeiter nicht plant, jemals in den NPO-Sektor zurückzukehren.[60] Bei niedriger Lohnhöhe wird der Vorteil, die gewünschte Arbeit im gewünschten Sektor zu verrichten, durch den Nachteil der Niedriglohntradition mehr als aufgehoben.

---

55 Die Tendenz von Personen, bestimmte Sektoren der Wirtschaft zu bevorzugen und sich neigungsgemäß selbst um eine Anstellung in diesen Sektoren zu bemühen, wird auch als "self-screening" bezeichnet.
56 "Screening Phenomena ... may select as managers precisely that class of individuals whose preferences are most in consonance with the fiduciary role that the organization is designed to serve." HANSMANN 1986, S. 78.
57 " ... the screening process may be expected to produce organizational activity that is less tuned to pecuniary aggrandizement than that of firms in the profit-making part of the economy." YOUNG 1983, S. 17.
58 So Brian O'Connel, Präsident von "Independent Sector", zitiert nach LEDUC/McADAM 1988, S. 95: "Our sector is the only of the three sectors that does not yet invest heavily in the development of future leadership. We are so scattered and so preoccupied with immediate human needs and aspirations that almost no one has the time, money, and responsibility to attend to the fundamentals of future effectiveness."
59 VLADECK 1988, S. 78: " ... the economic logic of much of the nonprofit sector has historically been based on underpayment of its employees. ... Customarily, the underpayment of nonprofit employees was ostensibly counterbalanced by lower performance expectations and high levels of job security." In einigen Staaten der USA sind NPOs z.B. aus der Sozialversicherungspflicht und der Minimallohngesetzgebung ausgenommen. Vgl. WEISBROD 1988, S. 28 f..
60 Vgl. MIDDLETON 1988, S. 220.

2.2 Rationales Management von Süd-NGOs

Vor weiteren Gedanken um ein rationales Management der NGOs muß zunächst die spezielle Rationalität von NGOs thematisiert werden, da uns die Diskussion um die Besonderheiten der NPOs gezeigt hat, daß unkritische Übertragungen aus der BWL ungeeignet sein können. Konkret auf NGOs angewandt heißt dies, daß die in der BWL übliche Rationalität des ökonomischen Prinzips[61] auf NGOs als Leitlinie für rationales Handeln nur bedingt anzuwenden ist. Wegen der andersartigen Zielsetzung von bedarfswirtschaftlichen Organisationen entfällt eine Orientierung an der Erzielung von Überschüssen und wird durch eine Orientierung am Ausmaß und der Qualität der Leistungen ersetzt.[62] Dabei ist zu beachten, daß NGOs ihre Existenz einer politischen Koalition[63] von Personengruppen und Organisationen (Gründer, Geldgeber, Zielgruppen, Regierungsstellen etc.) verdanken, deren Zerstörung zum "Untergang" der NGO führen kann. Der Zusammenhalt dieser Koalition wird durch ein Gleichgewicht von gemeinsamen Zielen und Interessen gewährleistet. Demnach hat das Management in NGOs eher einer politischen als einer ökonomischen Rationalität zu folgen, mit dem übergeordneten Ziel, der NGO möglichst alle potentiellen Ressourcengeber zu erhalten, auch wenn dies im Einzelfall zu Entscheidungen führt, die ökonomisch zunächst irrational erscheinen mögen. Diesem Primat der politischen Rationalität einer NGO hat sich eine ökonomische Rationalität unterzuordnen, die, unter Erhalt des politischen Kapitals einer NGO, aus den gegebenen Ressourcen den Nutzen für die Zielgruppen zu maximieren hat.

Das Primat der politischen Rationalität gefährdet tendenziell die Effektivität von NGOs, da die Machtverteilung innerhalb von NGOs bestimmender als die Ansprüche der Zielgruppen sein kann. Die Erfüllung der Forderungen bestimmter Interessengruppen (z.B. der Geldgeber) kann dabei zu Extraleistungen der NGO führen (z.B. besonderen Arbeitsbedingungen, Akzeptanz von "Hobby"-Projekten etc.), die, durch die Brille der ökonomischen Rationalität

---

61 Das ökonomische Prinzip besagt, daß ein bestimmter Zweck mit dem geringsten Mitteleinsatz oder mit einem gegebenen Mitteleinsatz eine maximale Zweckerfüllung anzustreben ist.
62 Zur Anwendung des ökonomischen Prinzips in NPOs vgl. BURLA 1989, S. 15 ff.; METZLER 1990, S. 35 f.. Vgl. auch Kapitel 2.1.
63 Vgl. McLAUGHLIN 1986, S. 23 und 37 f..

betrachtet, als völlig irrational erscheinen mögen.[64] Ein rationales Management von NGOs muß zur Aufrechterhaltung der Effektivität besondere Anstrengungen bezüglich der Moderation der unterschiedlichen Interessengruppen und der Kontrolle der Effektivität unternehmen.

Neben der Kenntnis dieser Rationalität muß zur Erarbeitung von Managementtechniken für NGOs über die Nutzung vorhandener NPO-Literatur hinausgegangen werden. Der NPO-Sektor ist zu heterogen und die <u>Literatur</u> wenig differenziert,[65] zu sehr auf große organisatorische Einheiten[66] (Universitäten, Krankenhäuser, Infrastruktureinrichtungen im staatl. Sektor etc.) und zu sehr auf US-amerikanische Verhältnisse[67] bezogen, als daß sie ausreichend für Empfehlungen für ein rationales Management von NGOs sein könnten. Erste Forschungsbemühungen zum Management von NGOs finden sich bisher vornehmlich in den USA, in Kanada und Großbritannien,[68] ohne daß es bisher zur Entwicklung der geforderten "General Theory of Voluntary Organizations" gekommen wäre.[69] Dieser Mangel an entsprechender Forschung ist besonders bezüglich der Süd-NGOs zu konstatieren. In diesem Bereich erscheinen allerdings seit wenigen Jahren in zunehmendem Maße Zeitschriftenartikel, Aufsätze, Evaluationsberichte etc., die sich mit Teilaspekten der Managementprobleme von NGOs befassen.[70] Von besonderer Bedeutung ist dabei, daß viele dieser Artikel auf empirischen Beobachtungen beruhen.[71]

---

64 Vgl. dazu BURLA 1989, S. 88; McLAUGHLIN 1986, S. 60. Zur Dimension diesbezüglicher ökonomischer Irrationalität vgl. YOUNG 1983; S. 130: "A commonly held view is that nonprofits maintain quality but produce services in a relatively wasteful fashion, whereas proprietaries produce efficient services of perhaps questionable quality and extract some of the surpluses through profit taking."
65 Vgl. die Kritik bei O'NEILL/YOUNG 1988 a, S. 2.
66 Vgl. z.B. ANTHONY/YOUNG 1984, S. 637, die in ihre Betrachtungen nur NPOs mit mindestens einhundert Mitarbeitern einbeziehen, oder die Diskussion um die Matrix-Organisation - die bei der Durchschnittsgröße von NGOs überdimensioniert erscheint - bei McLAUGHLIN 1986, S. 268.
67 Vgl. z.B. die Aussagen über verschiedene Buchhaltungssysteme bei ANTHONY 1989, die ausschließlich für die USA relevant sind.
68 Vgl. BILLIS 1988, S. 302 ff.; BILLIS 1989, S. 20; COVEY 1988, S. 20 f.; "NGO-MANAGEMENT" No. 13, 04.-06. 1989, S. 13.
69 Vgl. die Kritik bei BILLIS 1988, S. 306.
70 Besonders zu erwähnen ist hier die Zeitschrift "NGO-MANAGEMENT", die seit 1986 vierteljährlich von ICVA / Genf im Namen des "NGO Management Network" herausgegeben wird.
71 Zur Bedeutung empirisch gehaltvoller Arbeiten vgl. die Forde-

Basierend auf den bereits dargestellten Erkenntnissen über NPOs (vgl. Kapitel 2.1 "Zur Theorie von Non-Profit-Organisationen") und den vorliegenden ersten Beobachtungen und Erkenntnissen zum NGO-Management sollen in den folgenden Unterkapiteln fünf Hauptbereiche[72] des Managements von NGOs dargestellt werden. Gemäß dem Primat der politischen Rationalität wird zunächst die Problematik des Marketing von NGOs dargestellt. Erst nach Kenntnis der Marketingproblematik ist dann in einem zweiten Unterkapitel die Formulierung der Planungsprobleme der NGOs möglich. Eine solche Planung sieht sich drei weiteren Problembereichen gegenüber (Personalmanagement, Management von Kontrolle und Rechnungswesen, Finanzmanagement), die Gegenstand von drei weiteren Unterkapiteln sein werden.

2.2.1 Management des Marketing

Marketing, verstanden als systematische und planmäßige Ausrichtung aller Organisationsfunktionen auf die Bedürfnisse der eigentlichen Leistungsadressaten,[73] hat besondere Bedeutung in NGOs. Zunächst erscheint dies widersprüchlich, da NGOs wie andere NPOs in Nicht-Märkten agieren und eine Orientierung des Organisationshandelns an den Bedürfnissen und Problemen bestimmter Benutzerkategorien (Marktsegmente) hinfällig erscheint. Die in erwerbswirtschaftlichen Organisationen dominierende Marktsteuerung wird durch eine politische Steuerung ersetzt, und es erfolgt deshalb kein Marketing oder allenfalls subsidiäres Marketing im Sinne einer Ergänzungsfunktion.[74] Zugestanden wird die Notwendigkeit eines sogenannten Sozialmarketings[75] im Sinne des "Verkaufens" von Werten, Einstellungen und Verhaltensweisen, z.B. zur Motivierung von Spendern oder Anwerbung von Mitgliedern.
Tatsache ist hingegen, daß fast alle NGOs bereits Marketing be-

---

rungen bei YOUNG 1983, S. XV.
72 Vgl. eine ähnliche Identifizierung von Problemschwerpunkten bei MIDDLETON 1988, S. 219.
Die Problematik der Aufbauorganisation wird wegen der geringen durchschnittlichen Betriebsgröße von NGOs als Randproblem eingestuft und in dieser Arbeit nicht thematisiert.
73 Vgl. BURLA 1989, S. 153.
74 Vgl. z.B. SCHWARZ 1986, S. 31.
75 Zu Begriff und Aufgaben des Sozialmarketings vgl. KOTLER 1978, S. 279 ff.; KOTLER 1989, S. 717 ff.. Die Bedeutung des Sozialmarketings liegt eher im Bereich des Projekt- und Programmmanagements und wird deshalb hier nicht eingehender behandelt.

treiben, dieses ihnen aber häufig nicht bewußt ist.[76] In der fehlenden Marktsteuerung ist kein Grund für die Ablehnung einer Marketing-Orientierung von NGOs zu sehen. Vielmehr ist gerade wegen der fehlenden Marktsteuerung und der sich daraus ergebenden Möglichkeit der selbstzweckhaften Innenzentrierung ein umfassendes Marketingkonzept nötig, um der Gefahr der Ineffektivität zu entgegnen.[77] Nur eine Hinwendung zu den Leistungspartnern, und damit eine Außenorientierung, garantiert einen Ersatz für die Steuerungsgröße Gewinn.[78] Da Gewinn in NGOs als Legitimation für das Management entfällt und eine Überschußakkumulation selten zur Erhöhung des Handlungsspielraumes des NGO-Managements beiträgt, leistet eine Marktorientierung, und damit eine Ausrichtung an den Bedürfnissen relevanter Anspruchsgruppen, auch einen unerläßlichen Beitrag zur Führungslegitimation der Entscheidungsträger in NGOs.[79]

Strategisches <u>Ziel des Marketing in NGOs</u> ist es, ein Verhalten und ein Leistungsprogramm zu bewirken, das von den Ressourcenlieferanten wenigstens soweit akzeptiert wird, daß niemand Ressourcenlieferungen einstellt. Dazu ist es unerläßlich, die Ansprüche der Ressourcenlieferanten zu kennen und das Organisationsverhalten entsprechend zu steuern.

Die Darstellung des NGO-Marketings erfordert zunächst eine Segmentierung der NGO-Umwelt. Als Märkte[80] sind Subsysteme der NGO-Umwelt anzusehen, mit denen Austauschprozesse stattfinden. Diese Märkte sind die <u>Aufgabenumwelt der NGOs</u>. Die Umwelt außerhalb die-

---

76 Vgl. KOTLER 1989, S. 270.
77 Vgl. dazu KOTLER 1989, S. 31; McLAUGHLIN 1986, S. 184 f..
BURLA 1989, S. 137: "Ein umfassendes, konsequentes Marketing ist für Nonprofit-Organisationen eher noch wichtiger als für gewinnorientierte Betriebe. Der tendenziell geringere Effizienzdruck im Nonprofit-Bereich ist in diesem Zusammenhang eine zu nutzende Chance." DE GRAAF 1987, S. 285: "There seems to be an almost universal tendency for organizations to concentrate on the factors under their control. ... However, unlike commercial organizations which can measure their success in terms of activities and their immediate results ... . NGOs must perceive and assess the implementation of their plans within the context of external dimensions. ... In proportion to its task the developmental NGO is much more dependent on ... external aspects than most other organizations."
78 Vgl. BURLA 1989, S. 135 f.; DE GRAAF 1987, 278.
79 Vgl. BURLA 1989, S. 89.
80 Vgl. dazu STAEHLE 1989, S. 387 f.; KOTLER 1978, S. VII f..

ser Aufgabenumwelt ist mit den NGOs so wenig verknüpft, daß sie in einer Marketingstrategie keine Berücksichtigung findet. Aus den Kenntnissen über die Rolle der NGOs in ihrer Umwelt (vgl. Kapitel 1 "Die Rolle der NGOs") ergibt sich, daß für NGOs vier Hauptmärkte existieren,[81] wobei die beiden wichtigsten die <u>Geldgeber</u> und die <u>Zielgruppen</u> sind. Ebenfalls relevant sind der <u>Süd-Staat</u> und die im Land tätigen anderen NGOs (= <u>"NGO-Landschaft"</u>). Daraus ergibt sich eine Darstellung der NGO-Umwelt, deren innerster Kern die NGO selbst ist, umgeben von der Arbeitsumwelt, und deren äußerer Ring die Makro-Umwelt darstellt, die durch NGOs kaum zu beeinflussen ist.

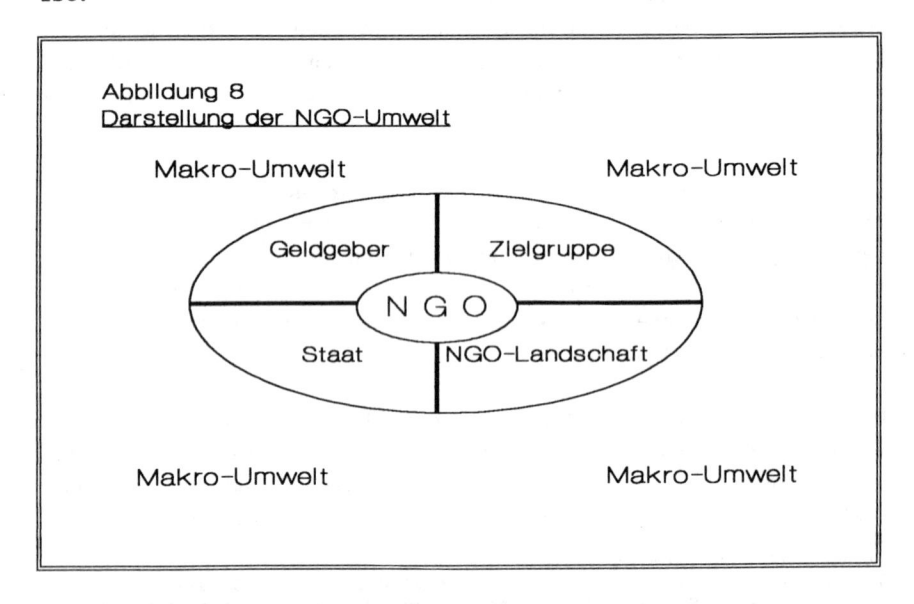

Abbildung 8
<u>Darstellung der NGO-Umwelt</u>

Makro-Umwelt — Makro-Umwelt
Geldgeber | Zielgruppe
NGO
Staat | NGO-Landschaft
Makro-Umwelt — Makro-Umwelt

Obwohl in einigen Bereichen immer unklar sein wird, ob etwas Teil der NGO ist oder zu ihrer Umwelt gehört, und die Grenzen zwischen relevanter Arbeitsumwelt und Makro-Umwelt sich ebenfalls diffus gestalten können,[82] sind damit für den Zweck dieser Arbeit ausreichende Differenzierungen vorgenommen worden. Jedes dieser Subsysteme der Umwelt erfordert einen speziellen, dem Marktsegment angemessenen Zugang.

---

81 Zur NGO-Umwelt vgl. BRATTON 1990, S. 115; CAMPBELL 1988, S. 296; DE GRAAF 1987, S. 284; KOTLER 1989, S. 47; McLAUGHLIN 1986, S. 186; NOGUEIRA 1987, S. 171; TANDON 1988, S. 318.
82 Vgl. DE GRAAF 1987, S. 284.

NGOs haben zwei Hauptinteressengruppen, auf die ihr Marketing abgestimmt werden muß. Dies sind die <u>Geldgeber</u> und die Zielgruppe. Die erstgenannte Gruppe konfrontiert die NGOs mit der Aufgabe des Aufbringens der Ressourcen, die zweitgenannte mit der Aufgabe der Allokation der Ressourcen. Um die Marketingsituation der NGOs bezüglich ihrer Geldgeber verstehen zu können, ist es zunächst erforderlich, die Marktsituation ihrer Hauptgeldgeber zu analysieren. Es besteht die begründete Vermutung, daß die Hauptgeldgeber der NGOs finanzstarke Nord-NGOs sind (vgl. dazu Kapitel 1.2.3 "Veränderungen im Aufgabenfeld der NGOs"), die sich in einer besonderen Marketingsituation befinden. Wichtige Finanzierungsquelle der Nord-NGOs sind private Spender.[83] Während im erwerbswirtschaftlichen Sektor in der Regel jeder Zahlung ein Quidproquo gegenübersteht und so schlüssige Tauschbeziehungen gestaltet werden, ist die Gegenleistung für die Zahlung des Spenders zunächst nicht ersichtlich, und es ergeben sich nicht-schlüssige Tauschbeziehungen. Obwohl der Zahlung des Spenders keine sichtbare Gegenleistung gegenübersteht, ist der Schluß, eine solche existiere nicht, irreführend. Als Gegenleistung zur Spende kann die Befriedigung moralischer Bedürfnisse angesehen werden. Es kann sich dabei um die Erfüllung einer ethischen Norm aus Pflichtgefühl oder moralischer Überzeugung oder um die Befreiung von Gewissensbissen etc. handeln. Der Spender "erwirbt" also die Befriedigung moralischer Bedürfnisse, Sozialprestige, Selbstwertgefühl, Genugtuung etc.. Spender reagieren deshalb auf den Nichterhalt des Gegenwertes[84] ähnlich heftig wie ein Käufer bei Minderwertigkeit von Waren und stellen ihre Zahlungen ein. Nord-NGOs stehen deshalb permanent unter einem unmittelbaren Begründungszwang als staatliche Träger der EZ.[85]

Konkret angewandt auf Nord-NGOs heißt dies, daß sie jeden Verdacht der Unseriösität vermeiden und hinsichtlich ihres Finanzgebarens um Transparenz bemüht sein müssen.[86] Aus dieser Marketing-Situa-

---

83 Obwohl der Anteil staatlicher Refinanzierung zugenommen hat, bilden private Spender die Basis für politische Unabhängigkeit und Legitimation zur Einklagung staatlicher Ressourcen.
84 Etwa bei Ausbleiben einer Danksagung oder bei vermuteter oder möglicher mißbräuchlicher Verwendung der Spenden.
85 Zur Spendermotivation und ihren Folgerungen vgl. GLAGOW 1987, S. 14; KOTLER 1978, S. 31 ff.; KOTLER 1989, S. 43 ff.; METZLER 1990, S. 12 ff.; WEISBROD 1977, S. 65.
86 Der Zwang zu "gläsernen Taschen" gilt auch für die Refinanzierung der Nord-NGOs und setzt eine sehr penible Buchführung

tion der Nord-NGOs ergibt sich die Marketing-Situation der Süd-NGOs. Als De-facto-Durchführungsorganisation der Nord-NGOs erhalten sie nicht nur Zahlungen, sondern liefern, gewissermaßen als Gegenleistung in einer ebenfalls nicht-schlüssigen Tauschbeziehung, den Nord-NGOs deren erforderliche Legitimation. Die Nichtlieferung von Legitimation[87] zwingt die Nord-NGOs zur Einstellung der Zahlungen. Die Erfüllung der Bedürfnisse der Nord-NGOs dagegen ermöglicht den notwendigen Mittelabfluß.

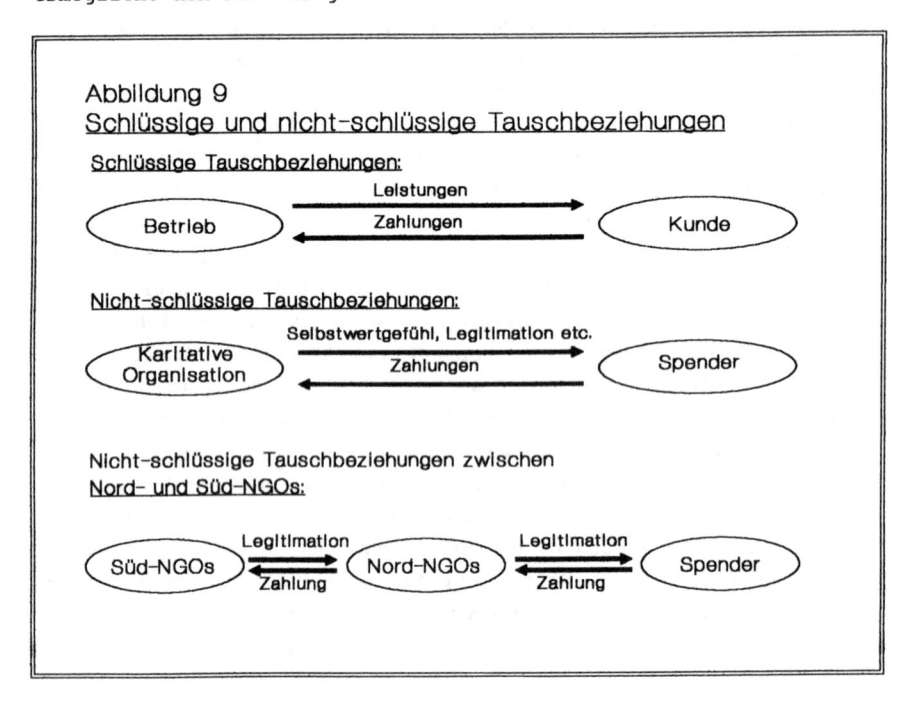

Abbildung 9
Schlüssige und nicht-schlüssige Tauschbeziehungen

Schlüssige Tauschbeziehungen:

Betrieb — Leistungen → / ← Zahlungen — Kunde

Nicht-schlüssige Tauschbeziehungen:

Karitative Organisation — Selbstwertgefühl, Legitimation etc. → / ← Zahlungen — Spender

Nicht-schlüssige Tauschbeziehungen zwischen Nord- und Süd-NGOs:

Süd-NGOs — Legitimation → / ← Zahlung — Nord-NGOs — Legitimation → / ← Zahlung — Spender

Aus der dargestellten Situation ergibt sich, daß Süd-NGOs als Dienstleistungslieferanten betrachtet werden können, wobei die Nord-NGOs als Hauptnachfrager angesehen werden.[88] Das auf die Geldgeber bezogene Marketing hat deshalb zunächst Informationen
---
und Berichterstattung voraus. Vgl. BAUM 1988, S. 4.
87 Etwa durch "fehlgeschlagene Projekte" oder Nichteinhaltung der Abrechnungsmodalitäten und Berichterstattungsverfahren. Vgl. BAUM 1988, S. 5.
88 WEISBROD 1988, S. 7: "An organization that relies on donations to aid the poor must tailor the form of that aid to the wants of prospective donors, who are, in effect, the economic demanders of the organizations's services."

über die Geldgeber (Programmschwerpunkte, Finanzierungsmethoden, Refinanzierungsgrad, Budgetgröße etc.) zu sammeln. Erst auf der Grundlage dieser Information ist eine sinnvolle Entscheidung darüber möglich, welche potentiellen Geldgeber für welche Art von Unterstützung gewonnen werden sollen. Der Notwendigkeit der "gläsernen Taschen" der Nord-NGOs muß durch eine penible Buchführung Rechnung getragen werden, und das eigene Berichtswesen muß auf einem Stand sein, der tatsächlich Legitimation für die Nord-NGOs bei deren Bemühungen um Finanzquellen vermittelt.[89]

Das zweite große Marktsegment für NGOs ist die Zielgruppe. Die NGO erbringt für die Zielgruppe Leistungen, die von der Zielgruppe nur in Ausnahmefällen bezahlt werden. In dieser ebenfalls nichtschlüssigen Tauschbeziehung besteht die Gegenleistung der Zielgruppe in der Verschaffung von Legitimation für die NGO. Die Erfüllung von Bedürfnissen der Zielgruppen ist der eigentliche Zweck der NGOs. Um dabei effektiv zu sein, muß sie sich genaue Informationen über die Zielgruppen verschaffen, deren Bedürfnisse ausfindig machen, den Bedürfnissen angepaßte Leistungen entwickeln und diese den Zielgruppen zugänglich machen sowie über die Zugänglichkeit selbst informieren. Dies sind mehrheitlich Aufgaben der Programm- und Projektabteilungen der NGOs. Um Nachhaltigkeit der erzielten Effekte zu erreichen, und vor allem um eine Marketingausrichtung der NGO zu garantieren, erscheint es im Sinne eines zielgruppenorientierten, partizipativen Ansatzes notwendig, der Zielgruppe eine dominante Rolle in der NGO zu verschaffen. Dies geschieht z.B. durch eine Beteiligung von Zielgruppen in den Vorständen der NGOs.[90] Dabei ist darauf zu achten, daß die Zielgruppen stark genug repräsentiert sind, um ein Gegengewicht zu Geberinteressen, den Interessen der herrschenden Eliten und den Interessen der hauptamtlichen Mitarbeiter darstellen zu können.

---

89 Zu detaillierten Anforderungen der Nord-NGOs an Süd-NGOs vgl. CAMPBELL/VINCENT 1989, S. 135 ff.; VINCENT 1989 b, S. 5. ELLIOTT 1987, S. 60: "... international NGOs operate with a dynamic quite different from that of local NGOs. They are bureaucratic in a Weberian sense. Particularly if they use substantial sums of public ... money, they put a high premium on Gladstonian concepts of accountancy: that is on the rendering of receipted accounts rather than on any form of program ... . They ... need neatly defined, discrete projects with costable inputs and identifiable outputs."
90 Vgl. KAUL 1987, S. 12; McLAUGHLIN 1986, S. 222.

Neben den beiden Hauptmärkten Geldgeber und Zielgruppen sind noch der Staat und die anderen NGOs als wichtige Segmente der Arbeitsumwelt von NGOs zu beachten. Aussagen über ein rationales Verhalten gegenüber dem **Staat** sind nur schwer zu machen, da das Verhalten des Staates und seine Forderungen gegenüber NGOs zunächst von seinem Charakter abhängen (vgl. Kapitel 1.4.1 "Formale Freiheit"). Deshalb gibt die Literatur auch kaum Aufschluß über ein rationales Marketing gegenüber dem Staat.[91] Es bleibt aber die Forderung an das Marketing der NGOs, ihre Umweltbedingungen so zu beeinflussen, daß keiner der Ressourcengeber seine Ressourcenlieferungen einstellt. Da der Staat als Financier der Süd-NGOs kaum in Erscheinung tritt,[92] ist seine wichtigste Funktion die Erhaltung der formalen Freiheit für Süd-NGOs. Jeder Versuch, die nationale Verteilung von Macht und Ressourcen zu ändern, kann einen repressiven Reflex des Staates provozieren. Deshalb scheint die nötige Beeinflussung des Staates eher über den Weg der Kooperation, als den der Konfrontation möglich zu sein.[93] Selektive Kooperation, d.h. der Versuch, die Akzeptanz des Staates zu bekommen, wo dies möglich ist, Ressourcen zu erhalten und sich gleichzeitig einer möglichen Beeinflussung zu entziehen, wäre das diesbezügliche Marketing-Ziel einer NGO.[94] Idealerweise nutzen NGOs dabei ihre Handlungsspielräume aus und versuchen, das Staatsverhalten zu beeinflussen,[95] und Staat und NGOs finden sich in einer sinnvollen Ar-

---

91 Über NGO-Beziehungen gegenüber dem Staat schreibt zu Recht die "NGO-MANAGEMENT" No. 13, 04.- 06.1989, S. 7: " ... very little effort has been made to define the nature and quality of the relationship that a voluntary organization should have with this constituency."
92 Zumindest in Afrika sind Versuche, staatliche Finanzierungen zu erhalten, kaum von Erfolg gekrönt. Zahlungen sind unerheblich und beschränken sich auf die Unterstützung von QUANGOs. Vgl. BRATTON 1989, S. 582.
93 Zum schmalen Grat zwischen Konfrontation und Kooperation vgl. BRATTON 1989, S. 581; BRATTON 1990, S. 112; SETHI 1983, S. 21 f.; VINCENT 1989, S. 185, VINCENT 1989 a, S. 82; skeptisch über die Möglichkeiten der Beeinflussung: DE GRAAF 1987, S. 294. GARILAO stellt ein phasenhaftes Vorgehen vor: " First, the NGO must show that what it does is of use to the poor population. ... Second, once the NGO has proven that it can deliver effective services at lower costs, there is the opportunity to transfer this technology ... Third, having established credibility in its organization and its programs, the NGO can move into policy advocacy." GARILAO 1987, S. 117.
94 Vgl. dazu BRATTON 1989, S. 582.
95 Zur Zeit scheinen NGOs ihre Möglichkeiten, den Staat zu beeinflussen, nicht voll zu nutzen. Vgl. DE GRAAF 1987, S. 293 f. und "NGO-MANAGEMENT" No. 13, 04.-06.1989, S. 7: " ... The ten-

beitsteilung (vgl. Kap. 1.4.3 "Grenzen der Leistungsfähigkeit").
Ein weiteres zu behandelndes Segment der Arbeitsumwelt der NGO-Umwelt ist die NGO-Landschaft. Viele Ziele einer NGO sind - wenn überhaupt - nur erreichbar im Verbund mit anderen NGOs (vgl. Kap. 1.2.3 "Veränderungen im Aufgabenfeld der NGOs"). Ziel eines Marketing muß es deshalb sein, soweit wie möglich die Zusammenarbeit mit anderen NGOs zu suchen und die Gründung und Unterhaltung von NGO-Dachverbänden und NGO-Netzwerken zu fördern.

Die Marketing-Situation in NGOs wäre unproblematisch, wenn die Marktsegmente in einem unverbundenen Nebeneinanderher existieren würden. Bezüglich der beiden Hauptmarktsegmente hieße dies, daß bei getrennten Märkten die Bedürfnisse der Zielgruppe und der Geldgeber erfüllt werden könnten. Die Annahme völlig getrennter Geldgeber- und Zielgruppenmärkte ist aber unrealistisch, da die NGO-Leistungen für die Zielgruppen in einem komplexen Zusammenhang zur Zufriedenheit der Geldgeber und - in einer erweiterten Sichtweise - zum Maß der Genugtuung des Spenderpotentials der Geldgeber stehen. Konkrete Managementprobleme werden immer dann entstehen, wenn Geldgeber und Zielgruppen die Grundfunktionen einer NGO unterschiedlich interpretieren und widersprüchliche Forderungen stellen. In diesen Fällen bieten sich zunächst drei Handlungsalternativen an. Der Konzentration auf die Ansprüche der Zielgruppen und damit auf das idealistische Vertrauen, daß die Geldgeber dies honorieren werden, steht als zweite Alternative das opportunistische Akzeptieren der Geldgebermotive zur Sicherung der erforderlichen Ressourcen gegenüber. Eine dritte - zunächst konfliktvermeidende - Strategie bestünde darin, wider besseres Wissen die beiden Hauptmarktsegmente als unverbunden anzusehen und den jeweiligen Interessen zu folgen. Langfristig würde das aber dazu führen, daß die Geldgeber das Gefühl entwickeln, daß ihre Ressourcen nicht so verwandt werden wie es suggeriert wird und es käme zu entsprechenden Konflikten.[96]

---

dency in most voluntary agencies is to shy away from relating to this constituency."
96 Vgl. BURLA 1989, S. 110 f..

Die Lösung dieses denkbaren Dilemmas liegt in einer Betonung der eigenen Effektivität und Effizienz und in einer angemessenen Informationspolitik. Die Effektivität einer NGO wird dabei von den unterschiedlichen Anspruchsgruppen nach unterschiedlichen Kriterien beurteilt, und die Moderation der Austauschbeziehungen muß einen vernünftigen Kompromiß im Sinne der politischen Rationalität (vgl. Kap. 2.2 "Rationales Management von NGOs") ergeben. Während dabei schon der Nachweis der Effektivität besonders im Bereich der sozialen Entwicklung auf erhebungstechnische Probleme stößt,[97] ist der Nachweis der Effizienz noch schwerer zu erbringen. Dem Bild der NGOs als Dienstleistungsunternehmen für die Nord-NGOs folgend, wären die Verwaltungskosten der NGOs als Teil des Preises für die Erbringung dieser Dienstleistungen anzusehen. Der Verwaltungskostenanteil an den Ausgaben einer NGO ist denkbarer Anhaltspunkt für Effizienzquervergleiche,[98] aber als Marketinginstrument höchst problematisch. Eine Betonung der eigenen Effizienz unter Hinweis auf einen niedrigen Verwaltungskostenanteil kann zu einem unerwünschten und unter Umständen kontraproduktiven Druck auf die Verwaltungskosten durch die Geldgeber führen. Der Verwaltungskostenanteil kann letztendlich keine Aussagen über die Effizienz einer NGO machen, da er als alleinige Kennziffer keine Feststellungen über das Maß der Kleinteiligkeit der Projekte und Programme einer NGO enthält, nichts über die Dichte der Betreuung von NGO-Zielgruppen aussagt und keinerlei Informationen über Nachhaltigkeit und ähnlich relevante qualitative Maßstäbe enthält.

Somit bleibt die Informationspolitik ein Dreh- und Angelpunkt des Marketings. Da Managemententscheidungen auf der Grundlage interpretierter Fremdinteressen fallen, ist es notwendig, diese Fremdinteressen möglichst gut zu kennen. Neben der Lektüre aller zugänglichen Informationen ist der Einsatz sogenannter "boundary-spanners"[99] wichtig, d.h., daß die Vertreter der wichtigsten Anspruchsgruppen im Vorstand der NGO vertreten sind und über die Interessenlage wichtiger Partner (Geldgeber, Zielgruppen, Staat, an-

---

97 Vgl. BURLA 1989, S. 112; SMITH 1987, S. 88; Zu den Problemen der Effizienzmessung vgl. auch die Ausführungen in Kap. 2.1 "Zur Theorie von Non-Profit-Organisationen".
98 Vgl. BURLA 1989, S. 114.
99 Vgl. dazu BURLA 1989, S. 142.

dere NGOs etc.) direkt Auskunft geben können. In der Regel wirken die "boundary-spanners" auf Konflikte zwischen NGOs und Partnern moderierend. Die Abgabe von Informationen muß ebenfalls im Sinne einer Marketingstrategie erfolgen und den Partnern eine positive Wahrnehmung der NGO-Leistungen ermöglichen. Im Idealfall handelt es sich dabei um ehrliche Informationen. Im Falle eines Interessendissenses zwischen Zielgruppen und Geldgebern muß überlegt werden, welche Interessenkollisionen thematisiert werden sollen. Eine offene Thematisierung trägt zur Entschärfung von Konflikten bei und verhindert plötzliche negative Sanktionen, schränkt aber den Handlungsspielraum der NGOs weiter ein. Eine Vermeidung der Austragung latenter Interessenkonflikte erhöht den Handlungsspielraum, birgt aber die Gefahr, daß ein derart "diplomatisches" Vorgehen zu "Ent-Täuschungen" führen und den Rückzug von Ressourcengebern zur Folge haben kann.[100] Institutionelle Geldgeber haben meist ein existenzielles Interesse an ausreichenden und zutreffenden Informationen über Geschichte, Aktivitäten, Finanzgebaren, Budgets und Zukunftsplänen[101] der NGOs. Diese Informationen sind unerläßlich für ihr eigenes "Spendermarketing".

Zu guter Letzt ist Publicity-Arbeit[102] als Teil der Public Relations eine Methode, Informationen selbst zu gestalten und bei hoher Akzeptanz des Lesers[103] zu verbreiten.

Bei aller gewollten und ungewollten Verbreitung von Informationen ist von Bedeutung, daß ein Teil der Legitimation einer NGO auf einem bestimmten Wertesystem, einer bestimmten Grundhaltung im Umgang mit der Umwelt und einer bestimmten Art und Weise, ihre Arbeit zu machen, beruht. An dieser "corporate identity" wird sie nicht nur von ihren Mitarbeitern, sondern auch von der Umwelt gemessen. Verstöße gegen diese "corporate identity" werden von Mitarbeitern und Umwelt in NPOs ungleich härter negativ sanktioniert, als dies in der Erwerbswirtschaft der Fall ist. Nachrichten über Mißmanagement, überzogenes Marketingverhalten mit Täuschungsab-

---
100 Vgl. BURLA 1989, S. 118 ff..
101 Vgl. CAMPBELL/VINCENT 1989, S. 135.
102 Publicity-Arbeit ist das Sicherstellen unbezahlter Berichterstattung über Medien, die von den Marktsegmenten wahrgenommen werden. Ihr Ziel ist es, die NGOs bekannter zu machen und ihre Leistungen herauszustellen. Vgl. KOTLER 1989, S. 559 f..
103 Vgl. KOTLER 1978, S. 212.

sicht oder ähnliches bestehen keineswegs vor dem prüfenden Blick der interessierten Öffentlichkeit.[104]

Zusammenfassend kann nochmals betont werden, daß NGOs zur Vermeidung einer selbstzweckhaften Innenzentrierung ein Marketing betreiben müssen, das sich an den Bedürfnissen der Arbeitsumwelt ausrichtet. Dabei entstehende Zielkonflikte müssen so moderiert werden, daß gemäß dem Primat der politischen Rationalität die Umwelt ihre Ressourcenlieferungen aufrechterhält. Nötig ist eine umfassende Kenntnis der Bedürfnisse der Umwelt, um in Verhalten und Informationspolitik angemessen reagieren zu können.

2.2.2 Management der Planung

Fehlen des Marktdruckes führt, wie in den meisten NPOs, auch in NGOs zu einer tendenziellen Vernachlässigung der Planung. Das zweite strukturelle Planungshemmnis ist das Primat der politischen Rationalität, das im Extrem zu einer Politik des "kleinsten gemeinsamen Nenners" führt, da innovative Entwürfe und langfristige Planung am Zwang zum Interessenausgleich scheitern können. Bereits im Vorfeld der Planung werden in NGOs bei der Festlegung der Statuten häufig diffuse Ziele angegeben, um ein möglichst breites Spektrum der Gesellschaft zu erreichen. Verantwortlich für die Zielsetzung ist der Vorstand einer NGO, während die Geschäftsführung für die Durchführung der Planung verantwortlich ist. So entsteht auch in NGOs Planung nach dem "Gegenstromprinzip" (vgl. Kap. 2.1 "Zur Theorie der Non-Profit-Organisationen"), bei dem die Formalkompetenz des Vorstandes der Sachkompetenz der Geschäftsführung gegenübersteht.[105]

Trotz dieser strukturellen Planungshemmnisse bedürfen NGOs einer langfristigen Planung. Während NGOs der ersten Generation (vgl. Kap. 1.2.3 "Veränderungen im Aufgabenfeld der NGOs") sich noch auf die Planung der Logistik in der Katastrophenhilfe beschränken konnten, benötigen NGOs der zweiten, und in besonderem Maße NGOs der dritten Generation, langfristige Planungshorizonte und damit eine <u>strategische Planung</u>, die darüber befindet, was eine NGO

---

104 Vgl. ANTHONY/YOUNG 1984, S. 53; BURLA 1989, S. 119; KOTLER 1989, S. 712; YOUNG 1983, S. 95.
105 Vgl. McLAUGHLIN 1986, S. 160 f..

langfristig erreichen will, und wie sie dies erreichen will. Strategische Planung darf sich nicht darauf beschränken, einmalig und statisch Ziele und Methoden festzulegen, sondern ist ein prozeßhafter Vorgang, der sich flexibel mit Umweltveränderungen auseinandersetzen und permanent versuchen muß, zukunftsorientiert Probleme früh zu erkennen. Eine derartige strategische Planung kann aufkommende Probleme rechtzeitig erkennen und verhindern helfen, daß Management ständig Überraschungen ausgesetzt wird und zum Krisenmanagement verkommt.[106]

Strategische Planung erfüllt ihren Zweck, wenn ihre Daten in die konkrete Planung der Aktivitäten eingehen. Planung setzt zunächst Ziel und Maß der Aktivitäten fest und bestimmt den zum Vollzug erforderlichen Ressourceneinsatz. Die Realisierung wird begleitet durch eine ständige Beobachtung, an die sich die Erfolgsbeurteilung anschließt. Ist die Erfolgsbeurteilung mit einer Plansoll-Ist-Analyse wiederum Grundlage der strategischen Planung, und gegebenenfalls Anstoß zu Planungsänderungen, entsteht der erforderliche Planungszyklus.

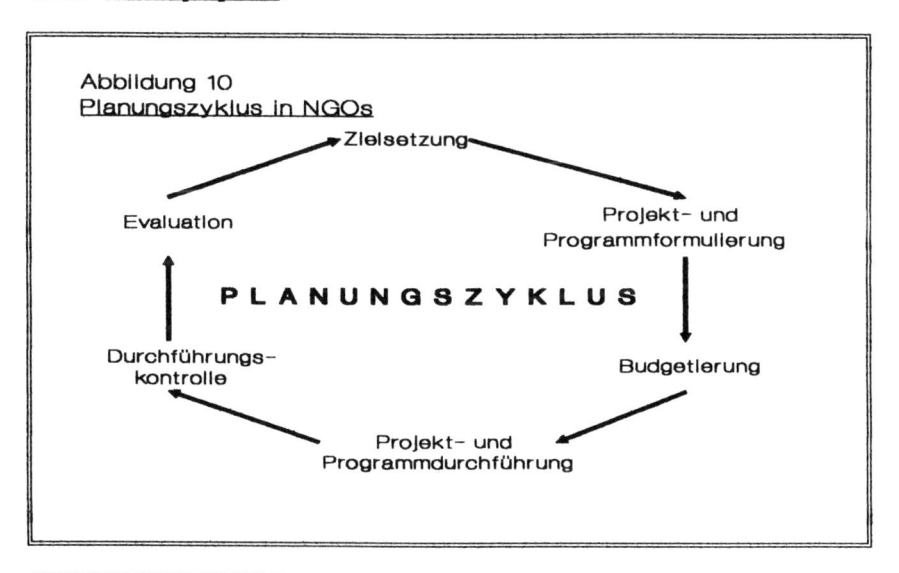

Abbildung 10
Planungszyklus in NGOs

```
                    → Zielsetzung →
                  ↗                  ↘
        Evaluation            Projekt- und
                              Programmformulierung
              ↑   PLANUNGSZYKLUS   ↓
        Durchführungs-              Budgetierung
        kontrolle
                  ↖                  ↙
                   Projekt- und
                   Programmdurchführung
```

---

106 Zu Notwendigkeit und Aufgaben strategischer Planung in NGOs vgl. ANTHONY/YOUNG 1984, S. 283; CAMPBELL/VINCENT 1989, S. 10 ff.; KORTEN 1987, S. 155 f.; MIDDLETON 1988, S. 222 f.; NYATHI 1990, S. 21.; SCHWARZ 1986, S. 33.

Die Frage, ob der Planungszyklus mit der Aufgabenstellung der NGO, mit der Budgetierung oder mit der letzten Evaluierung beginnt, ist dabei nicht so erheblich wie die Erkenntnis, daß sich Planungsphasen wiederholen und Planung eine Aufgabe ist, die nie abzuschließen ist. So kann eine NGO, z.B. im Sinne einer "rollenden Planung", jährlich einen neuen Fünfjahresplan erstellen, wobei der zu erstellende Jahresplan eine Konkretisierung des ersten Jahresabschnitts des jeweils aktuellen Fünfjahresplanes ist.[107] Der konsequenten Anwendung eines derartigen Planungszyklus stehen in NGOs jedoch vier Planungshindernisse im Wege. Innerhalb der NGOs kann Ignoranz und Planungsfeindlichkeit neben dem zweiten internen Planungsproblem, der schlechten Informationslage, zu Mängeln führen. Weitere Probleme sind im Bereich Wandel und Wachstum zu finden sowie in der Dominanz der Geldgeber.

Für die Management-Praxis ist von entscheidender Bedeutung, daß Konsens bezüglich der Notwendigkeit strategischer Planung besteht. Erstes Erfordernis ist dabei die Formulierung eines klaren Zieles, einer oder mehrerer Aufgaben und einer entsprechenden Prioritätenliste. Es muß der Versuchung widerstanden werden, Planung völlig aufzugeben, weil die Finanzierung der Pläne unsicher ist, oder das Mißverständnis besteht, Planung verhindere flexibles Reagieren oder weil NGOs - insbesondere die der "ersten Generation" - bisher mit einem "crisis-management" überlebt haben und nicht einsehen, warum dies nicht mehr hinreichend sein soll.[108]

---

107 Zum Planungszyklus in NGOs vgl. ICVA 1986 a, S. 26; KOTLER 1989, S. 251 ff.; McLAUGHLIN 1986, S. 166 ff; PACT 1989, S. 29 f.. Zu den Anforderungen an eine strategische Planung McLAUGHLIN 1986, S. 160: "... the process must be a continuous and changing one that produces goals and objectives based on a thorough analysis of the organization and its environment, develops the organizational structure and will to acquire and manage the necessary resources, provides the necessary control systems to monitor and feed back the performance results, and leads to a renewal of that cycle on an ongoing basis. This process ... must be consistent with resources available, with environmental conditions ... and above all it must be doable."
108 Zum Planungsdefizit in NGOs vgl. ANTHONY/YOUNG 1984, S. 283 ff.; BRATTON 1990, S. 107; CAMPBELL/VINCENT 1989, S. 9; DICHTER 1989, S. 20; ICVA 1986 a, S. 23; Zu einer der Ursachen des Planungsdefizites vgl. CAMPBELL 1989, S. 8: "It is clear that the root causes of the problem stem from internal resistance to planning as much as to a lack of the relevant skills."

Der Wille zur Planung kann unwirksam werden, wenn Informationen fehlen. Planungsprozesse sind immer auch Informationsverarbeitungsprozesse, und die Güte der Planung ist abhängig von Qualität, Quantität und Verfügbarkeit entsprechender Informationen. Eine Informationsquelle in erwerbswirtschaftlichen Organisationen ist das Rechnungswesen, das auch in NGOs mit der Kostenträgerrechnung den Ressourcenbedarf einzelner Projekte und Programme der NGOs erst transparent machen könnte (vgl. die Ausführungen zur Kostenrechnung in Kap. 2.2.4 "Management von Kontrolle und Rechnungswesen"). Erst auf dieser Informationsgrundlage sind Projekt- oder Programmpläne rational diskutierbar. Zweite Informationsquelle in NGOs sollte das Berichtswesen sein, das nicht nur Grundlage von Rechenschaftsberichten ist, sondern auch Grundlage einer eigenen Forschungsarbeit sein kann.[109] Ohne brauchbare Kostenrechnung und ein systematisches Berichtswesen kann eine Kapitalisierung von Erfahrungen kaum stattfinden, und das institutionelle Lernen einer NGO wäre behindert. Mit jedem Personalabgang verließe ein Stück "institutional memory" die NGO, Planung begänne im negativen Sinne immer wieder neu, und Fehler wiederholten sich.[110]

Ein weiteres Planungsproblem kann im schnellen Wachstum von NGOs liegen. Von diesem Wachstum wird vermutet, daß es in bestimmten Phasen verläuft, beginnend mit einer Formierungsphase, in der "charismatische Führer" und ehrenamtliche Mitarbeiter Personen und Ressourcen zur Lösung sozialer Probleme organisieren. In einer zweiten Phase, der Konsolidierungsphase, stellt eine NGO hauptamtliche Mitarbeiter ein, überwindet die Dominanz der Gründer, schafft sich bürokratische Strukturen und wird durch komplexe Projekte attraktiv für Geldgeber. Dem folgt, entweder durch Druck der Geldgeber oder als Folge eigener professioneller Standards, die Institutionalisierungsphase, in der bei schnellem Wachstum eine stetige Spezialisierung der Mitarbeiter erfolgt, die Beziehungen zu institutionellen Geldgebern verbessert und die Projektaktivitäten regional ausgedehnt und diversifiziert werden. Unter Umständen folgt dieser Phase eine Verbürokratisierungsphase, in der die NGO tendenziell zum Selbstzweck wird, die Unterstützung der Anspruchs-

---

109 Die eigene Forschungsarbeit verbessert auch die Verhandlungsbasis der NGOs mit Regierung und Geldgebern.
110 Zum Informationsbedarf in NGOs vgl. BAUER/DRABEK 1988, S. 82; NOGUEIRA 1987, S. 170 f.; SCHWARZ 1986, S. 34 ff..

gruppen verliert (vgl. Kap. 2.2.1 "Management des Marketing") und sich entweder neuorientiert oder niedergeht.[111] Besonders das Wachstum in der Konsolidierungs- und Institutionalisierungsphase hat Einfluß auf das Management in NGOs. Grundsätzlich sind kleine NGOs schwerer zu führen als größere, da der Weggang einzelner Leistungsträger die Existenz der NGOs in Frage stellt, die finanzielle Basis sehr schmal ist und eine Spezialisierung der ehren- oder hauptamtlichen Mitarbeiter wegen der kleinen Mitarbeiterzahl kaum möglich ist. Ein Vergleich zum erwerbswirtschaftlichen Familienbetrieb ist allerdings nicht sinnvoll. In NGOs gilt "small is beautiful" nicht, hauptsächlich weil kleine NGOs relativ große Probleme bei der Einwerbung finanzieller Ressourcen und relativ zu hohe Verwaltungskosten haben.[112] Die Flucht nach vorn und in das Wachstum verspricht zunächst nur Vorteile. Theoretisch verschaffen Skaleneffekte den NGOs geringere Verwaltungskostenanteile, und mit steigenden Umsätzen und steigendem Aktivitätsvolumen sind Spezialisierungen der Mitarbeiter möglich und auch nötig, um den höheren Kompetenzbedarf in den Bereichen Finanzen, Rechnungswesen, Personalwesen sowie im Projektbereich zu bedienen.[113] Die wachsende Ressourcenbasis und der größere Personalbestand ermöglichen die Beschäftigung von qualifizierten Projektmitarbeitern, Buchhaltern und anderen Spezialisten, die durch ihre Kompetenz den Fluß von Ressourcen in existenzsicherndem Umfang sicherstellen helfen.[114]

Daraus ergibt sich die Forderung an die Planung in NGOs, stets auch ein dem Aktivitäts- und Finanzvolumen der NGO entsprechendes Professionalitätsniveau zu sichern, d.h., entsprechend qualifiziertes Personal einzustellen, ehren- und hauptamtliche Mitarbeiter den Anforderungen entsprechend weiterzuqualifizieren, steigende Anforderungen an Vorstandsmitglieder zu stellen und die Aufbau-

---

111 Zu den unterschiedlichen Vorstellungen über die Phasen des Wachstums einzelner NGOs vgl. CAMPBELL 1989, S. 9; CAMPBELL/ VINCENT 1989, S. 12 ff.; HOFMANN et al. 1988, S. 5 f.; KAUL 1987, S. 17; NOGUEIRA 1987, S. 273.
112 COOK 1988, S. 105: "Small is a fragile, unstable condition. Small is temporary. ... Nonprofits that fail to grow become extinct. If small nonprofits do not go successfully into the donor market for an allocation of subsidy resources, they stay small and eventually close their doors. There are no 'old', small nonprofits."
113 Zu den steigenden Anforderungen im Bereich der Kompetenz vgl. COOK 1988, S. 107; NOGUEIRA 1987, S. 172.
114 Zu den Vorteilen größerer NGOs vgl. COOK 1988, S. 106 ff..

organisation anzupassen, evtl. auch die Organisation auf eine breitere regionale Basis zu stellen und zu dezentralisieren. Dieses planerische Schritthalten mit dem Wachstum wird NGOs schwerfallen, wenn sie in einen Zustand ökonomischer Überhitzung geraten,[115] was bei einem Wachstum von jährlich mehr als 25 Prozent als gegeben angesehen wird.[116]

Ein viertes Planungsproblem besteht in der Abhängigkeit von Geldgebern. Geänderte Programmschwerpunkte von Nord-NGOs und die Befristung von Zusagen machen zwar eine Planung nicht unmöglich, können aber die Durchführbarkeit von Planungen erheblich erschweren[117] und insbesondere zur Aufgabe der an sich wünschenswerten weiten Planungshorizonte führen. Im Extremfall führt dies zu einer Vernachlässigung der eigenen Ziele zugunsten der Realisierung der Planung der Geldgeber.

Zusammenfassend ist an die Planung in NGOs die Hauptforderung zu richten, den Planungszyklus zu beachten, d.h. wohldurchdachte und realistische Planung durch das Setzen klarer und erreichbarer Ziele zu beginnen, die Durchführung zu begleiten und Evaluationen und vorhandene Informationen als Grundlage einer sich ständig erneuernden Planung zu benutzen.

2.2.3 Personalmanagement

NPOs unterscheiden sich im Bereich des Personalmanagements zunächst durch das im erwerbswirtschaftlichen Sektor nicht vorhandene Nebeneinanderher von ehren- und hauptamtlichen Mitarbeitern. Die NGOs entstehen, wie andere NPOs, durch private Initiative, wobei zur Erledigung der Aufgaben häufig zunächst auf ehrenamtliche

---

115 Dazu ein Beispiel aus Indien bei TANDON 1988, S. 317: " Many started out as ... small informal teams of six - seven persons, and in five to ten years have grown to one-hundred or more persons strong. ... Spontaneity has its limits, and organisations that have reached these limits are experiencing problems ... with some issues of organisational structuring, stability and growth ... ."
116 Dazu CAMPBELL/VINCENT 1989, S. 167: "As a general rule, if your budget increases by more than 25 % a year, you run the risk of generating severe internal organizational problems."
117 Vgl. ANTROBUS 1987, S. 98 f.; GARILAO 1987, S. 117.

Arbeit zurückgegriffen wird. Erst ab einem gewissen Ausmaß der Aktivitäten, mit Zunahme der Komplexität der Aufgaben oder dem Zwang zu permanenter Präsenz in Geschäftsstellen etc. wird es auch zunehmend unumgänglicher, hauptamtliche Mitarbeiter einzustellen. Behalten ehrenamtliche Mitarbeiter einen Teil der Aufgaben, kommt es zu einer dualistischen Personalstruktur, in der hochmotivierte und den Gründungsidealen der NGOs verhaftete Freiwillige neben Arbeitnehmern arbeiten, die wie in einer erwerbswirtschaftlichen Organisation, auch ihre individuellen Bedürfnisse zu befriedigen suchen. Tendenziell konfliktträchtige Situationen werden dadurch verschärft, daß die Freiwilligen zunehmend in eine Informationsabhängigkeit von den vollbeschäftigten Spezialisten geraten.[118] Begegnet werden kann der Konfliktträchtigkeit dieser Situation nur durch einen entsprechend hohen Aufwand an Kommunikation und Partizipation.[119] In Süd-NGOs wird diese Situation eventuell verschärft durch ausländische Entwicklungshelfer, die mit der Erwartungshaltung und Einstellung von ehrenamtlichen Mitarbeitern und einem Einkommen, das über dem Gehaltsniveau der Geschäftsführung liegen kann, die Problematik unterschiedlicher Konditionen weiter erschweren.[120] Ziel des Managements sollte es sein, möglichst kohärente Konditionsstrukturen zu erreichen.

Eine weitere auf NGOs anwendbare Besonderheit der NPOs liegt im "self-screening" der NPO-Manager, die zwar das in karitativen Organisationen üblicherweise niedrigere Einkommensniveau[121] akzeptieren, im weltanschaulich/ideologischen Bereich aber höhere Anforderungen stellen (vgl. Kapitel 2.1 "Zur Theorie der Non-Profit-Organisationen"). Diese "self-screening"-Effekte erstrecken sich auch auf die gesamte Arbeitnehmerschaft von NGOs, die sich ebenfalls mit niedrigeren Einkommen begnügen, aber höhere Ansprüche im Bereich Selbstverwirklichung realisieren will. Die Screeningeffekte könnten dazu führen, daß Personen mit kaufmännischen und technischen Qualifikationen dem NGO-Sektor fernbleiben und entspre-

---

118 Zum Konfliktpotential in den Beziehungen zwischen ehrenamtlichen Vorständen und hauptamtlichen Mitarbeitern vgl. Kapitel 2.2.4 "Kontrolle und Rechnungswesen".
119 Zu Problemen und Kosten des Engagements ehrenamtlicher Helfer vgl. KLEIN 1986, S. 135 f. und 145; SCHWARZ 1986, S. 12.
120 Vgl. ICVA 1986 a, S. 18 f.. Zur Erwartungshaltung von Freiwilligen vgl. McLAUGHLIN 1986, S. 246.
121 Vgl. METZLER 1990, S. 43 f., WEISBROD 1988, S. 32 f..

chender Personalbedarf nicht gedeckt, eventuell nicht einmal bemerkt wird.[122]

Bezüglich der Arbeitnehmermotivation gelten in den NGOs die gleichen Grundregeln wie in der Erwerbswirtschaft. Dort konnte die Wissenschaft in den Motivationstheorien bisher keinen empirisch haltbaren direkten Zusammenhang zwischen Zufriedenheit eines Arbeitnehmers und seinen Leistungen herstellen.[123] Während Zufriedenheit demnach nicht zwingend zu einer hohen Motivation und in der Folge zu hohen Leistungen führt, ist aber umgekehrt durchaus denkbar, daß substantielle Unzufriedenheit zu Motivationsdefiziten bei Arbeitnehmern führt. Können Arbeitnehmer ihre Bedürfnisse nicht befriedigen und liegt es nicht in ihrer Macht, eine diesbezügliche Änderung zu erreichen, reagieren sie frustriert, d.h. sie flüchten sich individuell unterschiedlich in Aggression oder Rückzug. Die Rückzugsvariante kann sich in Desinteresse an der Arbeit (Absentismus, Apathie, Zuspätkommen etc.), Rückzug in die Freizeitorientierung (Stichwort: "Innere Kündigung"), Zynismus und im Endeffekt in Arbeitsplatzwechsel niederschlagen.[124] Aufgabe eines Personalmanagements in NGOs wäre es, arbeitsplatzbedingte Frustrationen des Personals zu vermeiden. Im immateriellen Bereich der Arbeitgeberleistungen liegen hier bereits Mängel vor, wenn in wachsenden Organisationen dem Personal keine Aufstiegschancen, keine "NGO-Karrieren" möglich erscheinen.[125]
Im materiellen Bereich ist Unzufriedenheit Ergebnis subjektiv unzureichender Arbeitgeberleistungen in den Bereichen Arbeitsplatzsicherheit und Lohnhöhe, respektive den Lohn ersetzende Extralei-

---

122 Vgl. McLAUGHLIN 1986, S. 422 f.. Zu den Folgen der "selfscreening"-Effekte lohnt es sich, die Selbsteinschätzungen von NGO-Mitarbeitern zu betrachten: "Almost without exception, they claim to be good at communication, human relations, teaching, advising, sharing and other people-related skills. Their weaknesses, they say, lie in the areas of accounting, planning, scheduling and quantitative thinking in general." HARPER 1988, S. 19.
123 Dazu die Einschätzung bei STAEHLE 1989, S. 240: "Zusammenfassend läßt sich feststellen, daß generelle Aussagen über den Zusammenhang zwischen Leistung und Zufriedenheit ziemlich unsinnig sind, und erst die nähere Kenntnis von Person und Situation fundiertere Prognosen erlaubt."
124 Vgl. McLAUGHLIN 1986, S. 262; STAEHELE 1989, S. 226 f..
125 Vgl. die Aussagen zum Zusammenhang von Karrieremöglichkeiten und Motivation in NPOs und NGOs bei KAUL 1987, S. 19 und McLAUGHLIN 1986, S. 262.

stungen.
Unzureichende Arbeitgeberleistungen haben insbesondere in Süd-NGOs eine schlechte Tradition,[126] wobei die wohl gravierendsten Mängel nicht die Lohnhöhe, sondern die Arbeitsplatzsicherheit betreffen. Auch aus dem ehrenamtlichen Mitarbeiterkreis übernommene hauptamtliche Mitarbeiter mit hoher Identifikation mit den Zielen der NGO reagieren nach einigen Jahren frustriert, wenn sie stets zwischen ihrem Engagement und ihren finanziellen Verpflichtungen, insbesondere gegenüber ihren Familien, abwägen müssen.[127] Auch in NGOs wird man Schwierigkeiten haben, qualifiziertes Personal zu bekommen oder zu behalten, wenn allmonatlich die Gehaltszahlungen zur Disposition gestellt werden müssen. Auf die Dauer führt eine solche Situation dazu, daß Mitarbeiter mit auch im staatlichen oder erwerbswirtschaftlichen Sektor verwertbaren Qualifikationen die NGOs verlassen und somit eine negative Selektion in der Mitarbeiterschaft einsetzt.

Neben der Minimalforderung nach ausreichender Arbeitsplatzsicherheit ist die Frage nach der Höhe des Lohnes zu diskutieren. Eine Aufforderung zu unentgeltlicher Mitarbeit kann an relativ wohlhabende Mitarbeiter gestellt werden. Der Durchschnittsmitarbeiter ist jedoch abhängig von einer "angemessenen" Entlohnung, um sich und seine Familienmitglieder ausreichend versorgen zu können.[128] Schwerer zu beantworten ist die Frage, welches Lohnniveau "angemessen" ist. Hat der Entwurf einer Lohnskala in einer NGO sich an den Kosten des Überlebens im jeweiligen Lande, an den Qualifikationen der Arbeitnehmer oder an den Gehaltszahlungen für vergleichbare Positionen in Industrie oder staatlicher Verwaltung zu orientieren? Zunächst ist festzustellen, daß die NGOs nicht mit dem privaten Sektor konkurrieren müssen, deren Gehaltsstrukturen in Entwicklungsländern sehr willkürlich erscheinen. Dieser Sektor

---

126 VINCENT 1989 a, S. 79: "The non-governmental organisations have a reputation due to their 'non-profit making' and 'voluntary' character of giving 'low salaries' to their employees, within and below the limits of the official obligations." Vgl. auch ARICKAL 1976, S. 153 f., der im niedrigen Lohnniveau die Hauptursache für komparative Kostenvorteile der NGOs gegenüber Regierungsorganisationen sieht.
127 Vgl. ANTROBUS 1987, S. 99; MACHARIA 1986, S. 83; McLAUGHLIN 1986, S. 30.
128 Vgl. PADRON 1987, S. 71; SCHNEIDER-BARTHOLD 1987, S. 81; TEUBER 1987, S. 49 f..

bietet in der Regel jedoch nicht die immateriellen Leistungen der NGOs (insbesondere die Selbstverwirklichungsmöglichkeiten).[129] Als zweite Orientierungsmöglichkeit bietet sich der staatliche Sektor an, der mit seiner Dominanz in Entwicklungsländern die Erwartungshaltung der Mitarbeiter bezüglich der Lohnhöhe ohnehin mitbestimmt. Darüber hinaus sind viele Positionen und Tätigkeiten im NGO-Bereich mit staatlichen Aktivitäten direkt vergleichbar,[130] und die Personalfluktuation zwischen diesen beiden Sektoren ist groß. In den Bemühungen um qualifiziertes Personal ist der Staat der Hauptkonkurrent der NGOs, und es erscheint deshalb sinnvoll, die Lohnskala der NGOs an denen vergleichbarer staatlicher Institutionen zu orientieren.[131] Die Zahlung von nicht marktgerechten Löhnen führt zwangsläufig zu einem Aderlaß zugunsten der Konkurrenten am Arbeitsmarkt.[132] Bei der Erstellung von Lohnskalen ist der Rolle der Sozialleistungen besondere Aufmerksamkeit zu schenken, da in vielen Staaten diese die eigentliche finanzielle Attraktivität des staatlichen Sektors ausmachen. In den Fällen, in denen ein Ausgleich zu diesen Sozialleistungen innerhalb einer NGO im Rahmen der Lohnskala nicht möglich ist oder wo es darum geht,

---

129 McLAUGHLIN 1986, S. 30: "The nonprofit sector does not have to match the private sector dollar for dollar in salaries. It can use a whole arsenal of psychic rewards in terms of the relevance, the complexity, and challenge of the work ... ." TANDON betont insbesondere die Bedeutung der "NGO-Kultur" für die Motivation der Mitarbeiter. TANDON 1988, S. 318.
130 Z.B. Arzt/Krankenschwester in NGO- vs. Staatskliniken, Lehrer staatlicher Schulen vs. NGO-Alphabetisierungskampagnen etc..
131 Zu ähnlichen Empfehlungen für Süd-NGOs kommen ICVA 1986 a, S. 21 f.; McLAUGHLIN 1986, S. 413; TANDON 1988, S. 320; WILLIAMS 1990, S. 32. Siehe auch die Praxis in der Schweiz, bei der die Löhne der Mitarbeiter karitativer Organisationen die des öffentlichen Dienstes nicht übersteigen sollen. METZLER 1990, S. 65. Die Orientierung an Regierungslöhnen kann nicht in afrikanischen Staaten vorgenommen werden, in denen die staatlichen Entlohnungen relevanter Lohngruppen unterhalb des Existenzminimums liegt (z.B. Somalia, Sudan, Zaire etc.).
132 Dazu TANDON 1988, S. 320 f.: "... non-governmental organisations are unable to attract young professionals ... because their internal salary structures are unrealistically poor and low. Such professionals may not expect the same salaries as they would get in cooperate sectors. But at least something which is comparable and ensures survival." Ähnliche Folgen zeigt MACHARIA 1986, S. 84 auf: "... NGOs are not in a position to compete for the best staff available in the market. Once we get the staff, we cannot keep them. So we become a training ground for other agencies ... ." Mit gleicher Tendenz CAMPBELL 1988, S. 294; CAMPBELL 1989, S. 9; NYATHI 1990, S. 20.

Führungskräfte vor der Abwanderung zu bewahren, muß überlegt werden, ob nicht weitere Anreize für Arbeitnehmer (sog. "fringe benefits") denkbar sind, wie z.b. Weiterbildungsangebote, Dienstfahrzeuge, Dienstwohnungen, Urlaubsgeld etc..[133]

Eine erste Zusammenfassung der Situation des Personalmanagements in NGOs könnte mithin lauten, daß "self-screening"-Effekte und unterdurchschnittliche Arbeitgeberleistungen es gemeinsam bewirken könnten, potentielle Arbeitnehmer mit in den Entwicklungsländern knappen "unternehmerischen Begabungen" von einer Arbeitsaufnahme in NGOs abzuschrecken.[134] Angesichts der neuen und zukünftigen Problemstellungen und der zu erwartenden Wachstumsraten der Süd-NGOs werden aber Mitarbeiter mit Managementfähigkeiten zunehmend benötigt. Grundsätzlich bestehen zwei sich nicht ausschließende Lösungsalternativen zur Schließung dieser Qualifikationslücke in NGOs. Der Möglichkeit der Nutzung des betrieblichen Arbeitskräftepotentials, des _internen Arbeitsmarktes_, steht als Alternative die Nutzung des _externen Arbeitsmarktes_ gegenüber.

Den _externen Arbeitsmarkt_ können NGOs durch Aufnahme von Schulabgängern und Universitätsabsolventen nutzen und an die Stelle des Staates treten, der in den sechziger und zu Beginn der siebziger Jahre der wichtigste Nachfrager nach qualifiziertem Personal in den Entwicklungsländern war.[135] Diese Vorgehensweise erspart nicht unbedingt Investitionen in die Aus- und Fortbildung, da Schulabsolventen in einigen Bereichen in Hinblick auf die spezifischen Bedürfnisse der NGOs zuwenig Erfahrungen mitbringen dürften. Der Vorteil der Nutzung des externen Arbeitsmarktes liegt im wesentlichen darin, aus einem größeren Personalangebot die Kräfte auswählen zu können, die, so ist zu hoffen, auch eher als internes Personal Träger von Innovationen sind.[136]

---

133 Zu solchen freiwilligen Sozialleistungen vgl. ANTHONY/YOUNG 1984, S. 93; BURLA 1989, S. 91; McLAUGHLIN 1986, S. 491 f..
134 YOUNG bezeichnet unternehmerische Begabungen als die knappste Ressource im Nonprofit-Sektor. YOUNG 1983, S. 86.
135 Zur Rolle der NGOs als substantielle Arbeitgeber vgl. CAMPBELL 1988, S. 294 und NEUBERT 1990 a, S. 307. CERNEA sieht bereits den "new professionalism" durch den Zugang von Universitätsabsolventen zu NGOs. CERNEA 1988, S. 10 f..
136 Vgl. McLAUGHLIN 1986, S. 418.

Die zweite Möglichkeit zur Schließung der Personallücke in NGOs besteht in der Nutzung des internen Arbeitsmarktes, d.h. in der Investition in die Aus- und Fortbildung bereits vorhandener Mitarbeiter. Diese Methode ist für Manager von NGOs arbeitsaufwendiger und wird deshalb tendenziell vernachlässigt.[137] Sie reduziert jedoch mögliche Friktionen innerhalb des Personals, die oft mit der Einstellung fachfremden Personals einhergehen, dem neben den notwendigen Sachkenntnissen oft der im NGO-Sektor wichtige "Stallgeruch" fehlt.[138] Zweitens kann eine abgewogene Nutzung des internen Arbeitsmarktes erhebliche positive Wirkungen auf die Motivation der gesamten Mitarbeiterschaft haben, da durch Nutzung des internen Arbeitsmarktes Arbeitsplatzsicherheit und Aufwärtsmobilität innerhalb der Organisationen signalisiert wird.[139]

Die Entscheidung, ob bei steigendem Personalbedarf auf den internen oder den externen Arbeitsmarkt zurückgegriffen werden sollte, hängt sehr von der spezifischen Personalsituation innerhalb einer NGO ab. Auf der Basis einer möglichst weitreichenden Personalplanung, die den zu erwartenden Personalbedarf in Rechnung stellt, müssen die für die zu erwartenden Weiterbildungsmaßnahmen erforderlichen zeitlichen und finanziellen Ressourcen in die entsprechenden Budgets eingebracht werden.[140] Aus den vielfältigen Möglichkeiten, Aus- und Fortbildung zu organisieren,[141] ist die Bildung von "peer consultation groups"[142] hervorzuheben, weil sie als

---

137 CAMPBELL 1989, S. 9: "The manager's commitment is often to the ideals of the organization and not to the staff, hence career structures and staff development programmes are rare."
McLAUGHLIN 1986, S. 418: "There has to be an earnest effort not to overlook any qualified professional internally, but hiring outside is the most frequent solution to a professional staffing need."
138 " ... at a certain stage of development the possibility of managerial control of professional members by non-members must be excluded. This happens when the latter can no longer judge the competence of such professionals nor assess the technical problems encountered ... " Jaques Elliott (Hrsg.): "Health Services", London 1978, zitiert nach SLAVIN 1988, S. 88.
139 Vgl. McLAUGHLIN 1986, S. 418; SLAVIN 1988, S. 88.
140 Zu den Zeithorizonten von Personalplanungen vgl. McLAUGHLIN 1986, S. 419; SLAVIN 1988, S. 88; VINCENT 1989 a, S. 79.
141 Z.B. Seminare, "in-house-courses", "consultancy programmes", "degree-courses", "in-service-exchange", "on-the-spot-training" etc.. Zu den diesbezüglichen Darstellungen vgl. CAMPBELL 1988, S. 295; CAMPBELL/YATES 1986, S. 49; NOVIB 1988, S. 324.
142 YATES 1989, S. 13: "These involve groups of NGO personnel from the same 'level' ... . The group works together over a period

lokale und preiswerte Alternative nicht nur zu einer besseren Kooperation der NGOs untereinander führen könnte, sondern durch die Organisationsform Gewähr dafür bietet, daß wirklich NGO-relevante Problembereiche thematisiert werden. Kritisch beurteilt werden muß die kostenträchtige Entsendung von Mitarbeitern aus Süd-NGOs in die Industrienationen,[143] weil dort Studieninhalte selten an die Realität der Süd-NGOs anknüpfen und bei einer breiten, theoretisch gut fundierten Ausbildung die spätere Abwanderung der Mitarbeiter geradezu provoziert wird. In der Regel sind solche Ausbildungsgänge wenig fruchtbar, wenn nicht mit dem technischen Wissen gleichzeitig auch die Integrität, Loyalität und Motivation der entsprechenden Mitarbeiter wächst.[144]

Ein besonderes Augenmerk hat der Weiterbildung der Führungskräfte zu gelten, die sich häufig aus dem Projektmanagement rekrutieren und in Anbetracht der speziellen Probleme des Kernmanagements von NGOs oft über nur unzureichende ökonomische Kenntnisse verfügen. Nötig ist eine Fortbildung, die sich auf die typischen Probleme von NPOs und NGOs konzentriert,[145] da eine allgemeine ökonomische Ausbildung zwar hilfreich sein kann, aber durch die übliche Fixierung auf die Erwerbswirtschaft an den Realitäten der NPOs vorbeigeht. In entsprechende Curricula für die Weiterbildung von NGO-Führungkräften müssen demzufolge allgemeine Managementprinzipien mit den besonderen Erfordernissen dieses Sektors verbunden werden.[146] Ideale Träger wären nationale NGO-Netzwerke, die für die ihnen angeschlossenen NGOs die Weiterbildungsmaßnahmen für NGO-Führungskräfte übernehmen.[147] Da dieses Vorgehen aufgrund der

---
of time ... , identifying both their learning issues and their resources, people and materials in collaboration with training unit personnel."
143 Zur diesbezüglichen Kritik vgl. CAMPBELL 1988, S. 295; ELLIOT 1987, S. 61 f..
144 Dazu GARBE 1991: "Der Erhalt und die Umsetzung erworbener Fähigkeiten und Arbeitsmethoden durch den ehemaligen Stipendiaten ... sind ... wichtig. Wenn sich der Stipendiat nach mehr oder weniger kurzer Zeit den Standards und Verhaltensweisen seiner alten Umgebung anpaßt, sein teuer erworbenes Wissen nur noch unvollkommen angewandt und genutzt wird, ist der Erfolg des besten Ausbildungsprogramms in Frage gestellt."
145 Vgl. SLAVIN 1988, S. 91.
146 Vgl. TRENK 1990, S. 31 und die entsprechenden Curriculumvorschläge bei BILLIS 1988, S. 304; ICVA 1986 a, S. 25; LEDUC/ McADAM 1988, S. 96 f..
147 Vgl. dazu die Empfehlungen bei CAMPBELL 1986, S. 41; ICVA 1986 a, S. 28; YATES 1989, S. 15.

organisationsegoistischen Tendenzen der NGOs offensichtlich nur in wenigen Ländern machbar erscheint,[148] muß erforderlichenfalls auf die überregionalen, meist von Nord-NGOs finanzierten Koordinierungsinstanzen als Träger von entsprechenden Weiterbildungsmaßnahmen zurückgegriffen werden. Besonders aktiv auf diesem Gebiet sind bisher der "International Council of Voluntary Agencies"(ICVA),[149] der "International Council on Social Welfare"(ICSW)[150] und "Development Innovations and Networks"(IRED)[151] sowie andere, meist regional orientierte Organisationen.[152] Süd-NGOs sollten Mitglied zumindest in einem dieser Netzwerke sein, um über bestehende Weiterbildungsangebote und Möglichkeiten ihrer externen Finanzierung informiert zu sein. Dies würde auch Informationen über die Existenz von Manualen zum Bereich "NGO-Management" vermitteln, die zum Teil hervorragend sind.[153]

2.2.4 Management von Kontrolle und Rechnungswesen

Auch die Süd-NGOs sind nicht davor gefeit, zu versagen, wenn partizipative Strukturen außer Kraft gesetzt werden und eine Managerdominanz die demokratische Struktur faktisch ersetzt. "Kontrolldefizite können in diesen Organisationen ... Führungskräfte leicht zur Durchsetzung persönlicher Ziele verleiten."[154] Das Fehlen der Notwendigkeit, Profit zu erzielen und damit auch das Fehlen der Steuerungsgröße Profit (vgl. Kapitel 2.1 "Zur Theorie von Non-Profit-Organisationen"), macht Kontrolle keineswegs überflüssig, sondern notwendiger, da der Profit als Maßstab für Erfolg durch andere, z.B. qualitative Maßstäbe ersetzt werden muß. Darüber hinaus entfällt auch weitgehend die in der Erwerbswirtschaft übliche

---

148 LANDIM 1987, S. 35: "... relations among NGOs have always been based on particular and short-term matters ... NGOs are jealous of their autonomy, and independence, and plurality is a basic aspect of their existence." Vgl. ähnliche Einschätzungen bei STREMLAU 1987, S. 222.
149 Vgl. CAMPBELL 1988, S. 299 f.; ICVA 1986, S. 21; ICVA 1986 a, S. 65.
150 Der "älteste" NGO-Koordinator, gegründet 1928. Vgl. ICVA 1986 a, S. 64; YATES 1986 a, S. 80.
151 Vgl. ICVA 1986 a, S. 64.
152 Zu weiteren "Networks" vgl. CAMPBELL 1988, S. 295; VAN DER HEIJDEN 1990, S. 23; ICVA 1986 a, S. 66 ff. und "NGO-MANAGEMENT" Nr. 10 (7. - 10. 1988), S. 5.
153 Vgl. CAMPBELL 1988, S. 295; KANADA/HUSAK 1986, S. 2.
154 BLÜMLE 1991, S. 11.

Kontrolle durch Kundenverhalten, da die Zielgruppen der NGOs in der Regel über wenig Sanktionsmöglichkeiten verfügen. Bereits in den Ausführungen zum Management der Planung (vgl. Kapitel 2.2.2 "Management der Planung") wurde darauf hingewiesen, daß Kontrolle ein unverzichtbarer Bestandteil im Planungszyklus ist.[155]

Kontrolle hat auch der Information bestimmter Anspruchsgruppen zu dienen. Hier ist das Hauptaugenmerk zunächst auf die relevanten Entscheidungsträger innerhalb der Organisation zu richten. Dies ist in NGOs, in Abhängigkeit von der gewählten Rechtsform, in der Regel ein Vorstand in Vertretung der Mitgliedschaft.[156] Eine zweite wichtige Anspruchsgruppe bilden die Geldgeber einer NGO.[157]

Die mit der besonderen Eignerstruktur der NGOs einhergehenden Probleme wurden bereits dargestellt (vgl. die Ausführungen zum "Gegenstromprinzip" in Kapitel 2.1 "Zur Theorie von Non-Profit-Organisationen"). Eine effiziente Arbeitsteilung zwischen Vorständen und Geschäftsführung liegt vor, wenn die Geschäftsführung über alle Belange entscheidet, die eine kurzfristige Reaktionszeit erfordern, und sich der Vorstand auf die Erarbeitung mittel- und langfristiger Strategien und Zielvorgaben beschränken kann. Erst durch diese Konzentration knapper Zeitressourcen der meist ehrenamtlich tätigen Vorstandsmitglieder kann eine NGO politisch kontrollierbar sein.[158] Diese Rollenverteilung setzt voraus, daß

---

155 Zur Notwendigkeit von Kontrolle in NGOs vgl. ANTHONY/YOUNG 1984, S. 476; BLÜMLE 1991, S. 11. Das Maß der Kontrolle in einer Organisation muß dabei in Relation zu den notwendigen Handlungsspielräumen der NGO-Mitarbeiter gesetzt werden. Die Erhaltung der für ein rationales Management erforderlichen Handlungsspielräume ist durch explizite Kompetenz- und Aufgabenzuweisungen zu erreichen. Dazu BURLA 1989, S. 141: "Einerseits können Entscheidungs- und Handlungsspielräume für das Management zum Teil mit organisatorischen Mitteln institutionalisiert werden; und andererseits kann ein zweckmäßiges Organisationskonzept den betriebspolitischen Prozeß vorstrukturieren und dadurch das Management bis zu einem gewissen Grad entlasten."
156 Vgl. dazu die Ausführungen zur Eignerstruktur von NPOs in Kapitel 2.1 "Zur Theorie von Non-Profit-Organisationen".
157 Im folgenden erfolgt eine Konzentration auf diese beiden Hauptanspruchsgruppen. Weitere denkbare Anspruchsgruppen könnten in den Zielgruppen, der interessierten Öffentlichkeit oder der staatlichen Verwaltung zu sehen sein.
158 Vgl. BURLA 1989, S. 143 f..

keine Personalunionen bestehen (z.B. Mitarbeiter als Vorstandsmitglieder)[159] und die Vorstandsmitglieder in einem für die Entscheidungsfindung ausreichenden Maße befähigt[160] und informiert sind. Quantitative und qualitative Kontrollinstrumente, insbesondere das Rechnungswesen, müssen deshalb in Umfang, Präzision und Aktualität so eingerichtet sein, daß rationale Entscheidungen auf der Grundlage einer möglichst vollständigen Information beruhen, und die Vorstände ihre Aufsichts- und Kontrollfunktionen wahrnehmen können.

Die Geldgeber der NGOs sind, beachtet man die Marketingsituation der NGOs (vgl. Kapitel 2.2.1 "Management des Marketing"), wichtigste Anspruchsgruppe außerhalb der NGOs bezüglich der Kontrollen. Während Süd-NGOs gelegentlich diesbezügliche Anforderungen der Nord-NGOs als zu dominant zurückweisen,[161] ist eine Anpassung an die Gebernormen unvermeidlich und muß zu entsprechenden Standards im Management der Kontrolle führen.[162] Diese Situation wird sich in Zukunft nicht im Sinne der Süd-NGOs ändern. Vielmehr werden die Anforderungen noch in dem Maße steigen, in dem einhergehend mit einer Zunahme der Finanzierung der Nord-NGOs durch staatliche Stellen, die staatlichen Haushaltvorschriften auf die Nord-NGOs übertragen werden.[163]

---

159 Vgl. BILLIS 1988, S. 304.
160 ARICKAL 1976, S. 27: "Die Erfolgswirksamkeit der demokratischen Gruppe im nicht-staatlichen Bereich ist u.a. davon abhängig, wieweit die Gruppenmitglieder gebildet und befähigt sind, sich an dem Entscheidungsprozeß optimal zu beteiligen. Wenn dies nicht der Fall ist, dann besteht die Tendenz, daß auch eine ... demokratische Gruppe die Form der Oligarchie annimmt."
161 z.B. NYATHI 1990, S. 20: "Südliche NRO verbringen einen Großteil ihrer Zeit damit, den Nord-NGO durch Berichteschreiben zu Diensten zu sein, wodurch die NRO-Mitarbeiter oft zu Finanzmanagern werden und in Konflikt mit ihrer Rolle als Entwicklungstheoretiker und -pragmatiker geraten."
KAJESE 1987, S. 80: "The language of 'concern for effectiveness', 'accountability', 'efficiency', 'professionalism', etc., masks the real language that in fact says,'We have the money, the know-how and therefore the power'."
162 Dazu der NGO-Dachverband ICVA: "As a prime condition for creating and retaining the confidence and respect of donor agencies, NGOs should develop sound policies, defined and well-conceived development plans, competence in financial management systems and delivery, self-control in audit, and, above all, a high sense of accountability."ICVA 1986 a, S. 12.
163 BMZ 1990, S. 5: "Die staatlichen Mittel, mit denen Entwicklungsprojekte der gesellschaftlichen Gruppen unterstützt werden, sind Steuermittel. Deren Verwendung muß im Interesse des Steuerzahlers kontrolliert werden. Das setzt voraus, daß die

Für die Durchführung der notwendigen Kontrollen kommen sowohl quantitative als auch qualitative Methoden in Frage. Das Rechnungswesen als Kontrollinstrument dient der Feststellung und Fortschreibung überwiegend quantitativer Meßgrößen. Seine Ergebnisse sind relevant für die Planungs- und Kontrollaufgaben der Anspruchsgruppe Vorstand und dienen darüber hinaus dem Nachweis der zweckentsprechenden Mittelverwendung gegenüber der Anspruchsgruppe Geldgeber. Die Kontrollmethode Evaluation ist überwiegend qualitativ, wobei die Inhalte von Evaluationen sich regelmäßig aus dem Entdeckungszusammenhang und damit der Interessenlage der Auftraggeber - und dies sind meist die Geldgeber - erklären. Zunächst sollen hier Aufgaben und notwendiges Instrumentarium des Rechnungswesens in NGOs dargestellt werden.

Trotz fehlenden Gewinnziels und trotz des regelmäßigen Fehlens von Marktpreisen von NGO-Leistungen und den damit einhergehenden Problemen entsprechender Nutzenbewertung, ist im Rechnungswesen[164] grundsätzlich ein Instrumentarium zur Beurteilung wirtschaftlicher Rationalität in NGOs vorhanden. Ein an die NGO-Situation angepaßtes Rechnungswesen sollte dabei möglichst allseits akzeptierte Kennzahlen liefern, die über die betriebliche Effizienz Auskunft geben und über das übliche Maß der Rechnungslegung hinausgehen. Die Art der Kennzahlen hängt dabei von Aufgabe und Größe der NGO ab und sollte so gewählt sein, daß sie nicht nur Buchhaltungsexperten verständlich ist, sondern von der Mitarbeiterschaft als Kennzahlen verstanden und akzeptiert werden. Darüber hinaus sollten sie auch Vorständen und Geldgebern eine Beurteilung der Leistungsfähigkeit der NGO ermöglichen. Nur durch eine solche pragmatische Orientierung des Rechnungswesens kann es einen Beitrag zur Lösung des spezifischen Legitimationsproblems leisten, indem es Profit als Maßstab für Erfolg durch den Nachweis der Effektivität ersetzt.[165] Bei dieser Sichtweise erübrigt sich eine Diskussion darüber, ob das Rechnungswesen in NGOs eher den Managementbedürfnissen der NGO oder den Informationsbedürfnissen der Geldge-

---

    privaten Träger Verwaltungsvorschriften kennen und beachten und die zweckentsprechende Mittelverwendung nachweisen."
164 Gemeint ist das betriebliche Rechnungswesen, das Verfahren zur systematischen Erfassung und Auswertung quantifizierbarer Vorgänge einer Organisation für die Zwecke der Planung, Steuerung und Kontrolle der Organisation umfaßt.
165 Vgl. BURLA 1989, S. 138 f..

ber anzupassen sei.[166] Das Rechnungswesen hat Informationsbedürfnisse möglichst vollständig zu befriedigen. Die zur Erfüllung dieser Informationsbedürfnisse erforderlichen Bestandteile eines NGO-Rechnungswesens sind Buchführung, Rechnungsprüfung, eine zumindest rudimentäre Kostenrechnung und eine Budgetierung, die Ausgabenkontrolle ermöglicht. Neben diesen vier Standardelementen eines Rechnungswesens sind die Arbeitsbereiche Fondsverwaltung und Zweckentsprechung der Mittelverwendung von besonderer Bedeutung. Diese sechs quantitativen Kontrollmethoden werden im folgenden im Hinblick auf ihre Anwendung in NGOs thematisiert.

Die Buchführung, verstanden als planmäßige und lückenlose Aufzeichnung der wirtschaftlichen Vorgänge zur Erstellung von Abschlüssen (Erfolgsrechnung, Jahresabschlüsse etc.), ist Hauptglied des Rechnungswesens, Grundlage von Rechnungsprüfung, Kostenrechnung, Budgetierung und Fondsverwaltung (Grundlage für den Nachweis der zweckentsprechenden Mittelverwendung) und unabdingbar auch für kleine NGOs.[167] Die Buchführung sollte den allgemein üblichen Regeln kaufmännischer Sorgfaltspflicht und den jeweils gültigen, meist gesetzlich festgelegten Standards genügen. Regelmäßig heißt dies, den Regeln der doppelten Buchführung zu folgen,[168] ohne daß kleine NGOs dabei auf zu sophistische Methoden zurückgreifen müssen.[169] In bezug auf Rechnungsabgrenzung, Abschreibungen, Umgang mit Vorschüssen etc. sollten die gleichen Regeln gelten, wie in der Erwerbswirtschaft.[170] Vereinfachte Darstellungen der finanzi-

---

166 Vgl. dazu die Betonung der Informationsbedürfnisse des Managementbereichs: "... concentration on those [approaches] which the management should follow to improve performance." McLAUGHLIN 1986, S. 312. Ähnlich: ANTHONY/YOUNG 1984, S. 12 f.; KANADA/HUSAK 1986, S. 51. Gegensätzlich sind ältere Ansätze, die die Rolle der Geldgeber betonen. Vgl. dazu die Darstellung anderer Schwerpunktsetzungen bei McLAUGHLIN 1986, S. 307: "... accountants began to develop an alternative approach, fund accounting, which does not focus on profitability but on ... the limits set forth by the providers of the organization's funds." Zu den Ansätzen vgl. auch MIDDLETON 1988, S. 221 f..
167 "An organization whose budget is more than $ 20,000 needs to have a relatively complex system and to have regular access to a qualified accountant. The books must be kept professionally ..." CAMPBELL/VINCENT 1989, S. 162. VINCENT 1989 b, S. 30: "The accounts should ... always be up-to-date. In small associations the entries will be made daily or at least weekly."
168 Vgl. ANTHONY/YOUNG 1984, S. 433.
169 Vgl. z.B. die Ausführungen über das "The One Book Accounting System" bei KANADA/HUSAK 1986, S. 29 ff..
170 Insbesondere sollten übliche Abschreibungsmethoden verwandt

ellen Situation sind gelegentlich aus Opportunitätsgründen notwendig, sind aber kein Orientierungsrahmen für die Qualität der Buchführung und sollten reguläre Bilanzen zur Grundlage haben.[171]

Zweites Kontrollinstrument des Rechnungswesens ist die Rechnungsprüfung, die die Richtigkeit der Ergebnisse der Buchführung überprüft. Auch eine interne Rechnungsprüfung sollte zumindest einmal jährlich durch eine unabhängige externe Rechnungsprüfung ergänzt werden.[172] Wegen der besonderen Bedeutung der Rechnungsprüfung für das Vertrauensverhältnis zwischen NGOs und Geldgebern[173] ist zu erwägen, den Rechnungsprüfern ein erweitertes Mandat zu geben, damit auch die sachliche Richtigkeit der zu prüfenden Buchführungsergebnisse bestätigt werden kann.[174]

---

werden, um den Leistungen den Werteverzehr des Anlagevermögens gegenüberstellen zu können. Um überproportionale Buchverluste nach umfangreichen Investitionen durch Zuwendungsgeber zu vermeiden, erscheint es ratsam, Anlagegüter bei Anschaffung zu aktivieren und Abschreibungen in gleicher Höhe dem Anlagevermögen und einem einzurichtenden Gegenwertfonds zu belasten. Damit wäre auch den Erfordernissen der Kostenrechung Rechnung getragen. Als Minimalforderung an den Umgang mit Geschenken sollte die Buchführung diese zumindest wertemäßig erfassen, eventuell auch sofort abschreiben. Verfälschend wäre eine totale Nichterfassung von Geschenken. Das Geschäftsjahr ist in Abhängigkeit von Geldgebern, Aufgabe der NGO und landesüblichen Usancen mit viel Bedacht so zu wählen, daß Liquiditätsprobleme oder ein Übermaß an Rechnungsabgrenzungserfordernissen vermieden werden. Vgl. ANTHONY 1989, S. 25 f., S. 35 ff. und S. 64 f.; ANTHONY/YOUNG 1984, S. 95; CAMPBELL/VINCENT 1989, S. 155 f.; KANADA/HUSACK 1986, S. 52.
171 Vgl. ANTHONY 1989, S. 26.
172 Die Forderung nach externer Rechnungsprüfung ist relativ unumstritten. Dazu ANTHONY/YOUNG 1984, S. 439 zu entsprechenden Usancen in NPOs: " ... there is coming to be a general recognition of the principle that a nonprofit organization has a responsibility to account to the public, and that, for purposes of reliability and continuity, such reports should be audited by an outside auditor." Vgl. auch VINCENT 1989, S. 97 und CAMPBELL/VINCENT 1989, S. 165, die darauf hinweisen, daß zur Vermeidung von Interessenkonflikten der externe Prüfer nicht auch mit der NGO-Buchführung beauftragt werden sollte.
173 "An external audit ... is one of the surest guarantees that their relationship will remain on healthy footing." LECOMTE 1986, S. 115.
174 Zu dieser Aufgabenerweiterung der Rechnungsprüfung LECOMTE 1986, S. 116: "However, an audit is not a cure-all. ... The World Bank, for example, analyses not only the proper recording of income and expenditure but the relevance of each item as well. This exercise, halfway between a traditional audit and an external evaluation, seems a valuable one ... " Ähnlich McLAUGHLIN 1986, S. 309: "It is not enough to expect that if you have a problem, your auditor will tell you. Furthermore,

Nur auf der Basis einer aktuellen und detaillierten Buchführung
ist die dritte Kontrollmethode durchführbar. Die Kostenrechnung
ist zentrales Teilgebiet des Rechnungswesens. Sie erfaßt Kosten
und ordnet sie Produkten, Dienstleistungen, Programmen, Projekten
oder anderen Kostenträgern zu.[175] Erst eine möglichst vollständige
Erfassung der Kosten eines Programmes oder Projektes erlaubt den
Verantwortlichen eine Beantwortung der Frage, wieviel eine bestimmte
Aktivität tatsächlich kostet oder, ob im Fall der externen
Finanzierung, alle entstandenen Kosten gedeckt sind, ein Überschuß
als Beitrag zu den Gemeinkosten der NGO (Deckungsbeitrag) verbleibt,
oder die NGO bei mangelhafter Deckung durch externe Finanzierung
andere finanzielle Ressourcen hinzuziehen muß. Bestehen
alternative Möglichkeiten zur Erreichung eines Zieles, so kann auf
Basis der Ergebnisse der Kostenrechnung festgestellt werden, welche
Alternative die finanziell günstigere ist.[176] Die Argumente
der Kostenrechnung müssen dabei nicht die ausschlaggebenden für
eine Entscheidung zwischen mehreren Alternativen sein, schaffen
aber das notwendige Kostenbewußtsein und liefern Informationen
über die finanziellen Folgen zu treffender Entscheidungen. Anzustreben
ist eine möglichst vollständige Erfassung aller Kosten,
insbesondere, wenn die Kostenrechnung Grundlage für Preisentscheidungen[177]
ist, sei es, daß Nutznießer von NGO-Aktivitäten für NGO-
Dienstleistungen zahlen müssen, oder die NGO ihre Aktivitäten über
andere Geldgeber finanziert. Dabei ist zu beachten, daß Kostenrechnung
in NGOs sich nicht in methodischem Perfektionismus erge-

---

you need to measure and account for performance, often in
terms which are not all dollars and cents. ... One might easily
argue that donors and funding agencies are concerned with
cost-effectiveness as well."
175 In NGOs können Projekte und Programme als Kostenträger bezeichnet
werden. Indirekte Kosten (z.B. Geschäftsführergehalt,
Rechnungsprüfungsgebühren etc.) sind Gemeinkosten, die über
Verteilerschlüssel den einzelnen Kostenträgern zugeordnet
werden können.
176 Zur Aufgabe der Kostenrechnung in NPOs vgl. ANTHONY/YOUNG
1984, S. 319; BURLA 1989, S. 144 ff..
177 "Deciding on the user fee or the additional amount to add to a
contract for agency overhead is, strictly speaking, a pricing
decision just as it is for the commercial enterprise. Surprisingly,
many non-profit agencies, and even the funding agencies
that support them, prefer not to think of 'pricing'. However,
if an agency recoups part or all of its core expenses in this
way, it will have to get involved in pricing or whatever they
prefer to call this (cost recovery factor, user charge, ...)."
KANADA/HUSACK 1986, S. 19.

hen muß, sondern sich auf pragmatische und aufwandsarme Verfahren zu beschränken hat.[178] Besondere Bedeutung kommt der Kostenrechnung in NGOs zu, die Gewerbeförderung betreiben oder selbst zur Erzielung von Einnahmen ökonomische Aktivitäten entwickeln, die Gewinne erzielen müssen.

Ein viertes Kontrollinstrument ist die Budgetierung, die im wesentlichen eine Darstellung der finanziellen Größen der Planung und als solches Teil des Planungszyklus ist (vgl. Kapitel 2.2.2 "Management der Planung"). Die erste Aufgabe der Budgetierung ist das "fine tuning" der Programmplanung, wobei die Qualität des Budgets in hohem Maße von der Korrektheit der in Buchführung und Kostenrechnung erstellten Daten und deren richtiger Interpretation abhängig ist.[179] Die zweite Aufgabe der Budgetierung liegt in der Vorausschau auf die Einnahmen und Ausgaben der NGO für den zeitlich nächsten Teil des Planungshorizontes. Dabei zeigt die Budgetierung im Einnahmen/Ausgaben-Vergleich die Finanzierungsmöglichkeiten für ein Programm auf und sollte auf Finanzierungslücken aufmerksam machen.[180] Zum strikten Kontrollinstrument sollte eine Jahresbudgetierung werden, wenn Einnahmen vollständig innerhalb bestimmter Zeiträume ausgegeben werden müssen und zur Vermeidung von Liquiditätsproblemen oder "year-end games"[181] monatliche Etat-Zuweisungen an die mittelbewirtschaftenden Stellen ergehen. Dies dient der Kontinuierlichkeit des Mittelabflusses und der Kontrolle des Ausgabenverhaltens. Aufgrund der mangelnden finanziellen Flexibilität von NPOs[182] und der damit einhergehenden Notwendigkeit

---

178 Vgl. BURLA 1989, S. 150 und DICHTER 1988 a, S. 182: "Our early work in this area was strongly driven by a decision to keep the effort manageable - to keep it simple enough to be do-able. In short cost-effectiveness measurement must in itself be done in a cost-effective way."
179 Vgl. ANTHONY/YOUNG 1984, S. 644; KANADA/HUSACK 1986, S. 4; VINCENT 1989, S. 36.
180 In der Praxis kann dies zu Modifizierungen im Planungsprozeß führen, wenn z.B. bei zweckgebundener externer Finanzierung die Budgetsituation Planungsspielräume erheblich einschränkt. Vgl. ANTHONY/YOUNG 1984, S. 358; VINCENT 1989 b, S. 35: "The budget is a protective instrument. It determines both the limits that should not be exceeded where expenses are concerned and the minimum amount that should be earned as income."
181 Dieses traurige Spiel ist aus der öffentlichen Verwaltung bekannt, bei der gelegentlich zur Vermeidung von Budgetkürzungen für die Folgejahre am Jahresende Restetats zu schnell ausgegeben werden müssen.
182 Vgl. dazu die Ausführungen zum Problem der Rücklagenbildung in

strikter Budgetkontrolle kommt einem Zuteilungsverfahren in NPOs größere Bedeutung zu, als dies in der Erwerbswirtschaft der Fall ist.[183] Die Striktheit dieser Zuteilungen steht dabei in NGOs eventuell in krassem Widerspruch zu den realen Problemen lokaler Projektleiter oder Programmkoordinatoren, die sich in Entwicklungsländern häufig Situationen gegenübersehen, denen Budgetierungsideale nur höchst unzureichend gerecht werden. Die zuständigen Mitarbeiter müssen deshalb von Beginn an in die Budgetformulierung einbezogen werden, damit das Budget letztendlich - auf der Erfahrung aller Beteiligten beruhend - wie ein "Abkommen" der ganzen Mitarbeiterschaft[184] entsteht, und Imponderabilien sich im richtigen Maß des Budgetspielraumes[185] niederschlagen können. Bei Unsicherheit auf der Einnahmenseite der NGOs sollten die Mitarbeiter auf denkbare Budgetrevisionen hingewiesen und bei großer Unsicherheit mehrere Budgets aufgestellt werden, die jeweils andere Einnahmesituationen widerspiegeln.[186] Eine dritte Aufgabe der Bud-

---

NPOs in Kapitel 2.1 "Zur Theorie von Non-Profit-Organisationen" und in Kapitel 2.2.5 "Finanzmanagement".
183 Vgl. McLAUGHLIN 1986, S. 311 und ANTHONY/YOUNG 1984, S. 644: "Operating managers of nonprofit organizations, especially those whose annual revenue is essentially fixed, must adhere closely to plans as expressed in the budget. As a consequence, budgeting is perhaps the most important part of the management control process."
184 ANTHONY/YOUNG 1984, S. 12: "The agreed-upon budget is a bilateral commitment. Responsibility center managers commit themselves to produce the planned output with the agreed amount of resources, and their superiors commit themselves to agreeing that such performance is satisfactory. Both commitments are subject to the qualification 'unless circumstances change significantly'."
185 Als diesbezügliche Analogie sei hier McLAUGHLIN 1986, S. 65 zitiert: "The public may think of organizational slack as wasteful, but ... budgets are estimates of uncertain flows of funds in and out and ... 'redundancy' (...) is often built into the budgets of richer nations as a cushion. Poor countries by definition cannot afford that redundancy, and their development programs often fail for lack of that margin of error. While redundancy is not optimum in an environment of economic, technical, and political certainty, it may be highly important to survival in an uncertain one." Auf die Probleme des "slack" in NGOs weist CAMPBELL 1989, S. 8 hin: "NGOs are often committed to giving field offices and local projects some flexibility and responsibility for decisions on the disbursement of funds. This may hinder effective financial control."
186 CAMPBELL/VINCENT empfehlen für NGOs die Aufstellung von nicht weniger als vier Budgets, bei denen das "Survival Budget" die Fixkosten der NGO möglichst aus eigenen Einnahmen finanziert sehen sollte. "Guaranteed Budget" und "Complementary Budget"

getierung besteht darin, das notwendige Zahlenmaterial für Verhandlungen mit Zuwendungsgebern bereitzustellen.

Die Fondsverwaltung[187] ist von zunehmender Bedeutung, weil sich NGO-Geldgeber in ihren Heimatländern einem zunehmenden Druck zu penibelster Rechnungslegung gegenübersehen.[188] Die NGOs müssen genau prüfen, ob Einnahmen zweckgebunden oder frei verwendbar sind,[189] und haben im Rechnungswesen Vorkehrungen zu treffen, damit die zweckentsprechende Verwendung gebundener Zuwendungen nachweisbar ist. Dabei ist zunächst unerheblich, ob die Trennung der zweckgebundenen von den freien Mitteln durch Unterkonten oder sogar spezielle Bankkonten geschieht.[190] Die Form der Rechenschaftsberichte hängt dabei von den denkbar unterschiedlichen Ansprüchen der Geldgeber ab,[191] sollte aber neben der Rechnungslegung auch aussagekräftige Projektfortschrittsberichte enthalten.[192] Leistbar ist dies natürlich nur, wenn die Korrespondenz mit den Geldgebern und Informationen über ihre Informationsbedürfnisse in einer stan-

---

reflektieren dabei unterschiedliche Einnahmesituationen, während das "Optimal Budget" hauptsächlich der Spendenakquisition dient. Vgl. CAMPBELL/VINCENT 1989, S. 153 ff..
187 Ähnliche Aufgaben entstehen in der Erwerbswirtschaft z.B. im Zusammenhang mit Pensionsfonds oder dem Umgang mit Treuhandschaften.
188 Vgl. VAN DER HEIJDEN 1987, S. 107 und SMITH 1987, S. 91: "Both international and indigenous NGOs need to confront these challenges together and more, not less, disclosure is part of the answer. A lesser role for NGOs in the area of resource accountability to donors is not likely in the foreseeable future, nor would it be wise."
189 In Stiftungen muß außerdem strikt zwischen Kapital- und Betriebskostenzuwendungen unterschieden werden. Vgl. ANTHONY 1989, S. 49 und S. 58; ANTHONY/YOUNG 1984, S. 96 ff..
190 "The funds are usually recorded in separate accounts and, when not required immediately, invested in fixed deposit accounts. Additional contributions and interest earned are credited to the fund account and payments out of the fund are charged against the available balance. Special funds should be identified separately in the Liability section of the Balance Sheet." KANADA/HUSACK 1986, S. 52.
191 "A tiny Bengali NGO in northern Bangladesh showed me the quarterly accounts demanded by a West German agency contributing $ 200.000 per annum. The accounts weighed over two kilogramms and included, at the request of the West German agency, a line item and supporting vouchers for the food supplied to the dog that guards the stores. At the other end of the scale, a British church-related NGO thought it had financed the construction of a school and community centre in Lebanon. Field investigation could find no trace of either." ELLIOTT 1987, S. 60.
192 Vgl. dazu die Vorschläge bei CAMPBELL/VINCENT 1989, S. 140 f.; VINCENT 1989 b, S. 94 f..

dardisierten Registratur verwahrt sind.[193] Zur Vermeidung von Liquiditätsengpässe verursachenden Kommunikationsproblemen sollte die Rechtzeitigkeit der Berichterstattung von der NGO gewährleistet sein.

Der Bereich der <u>Zweckentsprechung der Mittelverwendung</u> ist das wohl delikateste Thema[194] im Bereich des Verhältnisses zwischen Geldgebern und -nehmern. Gelegentlich werden Mittel nicht entsprechend den Vereinbarungen mit Zuwendungsgebern verwandt, wobei in der Regel die Ressourcen in der einen oder anderen Weise den Zielgruppen zufließen und der Verstoß gegen Vertragsvereinbarungen nachträglich durch Zustimmung des Zuwendungsgebers geheilt wird. Erheblich kritischer zu beurteilen sind die Fälle, in denen NGO-Ressourcen für persönliche Bereicherungen mißbraucht werden. NGOs sind nicht vor der Gefahr der Korruption gefeit,[195] obwohl sich hier die Schadensfälle in Grenzen zu halten scheinen.[196] Aber auch Einzelberichte über entsprechende Vorkommnisse[197] diskreditieren die Arbeit der NGOs und sind Anlaß, über ihre Folgen nachzudenken.[198] Die Einrichtung entspechender Kontrollen verhindert dabei

---

193 Insbesondere wegen der hohen Mitarbeiterfluktuation ist eine standardisierte Registratur auch für kleine NGOs unerläßlich. Vgl. entsprechende Vorschläge bei VINCENT 1989 a, S. 75 f..
194 "In der Tat sollten die Geschichte und die Gegenwart der westlichen Demokratien, die lange Phasen der 'Regierung durch Korruption' durchliefen, vor überheblichen Moralpredigten schützen." NUSCHELER 1987, S. 115 f..
195 "Einigen der positivsten Merkmalen der Privatorganisationen stehen die Geldqualitäten diametral entgegen. Und bei all dem vielen Geld bleibt oft auch die individuelle Unbestechlichkeit auf der Strecke." BERWEGER 1989, S. 32.
196 "Misuse of funds by recipient groups appears to be quite rare." SMITH 1984, S. 149.
197 Vgl. SCHNEIDER 1986, S. 138 f. und SMITH 1987, S. 90: "... the growing amount of information about the activities of NGOs ... from time to time uncovers misallocation of funds. ... Although the percentage of overall church funds transferred abroad that are being embezzled is very small, if such estimates are correct the trend is growing rapidly. Statistics published in 1986 indicate that in 1970 of the $ 3 billion total income of Christian global foreign missions 0.16 % ($ 5 million) was misallocated. ... By the year 2000 such estimates predict that the rate will jump to 2,9 % ($ 350 million of 12 billion)."
198 "It is as easy to mock the Weberian virtues as it is to neglect the fact that if local NGOs are to become effective agents of change in their own environment, dishonesty, incompetence, indolence, excessive patronage and corruption are unlikely to be sources of strength." ELLIOTT 1987, S. 60 f..
Vgl. auch BRATTON 1990, S. 113 f..

nicht nur Imageschäden im Nord/Süd-NGO-Verhältnis, sondern schafft durch Transparenz auch Vertrauen nach innen und unterstützt die Arbeit innerhalb der Süd-NGOs.[199] Dazu müssen Kontrollen erforderlichenfalls auch über die im Rechnungswesen üblichen Maßnahmen hinausgehen und insbesondere die Problembereiche Bargeldverwaltung, Materialverwaltung, Fahrzeugnutzung und Personalpolitik beachten.[200]

Die Notwendigkeit von Evaluationen ergibt sich aus der Tatsache, daß erstens die in der Erwerbswirtschaft üblichen Qualitäts- und Effizienzkontrollen in NPOs fehlen,[201] und zweitens die Konkurrenzsituation NGOs nicht zu Bemühungen um Effizienz zwingt, und somit die Gefahr des Verlustes einer Marketing-Orientierung und einer Hinwendung zu internen Problemen größer ist, als in der Erwerbswirtschaft.[202] Darüber hinaus wäre ein Mehr an Evaluationen langfristig von Vorteil für die Gewinnung von Erkenntnissen über die Leistungsfähigkeit des nichtstaatlichen Sektors der EZ.[203] Der Nutzen von Evaluationen für NGOs wird allerdings unterminiert, wenn die von den Auftraggebern formulierten "terms of reference", und damit die determinierenden Entdeckungs- und Verwertungszusammenhänge[204] einer Evaluation, allein von den Nord-NGOs oder anderen Geldgebern formuliert werden. Derartige Vorgehensweisen degradieren regelmäßig Evaluationen zu Kontroll-[205] und Marketingin-

---

199 Vgl. SCHWEERS 1988, S. 11.
200 Vgl. CAMPBELL/VINCENT 1989, S. 163; VINCENT 1989 a, S. 86; VINCENT 1989 b, S. 30, S. 50 und S. 96 ff..
201 Vgl. Kapitel 2.1 "Zur Theorie von Non-Profit-Organisationen" und ANTHONY/YOUNG 1984, S. 638: "Since the profit measure does not provide a semiautomatic danger signal when performance is unsatisfactory, management develops substitute performance measures and other ways of evaluating the success of the organization."
202 Vgl. DE GRAAF 1987, S. 285; HOFMANN et al. 1988, S. 56 und SEN 1987, S. 162: "The environment within which NGOs function today is relatively resource rich. ... The absence of pressures for performance for the NGOs has made self-evaluation of their own work a non-priority area. ... Given such a context, ... it is necessary to build up surrogate pressures for performance on the NGOs not provided by the market."
203 Vgl. CAMPBELL 1989, S. 9; CASSEN 1990, S. 160; DICHTER 1989, S. 17.
204 Zur Interdependenz von Entdeckungs- und Verwertungszusammenhang vgl. FRIEDRICHS 1985, S. 54.
205 ANTHONY/YOUNG 1984, S. 554: "The purpose of a program evaluation is to make a judgement about whether the program should be continued, redirected, or discontinued." SCHWEERS 1988, S. 11: "Evaluationen im klassischen Sinne werden dann ins Auge

strumenten der Geber und bergen für Süd-NGOs nur geringen Erkenntnisgewinn.[206] Obwohl jede Evaluation sich dem Problem der Bewertung von sozialen Projekten gegenübersieht,[207] und die benötigten Indikatoren für Effektivität von NGO-Arbeit Gegenstand von Diskussionen sind, sollte auf dieses Instrument nicht verzichtet werden, da zunächst diskussionswürdige Daten besser sind als keine Daten. Zumindest ermöglichen sie die Erstellung dringend nachgefragter komparativer Studien,[208] und auch innerhalb des Geber-Erkenntniszusammenhanges können für die Süd-NGOs relevante Informationen entstehen, die zumindest sorgfältig studiert werden sollten. Zur Erstellung von Evaluationen scheint sich der Rückgriff auf unabhängige, externe Experten bewährt zu haben. Dies schließt nicht aus, aus NGO-Mitarbeitern und Externen ein Team zu bilden oder sich bei der Formulierung der "terms of reference" so einzubringen, daß eine Evaluation auch einen Beitrag zur internen Diskussion um Effektivität und Effizienz leistet. In jedem Fall ist die erforderliche Vertraulichkeit der Ergebnisse, insbesondere im Zusammenhang mit Staaten mit autoritären Regimen, zu gewährleisten.[209]

2.2.5. Finanzmanagement

Das Finanzmanagement in NGOs hat im wesentlichen die Aufgabe, die Finanzierung geplanter Aktivitäten und der zur Erstellung dieser Aktivitäten erforderlichen Gemeinkosten sicherzustellen, Liquiditätsengpässe zu vermeiden, und die langfristige finanzielle Existenzsicherung für die NGOs zu fördern. Der NPO-Charakter der NGOs erschwert dabei die Selbstfinanzierung durch Profite (wie in der Erwerbswirtschaft) oder Steuern und Abgaben (wie im öffentlichen Sektor) und erschwert die Kapitalakkumulation zur langfri-

---

gefaßt, wenn Zweifel an einer Programmstruktur aufgekommen sind."
[206] WILLOT 1990, S. 14: "Nonetheless development files are full of external evaluations which have led to nothing and in which the persons concerned often hardly recognize the problems described in them or the future which such evaluations reserve for them." Ähnlich: CAMPBELL/VINCENT 1989, S. 142; DE CROMBRUGGHE/HOWES/NIEUKERK 1987 a, S. 290.
[207] Vgl. ANTHONY/YOUNG 1984, S. 468 ff..
[208] Vgl. BAUER/DRABEK 1988, S. 81.
[209] Zur Evaluationsdurchführung vgl. ANTHONY/YOUNG 1984, S. 556; SMITH 1987, S. 88; VINCENT 1989 a, S. 89; WILLOT 1990, S. 15.

stigen Absicherung gegenüber existenziellen finanziellen Problemen[210] (vgl. Kapitel 2.1 "Zur Theorie von Non-Profit-Organisationen"). Dies führt in der Regel zur Abhängigkeit von externen Geldgebern, die bei mangelnder Diversifizierung der Geberstruktur im Extrem zu Fremdbestimmung führen kann. Während die Erwirtschaftung von Profit nicht Ziel von NGOs sein kann, hat ein NGO-Finanzmanagement die Erzielung von ausreichender Sicherheit und Reserve zur Existenzgarantie der NGOs und zur Erhaltung von Handlungsspielräumen gegenüber Gebern zu leisten. Zu beachten sind im wesentlichen fünf potentielle Einnahmequellen. Der ersten, der Erzielung eines eigenen Einkommens, stehen die vier externen Geldgebergruppen, private und öffentliche Geber der Entwicklungsländer sowie private und öffentliche Geber der Industrieländer gegenüber.

Der Vorteil eines eigenen Einkommens liegt in der die finanzielle Flexibilität fördernden unbeschränkten Verwendungsmöglichkeit und in der Legitimationsfunktion gegenüber Gebern, die in einer substantiellen Eigenfinanzierung ein Indiz für die Stabilität der NGO sehen.[211] Von besonderer Bedeutung für NGOs der "dritten Generation" ist außerdem die Fähigkeit, den oft in der veröffentlichten Meinung geäußerten Vorwurf zurückweisen zu können, als fremdfinanzierte NGO Handlanger ausländischer Interessen zu sein.[212] Die Möglichkeiten zur Erzielung eines eigenen Einkommens beschränken sich aber auf Mitgliederbeiträge, Zinseinkünfte, Verkauf von Veröffentlichungen, Vermietungen und sogenannte "income-generating-projects". Aus dem Verkauf von eigenen Veröffentlichungen und der Einnahme von Mitgliederbeiträgen lassen sich auch bei mitgliederstarken NGOs aufgrund der ökonomischen Situation in Entwicklungsländern kaum über ein symbolisches Maß hinausgehende Einnahmen erzielen.[213] Vermietungen von Fahrzeugen, Büroräumen etc. können zu

---

210 BURLA 1989, S. 141: "In Nonprofit-Organisationen verfügt das Management tendenziell über weniger Handlungs- und Entscheidungsautonomie als in erwerbswirtschaftlichen Organisationen, denn es kann diese nicht durch das Einbehalten von Gewinnen erhöhen."
211 Vgl. dazu "Afrikanische NGO diskutieren finanzielle Selbständigkeit" in "epi" 3/91, S. 8; CAMPBELL/VINCENT 1989, S. 45.
212 Vgl. BRATTON 1989, S. 584; BRATTON 1990, S. 114.
213 Vgl. die entsprechenden Darlegungen bei ARICKAL 1976, S. 154; CAMPBELL/VINCENT 1989, S. 64; SETHI 1983, S. 21. Wichtiger erscheint die Aktivierung der erbrachten ehrenamtlichen Leistungen von Freiwilligen durch entsprechende Buchführung. Vgl. da-

substantiellen Einnahmen führen. Zinseinkünfte können auch bei Beachtung der buchhalterischen Einschränkungen (vgl. Kapitel 2.2.4 "Management von Kontrolle und Rechnungswesen") einen wichtigen Beitrag zur finanziellen Autonomie von NGOs leisten, während der häufig vorgeschlagene Ausweg der "income-generating-projects" theoretisch Einnahmen verspricht, die erstens nur mit entsprechenden kaufmännischen Fertigkeiten zu erzielen sind, und zweitens durch den Verstoß gegen den NPO-Charakter zu Irritationen innerhalb der NGOs führen können.[214]

Für den Grad der Finanzierung der NGOs durch <u>private Geldgeber aus Entwicklungsländern</u> gilt wie für das eigene Einkommen, daß er für institutionelle Geldgeber ein Indikator für Stabilität und Rückhalt der Süd-NGOs in ihrer eigenen Umgebung ist,[215] aber die Hoffnung auf substantielle Einnahmen nach Analyse der ökonomischen Situation auf ein realistisches Maß beschränkt werden muß.[216] Dagegen verspricht die Finanzierung von Süd-NGOs <u>durch staatlich kontrollierte Ressourcen</u> der Entwicklungsländer zunächst den Rückgriff auf ein größeres Finanzierungspotential. Allerdings ist hier die Gefahr einer Instrumentalisierung durch staatliche Stellen zu sehen,[217] die bereits bei der kostenlosen Übernahme von Personal und Arbeitsräumen besteht. Der Erhalt öffentlicher Ressourcen in autoritären Regimen kann aber auch als eine Art Gütesiegel für die politische Akzeptanz der NGO gelten und zu unkomplizierterem Umgang mit staatlichen Behörden führen. Sofern staatliche Finanzierung angestrebt wird, ist das Maß dieser Finanzierung von den politischen Kosten dieser Finanzierung abhängig zu machen (vgl. Kapitel 1.4.1 "Formale Freiheit"). Dies spricht natürlich nicht ge-

---

zu die Vorschläge bei ANTHONY/YOUNG 1984, S. 94; CAMPBELL/VINCENT 1989, S. 65; ICVA 1986 a, S. 11.
214 Zu entsprechenden Realisierungsproblemen vgl. CAMPBELL/VINCENT 1989, S. 66 ff.; ICVA 1986 a, S. 12; TEUBER 1990, S. 97.
215 Dazu BRATTON 1990, S. 116: "While foreign donors are important, the litmus test for financial sustainability among all African NGOs is the extent of domestic contributions."
216 Vgl. ARICKAL 1976, S. 58; GARILAO 1987, S. 118.
217 Dazu SMITH 1987, S. 91: "If international NGOs are to play less of a role in the future ... ,they are likely to expect in return more resource mobilization by indigenous NGOs in their own countries. ... In some situations ... the possibility of political manipulation by domestic donors is a grave danger."
Vgl. auch ähnliche Warnungen vor zu großer Nähe zum Staat bei ARICKAL 1976, S. 154; BAUER/DRABEK 1988, S. 83; FERNANDEZ 1987, S. 43.

gen eine fallweise Zusammenarbeit mit Behörden (vgl. Kapitel 1.4.3 "Grenzen der Leistungsfähigkeit").

Die Finanzierung der Süd-NGOs durch artverwandte Nord-NGOs hat in der Vergangenheit eine Alternative zur staatlichen EZ entstehen lassen, die wegen ihrer Vorteile an Bedeutung gewinnt (vgl. Kapitel 1.2.3 "Veränderungen im Aufgabenfeld der NGOs" und Kapitel 1.3 "Die komparativen Vorteile der Süd-NGOs"). Den Hauptvorteilen der Nord-NGOs als Geldgeber[218] stehen einige Nachteile gegenüber, die zunächst in dem unkoordinierten Nebeneinanderher der Nord-NGOs zu sehen sind. Für relativ große Süd-NGOs kann deshalb eine Geber-Konferenz sinnvoll sein, bei der die Finanzierungsprobleme einer Süd-NGO einer Gebergruppe dargelegt werden, die die für die Nord-NGOs sinnvollste Arbeitsteilung bei der Förderung der Süd-NGO diskutieren kann.[219] Den sich aus dem denkbaren Geberdiktat innerhalb einer Nord-/Süd-NGO-Beziehung ergebenden Einschränkungen des Handlungsspielraumes einer NGO (vgl. Kapitel 1.4.2 "Materielle Freiheit") ist am ehesten durch eine Diversifizierung der Geberstruktur (auch innerhalb des Geberbereichs Nord-NGOs) einer NGO zu begegnen. Ein besonderes Problem kann darüber hinaus im vorsichtigen Verhalten der Nord-NGOs zu sehen sein, die tendenziell Zurückhaltung gegenüber neuen, jungen und kleinen NGOs üben und bedacht sind, nicht der jeweils erste Geber zu sein.[220] Die auch in Nord-NGOs zu beobachtende Tendenz, wegen der günstigeren Relation zum Verwaltungskostenaufwand mittelabflußintensive Kooperationen zu bevorzugen, benachteiligt ebenfalls die kleinen NGOs und kann zu einer kontraproduktiven, weil zur Überfinanzierung neigenden, Konzentration auf relativ große Süd-NGOs führen.[221]

Die traditionelle NGO-zu-NGO-Förderstruktur kann durch staatliche Zuwendungen aus den Gebernationen ergänzt werden. Auch in Zukunft sollte innerhalb der staatlichen EZ der Umweg über die Finanzie-

---

218 Diese sind in der Hauptsache in der Rolle der Nord-NGOs in ihren Heimatländern und in der strukturellen Nähe zu Süd-NGOs zu sehen.
219 Zu Vor- und Nachteilen derartiger Geber-Konsortien vgl. CAMPBELL/VINCENT 1989, S. 82 ff..
220 Vgl. VINCENT 1989 b, S. 6.
221 Vgl. VAN DER HEIJDEN 1990, S. 23. In größeren deutschen NGOs werden Projekte unter 50.000 DM kaum noch gefördert. Selbst bei der Welthungerhilfe werden derartige Projekte als "Kleinprojekte" angesehen. Vgl. MEENTZEN 1991, S. 6 ff..

rung von Nord-NGOs genommen werden (vgl. Kapitel 1.2.3 "Veränderungen im Aufgabenfeld der NGOs") oder allenfalls nur komplementär direkt finanziert werden.[222] Bisher wurde der seit den frühen siebziger Jahren zunehmende Anteil staatlicher Zuwendungen an Süd-NGOs an der Gesamtfördersumme[223] mittels zweier Wege transferiert: erstens über den als Direktfinanzierung bezeichneten Weg der direkten Finanzierung von Süd-NGOs durch staatliche EZ-Agenturen der Industrieländer und zweitens durch Zuwendungen aus sogenannten Botschaftsfonds.

Die Kritik an der Direktfinanzierung kommt nicht allein aus dem NGO-Lager der EZ, sondern wird als Selbstkritik und Aufruf zur Selbstbeschränkung auch innerhalb staatlicher Agenturen der Industrieländer diskutiert. Hauptkritikpunkte sind die Gefährdung des Aufbaus pluralistischer und demokratischer Strukturen durch eine denkbare Unterminierung der NGO-Glaubwürdigkeit und Einschränkungen ihrer politischen Unabhängigkeit,[224] die Gefahr der Tendenz zur Überfinanzierung der Süd-NGOs und den damit einhergehenden langfristigen Verlusten an finanzieller Unabhängigkeit der Süd-NGOs[225] und schließlich die Kritik am Verstoß gegen das Subsidiaritätsprinzip und die damit verbundene Gefahr der Funktionalisierung und "Quangoisierung" der Süd-NGOs.[226]

Erheblich positiver dagegen werden die Effekte der Zuwendungen aus den Botschaftsfonds der Gebernationen[227] beurteilt. Sie gelten als relativ unabhängig von der politischen Situation des Gastlandes und arbeiten unbürokratisch, ortsnah, kleinteilig und flexibel und sind daher in besonders hohem Maße geeignet, auch kleinste und relativ unbekannte NGOs zu unterstützen.[228]

---

222 Vgl. entsprechende Forderungen bei HOFMANN 1990, S. 235 f..
223 Vgl. SCHNEIDER 1986, S. 157 f..
224 Vgl. BAUER/KOCH 1990, S. 14; BMZ 1990, S. 10; ELLIOT 1987, S. 59 f.; FRÖHLINGSDORF 1989, S. 11; HOVEN/PELTZER/ZATTLER 1990, S. 1338; SCHAFFER 1990, S. 226.
225 Vgl. BMZ 1990, S. 10; DAC 1985, S. 153 f.; FRÖHLINGSDORF 1989, S. 12; VINCENT 1989, S. 188.
226 Vgl. CAMPBELL/VINCENT 1989, S. 118; FRÖHLINGSDORF 1989, S. 11 f..
227 Substantielle Botschaftsfonds in Entwicklungsländern sind durch folgende Staaten eingerichtet worden: Deutschland, Finnland, Kanada, Niederlande, Norwegen, Schweden, Schweiz und die USA. Vgl. VINCENT 1989, S. 9 f..
228 Zur Beurteilung der Botschaftsfonds vgl. CAMPBELL/VINCENT 1989, S. 116; HOFMANN 1990, S. 235 ff.; HOFMANN et al. 1988, S. 36 ff..

Die optimale **Mischung der Einnahmen nach Mittelherkunft und Verwendungszweck** ist dabei je nach NGO unterschiedlich, obgleich hier einige Regeln dargestellt werden können. Bezüglich der **Mittelherkunft** sollte versucht werden, den Anteil der eigenen Einnahmen so hoch wie möglich zu halten, und aus politischen Gründen die NGO so weit wie möglich aus dem eigenen Lande zu finanzieren, wobei die Finanzierung aus dem staatlichen Sektor einen durch die politischen Verhältnisse determinierten Grenzwert nicht übersteigen sollten. Meist wird es sich jedoch nicht umgehen lassen, Ressourcen aus dem Ausland einzuwerben, wobei auch hier nichtstaatlichen vor staatlichen Ressourcen, und bei letzteren den Botschaftsfonds vor der Direktfinanzierung, der Vorzug gegeben werden sollte. Eine stark diversifizierte Einnahmestruktur verschafft dabei Handlungsspielräume und verhindert Abhängigkeit von einzelnen Gebern, auch wenn sie mit höheren Verwaltungskosten bezahlt werden muß.[229]

Die Mischung der Einnahmen nach **Verwendungszweck**[230] ist ebenso wichtig wie die Mittelherkunft. Es kann unterschieden werden zwischen **freien Zuwendungen, zweckgebundenen Zuwendungen** und **institutionsbildenden Zuwendungen** sowie den Sonderformen der Zuwendungen für die Auffüllung von **revolvierenden Kreditfonds** oder eines **Stiftungskapitals**.

Freie, zweckungebundene Zuwendungen sind für die NGOs von besonderer Bedeutung, da sie den finanziellen Handlungsspielraum der NGOs erweitern. Auch hier sind die Intentionen des Geldgebers in ausreichendem Maße zu berücksichtigen. Freie Zuwendungen sind meist das Ergebnis einer langen, vertrauensbildenden Zusammenarbeit.[231] In der Regel sind die Zuwendungen jedoch **zweckgebunden**, d.h. der Geldgeber stellt Ressourcen für ein bestimmtes Projekt zur Verfügung. Die Zweckbindung ist dabei meist vertraglich festgehalten und Änderungen in der Mittelverwendung bedürfen des beiderseitigen Einvernehmens. Je nach Verhältnis zwischen den Vertragspartnern

---

229 Zur optimalen Einnahmenmischung nach Herkunft vgl. ANTROBUS 1987, S. 100; BAUER/DRABEK 1988, S. 83; BRATTON 1990, S. 114 f.; ELLIOTT 1987, S. 63; FERNANDEZ 1987, S. 44; GARILAO 1987, S. 118; HOFMANN et al. 1988, S. 30; ICVA 1986, S. 12.
230 Die Art der Bindung von Zuwendungen an einen bestimmten Zweck ist so vielfältig wie die Arbeitswelt der NGOs und die Beziehungen zu ihren Geldgebern. Die Beschränkung auf die dargestellten Arten der Zweckbindungen ist insofern willkürlich, als viele Mischformen bestehen.
231 Vgl. CAMPBELL/VINCENT 1989, S. 77 f..

sind die Verwendungsrestriktionen mehr oder weniger rigide formuliert, können aber auch einen freien Zuwendungsteil - etwa für notwendige Gemeinkosten - enthalten. Beschränkt sich die Mittelzusage auf die reine Projekt-/Programmdurchführung, so hat die NGO Ressourcen aus anderen Finanzierungsquellen zur Finanzierung der Gemeinkosten sowie der Projektvor- oder -nachbereitung zu nutzen. Diese Art der Zweckbindung ist aus der Geberperspektive wegen der übersichtlichen Kontroll- und Prüfungssituation von Vorteil, läßt aber die Finanzierung der Süd-NGO-Gemeinkosten oft im Unklaren.[232] In Verbindung mit diesen relativ leicht zu erhaltenden Projektmitteln, oder auch davon losgelöst, können Geber auch direkt die Gemeinkosten der NGOs (Gehälter, Mieten, Transportsysteme etc.) finanzieren und dadurch einen Beitrag zum Aufbau der institutionellen Stärke der Süd-NGOs leisten.[233] Obwohl die Finanzierung der Gemeinkosten für NGOs unerläßlich ist, scheinen Geldgeber häufig diese Finanzierung zu verweigern, wobei die Probleme der Refinanzierung, insbesondere bei Nord-NGOs, eine Rolle spielen dürften. Eine Unterfinanzierung der Gemeinkosten der Süd-NGOs wird langfristig negative Auswirkungen auf ihre Absorptionskapazität für Projektmittel und auf die Qualität der Arbeit haben.[234]
Eine weitere Form der Finanzierung ist die Bereitstellung von Betriebskapital für **revolvierende Kreditfonds**, bei denen die Geldgeber einen verlorenen Zuschuß an eine Süd-NGO geben, die diese in Form von Krediten an Mitglieder der Zielgruppen weitergeben. Nach Rückzahlung können diese Mittel wieder in Form von Krediten der Zielgruppe zur Verfügung gestellt werden.[235] Während mit der Einrichtung derartiger Kreditfazilitäten seit einigen Jahren Erfahrungen gesammelt werden, ist die Einrichtung von **Stiftungskapital** für Süd-NGOs - aus deren Erträgen NGO-Aktivitäten finanziert werden könnten - eine sehr junge Forderung der Süd-NGOs. Für Süd-NGOs läge ihr Vorteil in einer zunehmenden Unabhängigkeit von ex-

---

232 Vgl. dazu die Einschätzungen bei ANTROBUS 1987, S. 99; CAMPBELL/VINCENT 1989, S. 75 f.; VAN DER HEIJDEN 1987, S. 110 f.; VINCENT 1989 b, S. 12 f..
233 Demzufolge heißt diese Unterstützung auch "institution building", "institution strengthening", "core-financing" etc..
234 Zu institutionsbildenden Zuwendungen vgl. ANTROBUS 1987, S. 99; CAMPBELL 1988, S. 293; CAMPBELL/VINCENT 1989, S. 76; FOX 1987, S. 14; VAN DER HEIJDEN 1990, S. 23.
235 Zu revolvierenden Kreditfazilitäten vgl. CAMPBELL/VINCENT 1989, S. 78 ff.; VAN DER HEIJDEN 1990, S. 23; VINCENT 1989 b, S. 13 und die Vorstellungen zum "German Fund" bei VAN DE SAND 1991, S. 22.

terner Finanzierung und in der in der Regel freien Verwendbarkeit der Erträge aus dem Stiftungskapital, wobei die Geldgeber in gleichem Maße Einfluß auf die Politik der Süd-NGOs verlieren würden. Bei der Einrichtung derartigen Stiftungskapitals muß darauf geachtet werden, daß Kapitalverzehr durch Inflation und Entnahmen mittels vertraglicher Festlegungen weitestgehend vermieden wird.[236]

Wenn ein Ziel der Finanzplanung in NGOs ist, Einnahmen zu erzielen, die die Ausgaben abdecken, so liegt ein zweites Ziel darin, die Mischung der Einnahmen nach Verwendungszweck so zu gestalten, daß die Gemeinkosten aus freien Einnahmen oder aus für Gemeinkostenfinanzierungen vorgesehenen Mitteln finanziert werden können. Besteht eine Deckungslücke, kommt eine NGO mit zunehmender Einnahme von projektgebundenen Mitteln in immer größere Liquiditätsengpässe,[237] die nur kurzfristig durch das "Ausborgen" von zweckgebundenen Zuwendungen zur Gemeinkostenfinanzierung überbrückt werden können.[238] Langfristig werden Buchhaltungstricks nicht ausreichen, und es kommt zu einer nicht zweckentsprechenden Mittelverwendung,[239] die wiederum zu Konflikten mit den Geldgebern führt. Eine weitere Ursache für dieses "inter-fund-borrowing" sind Liquiditätsengpässe, die durch lange Bearbeitungszeiträume von Projektanträgen[240] oder unzureichendes "Cash-flow"-Management[241] verur-

---

236 Zu Vor- und Nachteilen derartigen Stiftungskapitals vgl. ANTHONY/YOUNG 1984, S. 97 f.; BAUER/DRABEK 1988, S. 81; ICVA 1986 a, S. 10.
237 Vgl. CAMPBELL/VINCENT 1989, S. 35 f..
238 Hierbei kann eine stark diversifizierte Geberstruktur durch ihre relative Unübersichtlichkeit von Vorteil sein. Vgl. BURLA 1989, S. 112 f.: "Damit steigt einerseits der Verhandlungsaufwand, um zu einem Konsens über die Grundfunktion zu finden; andererseits ergeben sich aber für das Management gewisse Substitutionsmöglichkeiten bei den finanziellen Ressourcen."
239 CAMPBELL 1989, S. 8: "... pressures from the field may force NGO managers to ignore the grant terms." SMITH 1987, S. 90: "... in order to pay realistic salaries and cover necessary clerical and building expenses, indigenous NGO executives sometimes have to fudge or pad budgets and use project funds to pay some of their administrative costs." Dabei sprechen die Geber von einer nicht zweckentsprechenden Mittelverwendung, wenn durch "Ausborgen" (auch: "Cross-Financing", "Inter-Fund-Borrowing") korrekte Fonds-Salden nicht mehr erkennbar sind oder ihnen insgesamt keine ausreichenden Mittel mehr gegenüberstehen.
240 Die Bearbeitungszeit vom Projektantrag bis zur Auszahlung wird für Nord-NGOs je nach finanziellem Umfang und Komplexität des Projektes mit 4 - 15 Monaten angegeben. Vgl. CAMPBELL/VINCENT 1989, S. 133; VINCENT 1989 b, S. 7.

sacht werden. Eine strukturelle Ursache von "Cash-flow"-Problemen kann weiterhin die Finanzierung von "langfristigen" Ausgaben (Löhne etc.) durch "kurzfristige" Einnahmen (Projektmittel etc.) sein. Jede NGO sollte bemüht sein, von ihren Geldgebern Zusagen für ein langfristiges Engagement zu erhalten, um die Möglichkeiten entsprechender Fristentransformationen nicht überstrapazieren zu müssen.[242] Die Lösung des Problems der mangelnden Deckung der Gemeinkosten kann durch viele Methoden angestrebt werden. NGOs können u.a. durch erhöhte Ausgabendisziplin, durch kostenrechnerisches Abwälzen von Gemeinkosten auf Projektkosten,[243] durch externe Finanzierung von Gemeinkosten durch "institution-building"-Zuwendungen oder durch die Steigerung eigener Einnahmen zur Lösung der Problematik beitragen.[244] In jüngerer Zeit ist zur Lösung dieser Problematik eine Orientierung der NGOs an unternehmerischen Verhaltensweisen in die Diskussion eingeführt worden.[245] Dies würde für Süd-NGOs in zunehmendem Maße ein neues Selbstverständnis erfordern, welches in ihnen selbst auch Dienstleistungsunternehmen sieht, die Projekte gegen einen Verwaltungskostenaufschlag (oder "Durchführungsgebühr") durchführen. Die Festlegung der Höhe dieser Gebühr ist dabei eine Preisentscheidung, bei der sich die NGOs an die üblichen Usancen halten sollten. Die Prozentsätze für diese Durchführungsgebühr liegen zwischen 5 und 25 Prozent, wobei die übliche

---

[241] "Don't forget that most cash-flow problems are due to poor management rather than the fault of the donors." CAMPBELL/VINCENT 1989, S. 158.
[242] Vgl. ANTHONY/YOUNG 1984, S. 361 f.; CAMPBELL 1988, S. 294; CAMPBELL/VINCENT 1989, S. 75. Falls Geldgeber sich aus formalen Gründen auf Jährlichkeit der Zusage berufen, ist der Abschluß von Mehrjahresverträgen mit Vorbehalten (z.B. "... provided that funds are available ..." etc.) anzustreben.
[243] Zu diesem "creative budgeting" vgl. FOWLER 1989, S. 8: "... continual pressure to reduce their overheads ... often requires creative budgeting on the part of management and a whole set of approaches ... to maintain the image of minimum indirect costs."
[244] Vgl. die Vorschläge zur Gemeinkostenfinanzierung bei CAMPBELL/VINCENT 1989, S. 86; "NGO-MANAGEMENT" Nr. 9/1988, S. 10.
[245] So schlägt z.B. SCHNEIDER 1986, S. 140, vor, die NGOs in eine "Unternehmersituation" zu stellen: "... das heißt nicht, sie zu Betrieben umzuwandeln, aber es ist allein eine Frage der Einstellung, der Methodologie, des Managements. Nicht auf Gewinn ausgerichtet sein, heißt nicht, daß man kein Kapital erwerben darf, um es zu reinvestieren." Vgl. ähnliche Vorschläge zu einem "entrepreneurial approach" bei CAMPBELL/VINCENT 1989, S. 57; HOFMANN 1990, S. 239.

Rate um 10 Prozent liegen dürfte, bei kleineren Projekten auch darüber.[246] Bei Anwendung dieser "Durchführungsgebühr" und unter konsequenter Nutzung der Erkenntnisse der Kostenrechnung sollte eine NGO Einnahmen erzielen, die die Ausgaben übersteigen. Diese Überschüsse sollten einer strategischen Reserve[247] zugeführt werden, aus der, im Gleichmaß mit dem Wachstum dieser Reserve, zunehmend Erträge erwirtschaftet werden, aus denen wiederum der Kernbereich der NGO finanzierbar ist.[248] Die Reservenbildung in der einen oder anderen Form[249] bedarf eines überlegten Managements, um geschützt vor Inflation und anderen Gefährdungen des Kapitalstocks bei sorgfältigem "Cash-flow"-Management auch mittelfristige Finanzreserven einer Nutzung zuführen zu können.[250]
Bei Nutzung aller erwähnten Ansätze sollte das Finanzmanagement einer NGO in der Lage sein, Handlungsspielräume zu erweitern und die Unabhängigkeit einer NGO zu gewährleisten.

---

246 Vgl. CAMPBELL/VINCENT 1989, S. 88; FOWLER 1982, S. 82; KANADA/ HUSACK 1986, S. 10; WEISBROD 1988, S. 95 f..
247 Andere Namen dafür könnten lauten: Notrücklage, Sicherheitsfonds etc.. Bei der Namensgebung sollten Empfindlichkeiten der Geber beachtet werden. Vgl. CAMPBELL/VINCENT 1989, S. 98; KANADA/HUSACK 1986, S. 23.
248 ICVA 1986 a, S. 11: "NGOs, recognizing that ... agencies ... do not normally fund core ... expenditure, should provide for the establishment of a reserve fund within their constitutions which would permit them to save and invest in order to accrue interest and enable them to be self-reliant ... ". Vgl. auch ähnliche Ansätze bei CAMPBELL 1989, S. 10; DAC 1985, S. 154; McLAUGHLIN 1986, S. 332 f.; METZLER 1990, S. 89 f..
249 Weitere Reservenbildungen sind z.B. möglich durch die Bildung "stiller" Reserven mittels Abschreibungen oder durch den Erwerb von Grundstücken, wobei günstigstenfalls aus dem Kostenfaktor Mietzahlungen die eigene Einnahme Mieterträge entstehen kann. Mit dem Argument der Gemeinkostensenkung könnten Geldgeber zur Finanzierung des Grunderwerbs bewegt werden.
250 Vgl. McLAUGHLIN 1986, S. 346 f.; VINCENT 1989, S. 45.

3. Empirische Untersuchung von NGOs im südlichen Afrika

Nach der Beschreibung der Rolle der NGOs in der EZ und der Erstellung des Analyserahmens soll nun in einem dritten Arbeitsschritt anhand von sieben Fallbeispielen die Managementrealität in NGOs in ein Verhältnis zum Analyserahmen gesetzt werden. Nach einer skizzenhaften Darstellung der relevanten Bereiche des Untersuchungsgebietes und der Schilderung der gewählten Untersuchungsmethoden werden zunächst Aufgabengebiet und aktuelle Problematik der untersuchten NGOs charakterisiert, bevor im Kapitel 3.6 eine Betrachtung der Gesamtheit der untersuchten NGOs in Analogie zu den im zweiten Kapitel dargestellten Aufgabenbereichen Marketing, Planung, Personal, Kontrolle und Finanzen erfolgt.

3.1 Auswahl des Untersuchungsgebietes

Bei der Wahl des Untersuchungsgebietes war zu berücksichtigen, daß es erstens mehrere Staaten umfassen sollte,[1] zweitens eine Region sein sollte, in der die Leistungen der EZ eine wesentliche Rolle spielen und drittens in den jeweiligen Staaten politische und ökonomische Bedingungen herrschen, die Gründung und Existenz von NGOs erlauben. Der afrikanische Kontinent erfüllt die zweite Bedingung in besonderem Maße, da dort die EZ-Leistung ein solch prominenter Teil der gesamten wirtschaftlichen Leistung ist, daß von einer trialen Volkswirtschaft[2] gesprochen werden kann. Dabei sind

---

[1] Zu diesem Erfordernis vgl. NEUBERT 1990a, S. 297: "Darüber hinaus finden nicht-staatliche Entwicklungsaktivitäten in der Dritten Welt unter höchst unterschiedlichen politischen, ökonomischen und gesellschaftlichen Bedingungen statt ... . Eine Einschätzung über den Entwicklungsbeitrag von nicht-staatlichen Entwicklungsaktivitäten muß deshalb Erfahrungen aus unterschiedlichen Ländern berücksichtigen."

[2] "Sprechen die Ökonomen noch von dualen afrikanischen Volkswirtschaften mit einem kleinen modernen Sektor und einem großen Subsistenz- und informellen Sektor, so bildet sich in diesen Ländern eine dreigegliederte 'triale' Volkswirtschaft mit dem dritten Sektor der Entwicklungshilfewirtschaft heraus." GARBE 1991. CASSEN 1990, S. 85 erwähnt, daß die EZ in der Regel nur einen kleinen Teil der Investitionen darstellt und stellt weiter fest: "Afrika südlich der Sahara bildet hier eine große Ausnahme, liefert doch die EZ in diesem Gebiet 50 % der Bruttoinvestitionen." Vgl. auch KILLICK 1990, S. 47: "By 1988 aid was equivalent to nearly a tenth of income in SSA (= Subsahara, der Verf.), nearly eight times the proportion for all developing countries taken

die wirtschaftlichen Bedingungen für die Existenz von NGOs (vgl. Kapitel 1.4.2 "Materielle Freiheit") im südlichen Teil Afrikas günstiger als etwa in Ost- oder Westafrika, mit Ausnahme der ehemaligen portugiesischen Kolonien, in denen aufgrund der ordnungspolitischen Struktur bis in die jüngste Zeit hinein die Gründung von NGOs unmöglich war.[3] Als Untersuchungsgebiet wurden deshalb die anglophonen Staaten des südlichen Afrikas[4] gewählt, wobei die Republik Südafrika wegen ihrer besonderen Situation ausgenommen wurde.[5] Das Untersuchungsgebiet umfaßt somit folgende Staaten: Botswana, Malawi, Simbabwe, Namibia, Lesotho, Sambia und Swasiland.

3.2 Skizzenhafte Darstellung der NGO-Situation in Afrika

Besonders in den letzten Jahren erfuhr die NGO-Bewegung in Afrika eine inhaltliche, geographische und quantitative Ausweitung.[6] Obwohl der weltweite Trend zu NGOs der zweiten und dritten Generation Afrika mit Verspätung erfaßte,[7] ist zu bemerken, daß mitgliederstarke NGOs in nahezu allen afrikanischen Staaten entstanden und die Zahl der NGOs in einigen Staaten (z.B. Kenia, Simbabwe

---

together .... "
3 Auch nach mündlicher Auskunft verschiedener Mitarbeiter von Nord-NGOs gibt es in den lusophonen Staaten des SADCC-Raumes (Mosambik, Angola) noch keine nennenswerten NGO-Aktivitäten. Vgl. dazu auch GUÉNAU 1989, S. 7: "Was in Senegal, Burkina Faso oder Ruanda möglich war, wurde allerdings in anderen Ländern unterbunden, wo der Staat nur parastaatliche Vereinigungen oder eben keine zuließ. Beispiele sind Niger, Mali, Kongo, Äthiopien, Mosambik, Angola: dort gibt es praktisch keine lokalen NGO."
4 Zur Eingrenzung der Region "Südliches Afrika" wird HOFMEIER 1988, S. 271 gefolgt: "... sie umfaßt Südafrika und Namibia so wie acht von neun Ländern der SADCC (Southern African Development Coordination Conference); d.h. die sog. Frontlinienstaaten ... (aber ohne Tansania) und ... Lesotho, Malawi, Swasiland ...." Namibia wurde nach seiner Unabhängigkeit zehntes SADCC-Mitglied.
5 Vgl. dazu die räumliche Abgrenzung von Schwarzafrika bei KREBS 1988, S. 13: "Zwar stellt auch dort - wie in allen anderen Ländern - die schwarze Bevölkerung die klare Majorität, doch übt die weiße Minderheit die Staatsgewalt aus. Auch was den ökonomischen Entwicklungsstand anbelangt, sind so große Unterschiede zum übrigen Schwarzafrika festzustellen, daß es sinnvoll erschien, die Republik Südafrika aus den Betrachtungen auszuklammern." Dieser Einschätzung wird gefolgt.
6 Vgl. MUCHIRU 1984, S. 331; TANDON 1991, S. 47.
7 Vgl. HOFMANN et al. 1988, S. 5.

etc.) sprunghaft anstieg. Damit einhergehend wuchs auch das finanzielle Engagement der Geber so weit, daß bei gleichzeitigem Rückgang der bilateralen EZ-Leistungen die Höhe der offiziellen NGO-Mittel von 332 Millionen US-$ in 1973 auf 1,5 Milliarden US-$ in 1983 anstieg und NGOs substantielle Beiträge zur nationalen Entwicklung (z.B. 35 Prozent der Gesundheitseinrichtungen in Kenia) leisten konnten.[8] Trotz der zum Teil spektakulären Erfolge afrikanischer NGOs sollten diese Erweiterungen der NGO-Leistungsfähigkeit nicht darüber hinwegtäuschen, daß insgesamt - auch im Vergleich zu Asien oder Lateinamerika - die afrikanischen NGOs instabil sind. Die Abhängigkeit von landesfremder Finanzierung erreicht nicht selten 90 Prozent und geht einher mit Schwächen in den Bereichen Programmformulierung, Personalplanung, Finanzverwaltung und technisches Wissen.[9]

Die NGO-Situation in Afrika ist dabei wie in Asien oder Lateinamerika Ergebnis spezifischer Bedingungen. Die <u>Wurzeln der afrikanischen NGO-Bewegung</u>[10] erstrecken sich im wesentlichen in dreierlei Richtungen. Zunächst gibt es eine afrikanische Tradition, sich auf kommunaler Ebene in nach dem Prinzip der Reziprozität organisierten Gruppen einzufinden. Aus diesem, von den EZ-Theoretikern mit dem Etikett der Selbsthilfegruppen versehenen Phänomen, erwuchs eine Gruppe von NGOs, die als Zusammenschlüsse oder Dachverbände derartiger Selbsthilfegruppen in jüngerer Zeit zu Selbsthilfeförderorganisationen heranwuchsen. Eine zweite Wurzel der afrikanischen NGOs hat ihren Ursprung eher in europäischem Gedankengut (z.B. die "Boy Scouts Association" in Kenia, "Wildlife Society of Southern Rhodesia", YMCAs, nationale Gliederungen des Roten Kreuzes etc.) und ist bis auf die zwanziger Jahre unseres Jahrhunderts zurückzuführen. Die Aktivitäten der Kirchen waren in diesem NGO-Bereich von besonderer Bedeutung. Arbeitsschwerpunkte dieser NGOs im kolonial geprägten Afrika waren soziale Wohlfahrt, Ausbildung, Gesundheitsversorgung, Erholung etc.. Eine dritte Quelle der afri-

---

8 Zahlenangaben aus BRATTON 1989, S. 571.
9 Vgl. AMOA 1986, S. 51; BRATTON 1989, S. 572; DE GRAAF 1987, S. 281; MUCHIRU 1984, S. 331; VAN DER HEIJDEN 1987, S. 111; VAN DER HEIJDEN 1990, S. 23.
10 Zur Geschichte der afrikanischen NGO-Bewegung vgl. BAUER/DRABEK 1988, S. 80; BRATTON 1989, S. 570 f.; GUÉNAU 1989, S. 7 f.; MUCHIRU 1984, S. 330 f.; NEUBERT 1990, S. 556 ff.; SAWADOGO 1989, S. 13.

kanischen NGO-Bewegung ist in dem annähernd zeitgleichen Aufkommen der Kritik an der mangelnden Effektivität staatlicher EZ in der Armutsbekämpfung und den Hungerkatastrophen der siebziger und achtziger Jahre zu sehen. Die Nothilfebemühungen der europäischen NGOs knüpften häufig an afrikanische Selbsthilfetraditionen an, förderten oder imitierten diese schließlich. Aus diesen Verbindungen und den Verselbständigungen lokaler Gliederungen von internationalen NGOs entstand die dritte NGO-Wurzel, die zur heutigen Vielfalt der NGOs in Afrika beiträgt.

Neben der Geschichte der afrikanischen NGOs, hat die ökonomische und kulturelle Umwelt der NGOs Einfluß auf ihr heutiges Verhalten. Einige auf dem afrikanischen Kontinent häufig zu beobachtende Umstände[11] haben dabei Einfluß auf den Managementbereich von Organisationen und sollen deshalb hier skizziert werden. Zunächst sei nochmals auf die zunehmende Verelendung großer Teile Schwarzafrikas hingewiesen, die seit den siebziger, und noch heftiger in den achtziger Jahren Afrika zum Katastrophenkontinent werden ließ, auf dem weder das Wachstum des Bruttosozialprodukts noch das der Erträge der Landwirtschaft mit den Bevölkerungswachstumsraten schritthalten konnte und 1983 das Pro-Kopf-Einkommen um 4 % unter dem Niveau von 1970 lag. Ganz Afrika (incl. Nigeria, Südafrika, Ägypten, Libyen etc.) muß dabei ein Gesamtbruttosozialprodukt auf ca. 500 Millionen Menschen verteilen, das in etwa dem Italiens entspricht.[12] Die Ursachen für die Entwicklung zum "Krisenkontinent" liegen dabei neben externen Gegebenheiten (Verschlechterung der terms-of-trade, Ölkrise, Verschuldungskrise, Weltwirtschaftsrezessionen, Protektionismus der Industrieländer, Spätfolgen des Kolonialismus, "brain drain", Dominanz unangepaßter Technologie etc.) auch in einer der wirtschaftlichen Entwicklung gegensätzlichen politischen Umwelt, die allgemeine Rechtsunsicherheit schafft, wirtschaftliches Handeln durch mögliche staatliche Willkürakte zum Abenteuer werden läßt[13] und bei der Schaffung entwick-

---

11 Dabei soll nicht der Eindruck erweckt werden, daß in allen afrikanischen Staaten gleiche ökonomisch/kulturelle Gegebenheiten anzutreffen sind.
12 Zahlenangaben aus AMOA 1986, S. 51; MANSHARD 1988, S. 260. Das Bruttosozialprodukt Schwarzafrikas entspricht in etwa dem Belgiens. Vgl. "30 Mrd. Dollar für Afrika", E & Z 11/1991, S. 22.
13 Dazu TRENK 1990, S. 15: "... Rechtsunsicherheit, Korruption staatlicher Erzwingungsinstanzen und das Fehlen einer verbindlichen 'Geschäftsethik' erzeugten ein umfassendes Vertrauens-

lungsfördernder Rahmenbedingungen weitgehend versagt. Auch die NGOs leben in dieser wirtschaftlichen Umwelt, die durch eine auf die politische Situation in den Städten konzentrierte Preispolitik ländliche Produzenten in die Subsistenz zurückdrängt, durch subventionierte, staatlich kontrollierte Großbetriebe die Märkte weitgehend manipuliert und durch ein Übermaß an Bürokratie wirtschaftliches Handeln oft unerträglich erschwert.[14]
Diese Situation wird ergänzt dadurch, daß die Bewältigung komplexer Arbeitsteilungen durch "Routinemanagement" in Afrika keine lange Tradition hat[15] und durch die ambivalenten Einflüsse der afrikanischen "extended family",[16] die einerseits durch ihre aggregierte Sparfähigkeit Unternehmensgründungen begünstigen kann, andererseits erfolgreiche Unternehmen benachteiligt, weil sie als "Miniatur-Wohlfahrtsstaat" ein Unternehmen bis an den Ruin belasten kann. Die Belastung ergibt sich aus der Gewährung von (kaum rückzahlbaren) Notkrediten, der Unterbringung bedürftiger Verwandter, Investitionen in Familienprestige, Einstellung mangelhaft ausgebildeter Familienmitglieder etc.. Den sozialen Verpflichtungen gegenüber der "extended family" kann ein afrikanischer Unternehmer nur durch Wegzug oder durch einen mittels religiöser Konversion erreichten Sonderstatus entgehen.[17]
Adverse Wirtschaftsumwelt, Rechtsunsicherheit, mangelnde Erfahrungen mit komplexer Arbeitsteilung und die Bedürfnisse der mit zunehmendem Reichtum zahlenmäßig "wachsenden" Verwandtschaft führen

---

problem." TRENK 1990, S. 5: "Wie kann in einer adversen Umwelt - geprägt durch ein sich verschlechterndes gesamtwirtschaftliches Management, politische Instabilität, ... , ein soziales Klima der individuellen Bereicherung und verallgemeinerten Käuflichkeit - ein produktives (und damit entwicklungsförderndes) Unternehmertum entstehen?"
14 Vgl. BRANDT/ZEHENDER 1986, S. 243; BRATTON 1990, S. 90; TRENK 1990, S. 14.
15 Dazu TRENK 1990, S. 17: "Es ist nun bemerkenswert, daß in afrikanischen Gesellschaften, denen das Fehlen einer Tradition komplexer Arbeitsteilung gemeinsam ist, die effektive Durchführung genau dieser Funktionen regelmäßig als Problembereiche diagnostiziert werden. (Im Vergleich dazu stellt Management in den traditionell arbeitsteilig organisierten Gesellschaften Ostasiens kein Problem dar.)"
16 Mit dem Begriff "extended family" (erweiterte Familie) sind verwandtschaftliche Beziehungen gemeint, die weit über den Kreis der Kernfamilie, den Nachkommen und angeheirateten Familienangehörigen hinausgeht.
17 Zu Vor- und Nachteilen des "Miniatur-Wohlfahrtsstaates" der "extended family" vgl. TRENK 1990, S. 34 f; VON KELLER 1982, S. 526.

zu einem im afrikanischen Kontext rationalen Unternehmerverhalten der Illiquiditätspräferenz. Da die Akkumulation von Gewinnen zu wachsenden Unternehmen mit immer komplexeren und damit schwieriger zu kontrollierenden Strukturen[18] und wachsenden Begehrlichkeiten der Umwelt führt, flüchten sich afrikanische Unternehmer in liquiditätsmindernde Investitionen (Land, Rinder etc.) oder gründen, unter Verzicht auf Skaleneffekte und unter Beachtung risikomindernder Diversifikation der Geschäftsbereiche, mehrere kleine Firmen ("group-of-companies-mania"). Ein solches Unternehmerverhalten könnte Ursache dafür sein, daß Betriebe mittlerer Größe in Afrika kaum existieren, es sei denn, sie sind im Besitz ethnischer Minoritäten (Inder, Libanesen etc.).[19] Da Verwaltungs- und Managementverhalten wie Arbeitsethos überwiegend durch Vorbilder vermittelt werden,[20] ist ein derartiges "Standard-Unternehmerverhalten" als Teil der NGO-Umwelt zu beachten. Obwohl die Unternehmerforschung hinsichtlich der Werthaltungen und Einstellungen von Managern aus verschiedenen Kulturkreisen keine großen Unterschiede feststellen konnte, gibt es offensichtlich einige manifeste Unterschiede im Managerverhalten in unterschiedlichen Kulturkreisen,[21] die z.B. der Übertragbarkeit westlicher Managementmethoden Grenzen setzen, wobei diese Grenzen im technischen Bereich (Rechnungswesen, Finanzen etc.) vermutlich weiter gefaßt sind als im verhaltensrelevanten Bereich.[22]

Weitere bedeutsame Segmente der NGO-Situation in Afrika stellen das Verhältnis der NGOs zu ihren jeweiligen Regierungen und der Zustand der NGO-Dachverbände dar.
Auch bezüglich des <u>Verhältnisses von NGOs zu ihren jeweiligen Regierungen</u> gilt, daß diese von Staat zu Staat sehr unterschiedlich sein können, wenngleich auch hier für Afrika typische Tendenzen geschildert werden können. Zunächst gelten die bereits über die

---

18 TRENK 1990, S. 10 vermerkt Forschungsergebnisse, nach denen "bis zu 75 % der möglichen Gewinne durch mangelhafte Beaufsichtigung des Produktionsprozesses sowie Diebstahl, Unterschlagung und Veruntreuung verlorengingen."
19 Vgl. TRENK 1990, S. 13 ff..
20 Vgl. GARBE 1991.
21 Zum Einfluß der kulturellen Umwelt auf Managerverhalten vgl. STAEHLE 1989, S. 469 ff.; VON KELLER 1982, S. 507 und S. 515.
22 So gibt es z.B. keinen "besten" Führungsstil. Die Wirkung eines bestimmten Führungsstils hängt weitgehend von den Partizipationserwartungen der Unterstellten ab, die wiederum kulturell geprägt sein dürften. Vgl. VON KELLER 1982, S. 520 f..

formale Freiheit der NGOs gemachten Aussagen (vgl. Kapitel 1.4.1 "Formale Freiheit") uneingeschränkt auch in Afrika. Der afrikanische Staat erscheint dabei ebenfalls als zentralistisch, wobei die Schwächen des Staates augenfälliger sind als in allen anderen Weltregionen. Selbst bei extrem autoritären Regierungen reicht die Kontrolle der Macht nie an die Situation z.B. in lateinamerikanischen Militärdiktaturen heran, und in entlegenen Gebieten müssen sich die NGOs wegen der Nichtpräsenz des Staates eher mit lokalen Größen arrangieren.[23] Die Befürchtungen des Staates bezüglich der NGOs sind dabei in erster Linie politischer und nicht ökonomischer Natur. Als Nachfolger kolonialer Macht- und Kontrolleinrichtungen richten die afrikanischen Regierungen ihr Augenmerk auf jede unkontrollierte politische Regung im Land und reagieren dabei regelmäßig übersensibel[24]. Verbote und Aktivitätseinschränkungen erfolgen immer dann, wenn sich der Staat in seinem Sicherheitsbedürfnis herausgefordert fühlt.[25] Diese Situation ist offensichtlich allen Beteiligten gegenwärtig, und generell scheinen sich NGOs und Regierungen in Afrika mehr als anderswo um ein hohes Maß an Kooperation und Rücksichtnahme zu bemühen.[26] Auch nach Konflikten bis zum Verbot können sich NGOs in der Regel mit dem Staat erneut arrangieren und ihre Arbeit an gleicher Stelle wieder aufnehmen.[27]

Eine Vermittlertätigkeit für NGOs in Konfliktfällen, Unterstützungstätigkeit bei der alltäglichen NGO-Arbeit und die Einrichtung überbetrieblicher Weiterbildungsmaßnahmen für Mitarbeiter wären nur einige der denkbaren Aktivitäten von NGO-Dachverbänden in Afrika. Diese könnten auch erfolgreicher als einzelne NGOs versuchen, Regierungen im Interesse der Zielgruppen zu beeinflussen.[28] Trotz der unbestrittenen Vorteile derartiger Dachverbände und entsprechender Erwartungen steckt die diesbezügliche Entwicklung in Afrika noch in den Kinderschuhen. In einigen Ländern existieren sie überhaupt nicht, in anderen gibt es gleich mehrere miteinander

---

23 Vgl. BRATTON 1989, S. 572 ff.; BRATTON 1990, S. 94 f..
24 Vgl. FOWLER 1988 a, S. 9.
25 Vgl. die entsprechenden Beispiele bei BRATTON 1989, S. 579 f.; DE GRAAF 1987, S. 292 f..
26 Vgl. BAUER/DRABEK 1988, S. 83; MUSENGIMANA 1989, S. 11; MWAMOSE 1984, S. 332.
27 BRATTON 1989, S. 580: "NGOs have usually found it possible, once the storm has blown over, to return to business as usual."
28 Zur Aufgabe von NGO-Dachverbänden vgl. BRATTON 1989, S. 583; DE GRAAF 1987, S. 293; NEUBERT 1990, S. 307.

konkurrierende Dachverbände und Netzwerke. Selbst die in der Literatur vielgepriesenen positiven Ausnahmen (z.B. VOICE in Simbabwe) erweisen sich bei näherer Betrachtung als organisatorisch viel zu schwach, um die angestrebten Lobby- und Koordinierungsfunktionen übernehmen zu können,[29] die ihnen von vielen Süd-NGOs nicht einmal zugebilligt werden. Eine Ursache für das tiefsitzende Mißtrauen der Süd-NGOs gegenüber Dachverbänden jedweder Art sind die verschiedenen Versuche der jeweiligen Regierungen, über entsprechende QUANGOs Kontrolle über NGOs zu erlangen.[30] In der Regel scheitern derartige Versuche an einer relativ konsequenten Verweigerungshaltung der betroffenen NGOs.

3.3 Darstellung der Untersuchungsmethode

Zur Durchführung der empirischen Untersuchung erfolgte ein 18-monatiger Aufenthalt im südlichen Afrika. Ziel war es, in jedem Staat des Untersuchungsgebietes eine NGO genauer zu untersuchen und Informationen zu erhalten, um einen Vergleich der vorgefundenen Realität mit dem erstellten Analyserahmen (vgl. Kapitel 2 "Konzeption für das Management von NGOs") durchführen zu können. Die erforderliche Untersuchung war anhand von Literaturstudien allein nicht durchführbar, weil über einige der untersuchten NGOs keinerlei Aufzeichnungen bestanden, beziehungsweise der Wahrheitsgehalt dort gemachter Angaben kaum überprüfbar erschien. Deshalb erfolgte die Untersuchung während eines jeweils ein- bis vierwöchigen Arbeitsaufenthalts bei den NGOs. Dabei gestaltete sich die Kontaktaufnahme zu den NGOs aufgrund der technischen Kommunikationsprobleme unterschiedlich gut. Teilweise mußten die Arbeitsaufenthalte in einem sich über mehrere Monate erstreckenden Vorlauf organisiert werden. In zwei Fällen (Sambia, Namibia) konnte der Kontakt zu den zu untersuchenden NGOs erst nach der Einreise in das jeweilige Gastland hergestellt werden. In allen sieben Fällen wurde das Forschungsvorhaben nach entsprechender mündlicher,

---

29 Vgl. auch die entsprechenden Einschätzungen und Fallbeispiele bei BRATTON 1989, S. 583; DE GRAAF 1987, S. 282; NEUBERT 1990, S. 307; STREMLAU 1987, S. 218 f..
30 Im anglophonen Afrika geschah dies häufig durch die Einrichtung sogenannter "National Councils of Social Services". Vgl. die Darstellung ähnlicher Versuche der Einrichtung von staatlich kontrollierten Dachverbänden bei BRATTON 1989, S. 579.

schriftlicher oder telefonischer Erläuterung überraschend eindeutig begrüßt, wobei in einem Fall (Simbabwe) vor Aufnahme der Beobachtungen noch die offizielle Zustimmung des NGO-Vorstandes abgewartet werden mußte. Nach der Anreise zu den jeweiligen NGOs, erfolgte zunächst eine ausführlichere Darstellung meines Vorhabens. Dieses erste Gespräch erfolgte jeweils mit dem Geschäftsführer der NGO, abgesehen von zwei Ausnahmen, bei denen meine Anfrage entweder in das Aufgabengebiet des für den Kontakt zu europäischen Organisationen verantwortlichen "fundraising officer" fiel (Malawi) oder es keine hauptamtlichen Mitarbeiter gab, und deshalb der Vorstand sich zuständig erklärte (Botswana). Diesem ersten Gespräch fiel die Aufgabe zu, eventuell noch vorhandene Unklarheiten über mein Arbeitsziel auszuräumen und eine erste Vertrauensgrundlage für meine Arbeit zu schaffen, die mit einer potentiell Argwohn erweckenden, weil gänzlich unüblichen und peniblen, Neugier einherging. Um aus dieser Situation resultierende Akzeptanzprobleme gar nicht erst aufkommen zu lassen, suchte ich am ersten Arbeitstag das Gespräch mit möglichst allen Mitarbeitern, um mir das Aufgabenfeld der NGO aus verschiedenen Positionen erklären zu lassen, mir schriftliche Informationen (Evaluationsberichte, Broschüren, Projektberichte, Satzungen etc.) aushändigen zu lassen und eine erste Gesprächsbasis zu schaffen, die auch dem persönlichen Kennenlernen diente. In den ersten Tagen wurde dann diese Gesprächsbasis ausgebaut, wobei der Arbeitsschwerpunkt zunächst nicht in der NGO selbst, sondern in ihrem Umfeld lag. Dazu wurden Interviews in mit der NGO befreundeten Organisationen, NGO-Dachverbänden oder zuständigen Regierungsorganisationen durchgeführt und Projektstandorte der NGOs in Augenschein genommen. Bei den Workcamporganisationen (Swaziland, Lesotho, Botswana) erfolgte, im Rahmen der zeitlichen Möglichkeiten, eine Teilnahme an Workcamps.
Nach wenigen Tagen wurde ich in der Regel als alltäglicher Gast wahrgenommen und als Teil der NGO-Umwelt akzeptiert. Indiz für die Akzeptanz war in der Regel der Wunsch von NGO-Mitarbeitern, die Fragen zu beantworten, die ich bereits avisiert hatte. Hier begann dann die eigentliche Erforschung der Management-Situation, indem die sich bereits aus der Lektüre der NGO-Informationen ergebenden Unterschiede zwischen Anspruch und Wirklichkeit der NGO

thematisiert wurden. Danach erfolgten strukturierte Interviews[31] mit allen NGO-Mitarbeitern[32] mittels offener Fragen[33], die im wesentlichen die Personalsituation zum Inhalt hatten. In den Folgetagen wurden dann mit der Geschäftsführung oder den jeweils zuständigen Mitarbeitern halbdirekte Tiefeninterviews[34] durchgeführt, mit denen mein Fragenkatalog[35] durchgearbeitet wurde. Dabei wurde bezüglich der Reihenfolge der Fragen dem "Erzählstil" des jeweils Interviewten gefolgt und lediglich zum Ende insofern strukturiert, als daß noch nicht beantwortete Fragenbereiche thematisiert wurden. Den Schlußteil des Arbeitsaufenthaltes bildete dann in der Regel die Analyse der finanziellen Situation der NGOs. Dazu wurde mir auf Anfrage jeweils vorbehaltlos Einblick in das vorhandene Rechnungswesen und die Korrespondenz mit den Geldgebern gewährt.

Den formalen Abschluß bildete jeweils ein Gespräch mit Geschäftsführern oder Vorständen. Bei dieser Gelegenheit berichtete ich über meine Eindrücke. In zwei Fällen (Namibia, Simbabwe) wurde ich um die Anfertigung eines schriftlichen Berichtes, in einem Fall um einen Evaluationsbericht (Swasiland) gebeten. Diese Arbeiten habe ich jeweils nach Rückkehr zu meinem Wohnort in Simbabwe angefertigt und den betreffenden NGOs zugesandt.

Die Arbeitsaufenthalte fanden 1989 und 1990 in folgender Reihen-

---

31 Interview wird verstanden als "ein planmäßiges Vorgehen mit wissenschaftlicher Zielsetzung, bei dem die Versuchsperson durch eine Reihe gezielter Fragen ... zu verbalen Reaktionen veranlaßt werden soll." FRIEDRICHS 1985, S. 207. Standardisierte Interviews mit festgelegten Fragestellungen verbieten sich meines Erachtens durch die andere Kommunikationsstruktur in Afrika. Für die strukturierten Personalinterviews wurden nur Fragethemen und Frageanordnung festgelegt.
32 Hier gab es eine Ausnahme (Malawi), weil wegen der großen Mitarbeiterzahl der untersuchten NGO nur ein Teil der Mitarbeiter mit der beschriebenen Methode befragt werden konnte.
33 Unter "offen" sind Fragen zu verstehen, die im Gegensatz zu "geschlossenen" Fragen keinerlei Antwortvorgaben enthalten. Vgl. FRIEDRICHS 1985, S. 198.
34 Zur Methode der "halbdirekten Tiefeninterviews" siehe SCHNEIDER 1986, S. 280: "Das bedeutet, daß der Interviewer den Zweck der Studie erklärt, sowie die Rolle des Interviews ... Die Gespräche waren formlos und dauerten mehrere Stunden, sie wurden über mehrere Tage hindurch fortgesetzt, wenn der Grad der Information und des erzielten Vertrauens dies angebracht erscheinen ließ."
35 Dazu hatte ich mir eine Anleitung mit der Gesamtheit aller Fragen- und Themenbereiche erstellt, die allerdings nie als Fragebogen oder Gesprächsleitfaden in Erscheinung trat, weil dadurch die Zwanglosigkeit des Gesprächs gelitten hätte.

folge statt: Swasiland (November 1989), Lesotho (November/ Dezember 1989), Botswana (Februar/März 1990), Malawi (April 1990), Namibia (Juli/August 1990), Sambia (Oktober 1990), Simbabwe (Oktober/November 1990).

3.4 Auswahl der untersuchten NGOs

Ziel der Auswahl der zu untersuchenden NGOs konnte es nicht sein, ein den klassischen Geboten der Methodenlehre der Sozialforschung gehorchendes Sample zu erstellen. Dazu ist die Stichprobe von sieben Fallbeispielen zu gering und das Datenmaterial über die Gesamtheit der im Untersuchungsgebiet tätigen NGOs unzureichend. Bei der Auswahl der NGOs war zudem aus Zugangsgründen ein pragmatisches Vorgehen erforderlich, da nur in zwei Fällen (Lesotho, Swasiland) ältere und ausbaufähige Arbeitskontakte bestanden. Zu den anderen NGOs mußte der Kontakt erst während meines Aufenthaltes im südlichen Afrika aufgebaut werden (Malawi, Simbabwe, Botswana) oder in explorativer Weise nach Erkundung des jeweiligen nationalen NGO-Bereichs entstehen (Sambia, Namibia).[36] Neben den Aspekten der Machbarkeit erschien es sinnvoll, eine möglichst große Vielfalt von unterschiedlichen NGOs zu erreichen, um dem vielseitigen Spektrum innerhalb der NGO-Gemeinschaften gerecht zu werden. NGOs mit typischen Aufgabenfeldern aller drei NGO-Generationen sollten ebenso vertreten sein wie große, mittelgroße und kleine NGOs,[37] da bereits der Literatur zu entnehmen ist, daß kleine NGOs grundsätzlichere Managementprobeme zu haben scheinen als etablierte NGOs, die eventuell typische Wachstumsprobleme kleiner NGOs bereits überwunden haben.[38] Ebenfalls sollten alte und neue NGOs[39] sowie nur privat und auch öffentlich finanzierte NGOs[40] enthalten sein.

---

36 Zu sambischen NGOs war der Kontakt vor der Einreise abgebrochen, und Namibia wurde während meines Afrikaaufenthaltes unabhängig und nachträglich in das Arbeitsprogramm aufgenommen.
37 NGOs mit einem Jahresumsatz über 500.000 DM werden als große NGOs, NGOs mit einem Jahresumsatz unter 100.000 DM als kleine NGOs und alle anderen als mittelgroße NGOs kategorisiert.
38 Große NGOs wie die NAAM-Gruppen (Burkina Faso), ORAP (Simbabwe), Grameen Bank (Bangladesh) oder SEWA (Indien) sind wohl ohnehin Ziel vieler Forschungsvorhaben. Vgl. OSNER 1991, S. 12 (A).
39 Dabei habe ich NGOs, die weniger als fünf Jahre existieren, als "junge" NGOs eingestuft.
40 Die Einteilung der Mittelherkunft wurde dabei in Anlehnung an Kapitel 2.2.5 "Finanzmanagement" wie folgt vorgenommen:

Bewußt wurde darauf verzichtet, nur NGOs auszuwählen, denen ein tadelloser Ruf vorausging, da das Ziel dieser Arbeit die Diskussion von Managementproblemen der NGOs und nicht die Präsentation von "Sonnenschein"-NGOs ist. Eine Minimalforderung bestand darin, daß die NGOs mindestens drei Finanzjahre bestehen sollten, um die Möglichkeit einer Analyse von Veränderungen im Finanzgebaren zu gewährleisten.[41]
Anhand dieser Kriterien wurden die "Botswana Workcamps Association" (BWA), das "Christian Service Committee of the Churches in Malawi" (CSC), die "Heal The Wounds Campaign" (HTWC) in Simbabwe, die "Ju\Wa Bushman Development Foundation" (JBDF) in Namibia, die "Lesotho Workcamps Association" (LWA), das "NGO Coordinating Committee Zambia" (NGOCC) und die "Swaziland Workcamps Association" (SWCA) ausgewählt.

Abbildung 11
Übersicht über die untersuchten NGOs

	Größe:			Aufgaben-Generation:			Alter:		Finanzierung durch:			
	klein:	mittel:	groß:	I.	II.	III.	alt:	neu:	Inland EE	SI	Ausland SA	PA
BWA	x				x		x		x	x		
CSC		x		x	x	x	x			x	x	x
HTWC		x		x	x			x		x	x	x
JBDF		x		x	x	x	x			x		x
LWA		x			x		x			x	x	x
NGOCC		x			x	x		x		x	x	x
SWCA	x				x	x		x		x	x	x x

Kategorie EE: eigenes Einkommen (z.B. Mitgliedsbeiträge, Zins-, Miet- und Gebühreneinnahmen, Einnahmen aus eigenen Projekten, Verkäufe, private Spenden aus dem Inland);
Kategorie SI: staatliche Zuwendungen aus dem Inland;
Kategorie SA: staatliche Zuwendungen aus dem Ausland (incl. Botschaftsfonds, multinationale Geberorganisationen, Nord-QUANGOs, staatliche Entwicklungsagenturen etc.);
Kategorie PA: private Spenden aus dem Ausland (z.B. Nord-NGOs). Zu den Quellen vgl. Kapitel 3.6.5 "Aufgabenbereich Finanzen".
41 Problematisch wurde diese Minimalforderung aufgrund der politischen Situation in Namibia, wo erst nach der Unabhängigkeit die Gründungswelle politisch ungebundener NGOs einsetzte.

Abbildung 11 bietet eine erste Übersicht über die ausgewählten
NGOs. Obwohl diese NGOs vermutlich nicht repräsentativ für die Gesamtheit der NGOs im Untersuchungsgebiet sind, erscheint mir die Auswahl und Anzahl der Fallstudien zu erlauben, bei erkennbaren Tendenzen in Managementproblemen der untersuchten NGOs begründete Vermutungen über die Gesamtheit der NGOs im Untersuchungsgebiet anzustellen.

3.5 Darstellung der untersuchten NGOs

Um dem Leser ein erstes Bild über die untersuchten NGOs zu vermitteln und um nicht durch eine zu rigide Beschränkung auf die Managementproblematik der NGOs den Blick auf die entwicklungspolitische Dimension des Themas zu verlieren, erfolgt zunächst (in alphabetischer Reihenfolge) eine Kurzdarstellung der ausgewählten NGOs. Die Kurzdarstellungen beschränken sich auf die Themenbereiche Gründung, Geschichte, momentanes Aufgabenfeld, aktuelle Problematik und Eignerstruktur der jeweiligen NGO.[42]

3.5.1 "Botswana Workcamps Association" (BWA)

Die Gründung der BWA hat ihre Wurzeln in Aktivitäten der "Betchuanaland Student's Association" in den frühen sechziger Jahren, die an die botswanische "letsema"-Tradition anknüpfend "holiday workcamps"[43] in ihren Heimatdörfern organisierten. Diese Idee wurde 1975 von einem UNO-Ratgeber für Jugendpolitik aufgegriffen und führte schließlich zur Arbeitsaufnahme der BWA im Jahre 1980. Offizieller Gründer und erster Generalsekretär war ein ivs-Freiwilliger.[44]
Nach der Gründung wuchs BWA mit Unterstützung des "Botsuana National Youth Council" (B.N.Y.C.) und finanzieller Unterstützung dänischer, deutscher und kanadischer Organisationen schnell. Der

---

[42] Informationsquelle sind, soweit nicht anders ausgewiesen, eigene, während der Arbeitsbesuche angefertigte Aufzeichnungen.
[43] Die englische Bezeichnung "workcamps" wird weiterhin verwandt, um eine sinnentstellende deutsche Übersetzung zu vermeiden.
[44] ivs = International Voluntary Service; eine Freiwilligenorganisation, britischer Zweig der internationalen NGO SCI (Service Civil International).

britische Koordinator wurde durch einen schweizerischen Freiwilligen abgelöst, und ab 1982 konnten weitere hauptamtliche Mitarbeiter aus Botswana eingestellt werden. Bei der Übergabe an einen einheimischen Geschäftsführer im Jahre 1984 arbeiteten vier hauptamtliche Mitarbeiter im neuen, BWA-eigenen Hauptquartier in Mochudi (ca. 30 km von der Hauptstadt Gaborone entfernt), BWA war bereits die zweitgrößte Workcamporganisation in Afrika und hatte die Anzahl der jährlichen Workcamps von sechs (im Jahre 1980) auf über 20 mit jeweils bis zu 40 Teilnehmern gesteigert. Noch im selben Jahr kam es durch Unterschlagungen und anderes Fehlverhalten des Geschäftsführers zu einer Krise der BWA. In der Folge verlor BWA einen Teil der in den Vorjahren erworbenen Reputation, und die Geldgeber wandten sich nach weiteren Querelen von der BWA ab. Die BWA-Aktivitäten kamen fast zum Stillstand, und 1986 mußte schließlich der letzte hauptamtliche Mitarbeiter wegen Finanzierungsproblemen die BWA verlassen. 1987 kam es mit einem neugewählten Vorstand zu Revitalisierungsversuchen durch den B.N.Y.C., der mit der Abzahlung der aufgelaufenen Verbindlichkeiten der BWA erst eine Grundlage für weitere Aktivitäten legte. Durch ehrenamtliche Arbeit der Vorstandsmitglieder, und vor allem durch die auch in der Krise weitergehende Arbeit ihrer lokalen Gliederungen, wurde BWA in den Jahren 1987 - 1990 wieder aktiv und konnte jeweils zwei bis vier Workcamps jährlich durchführen.

Die Workcamps werden in der Regel in Zusammenarbeit mit "Village Development Committees" durchgeführt, die in meist entlegenen Dörfern Gemeinschaftsarbeiten organisieren und dazu die BWA um Unterstützung bitten. Die Rolle der BWA besteht darin, Jugendliche, meist Schüler und Studenten aus den Städten, zu organisieren und mit Werkzeug, Nahrungsmitteln und aller nötigen Ausrüstung versehen in die Projektstandorte zu transportieren (Unterkunft und Baumaterialien haben die Partner in den Kommunen zu stellen) und dort im Verbund mit lokalen Freiwilligen Aufbauarbeiten durchzuführen. Meist handelt es sich dabei um Bauleistungen (Bildungseinrichtungen, Gemeinschaftszentren etc.). Häufig erfolgte eine Zusammenarbeit mit botswanischen Jugendbrigaden, um der Unterstützung kommunaler Selbsthilfegruppen und den jugendarbeiterischen Akzenten noch den Aspekt der nonformalen Berufsausbildung hinzuzufügen.

Zur Zeit hat die BWA das Problem, infolge der völligen Zerrüttung des Vertrauensverhältnisses zu internationalen Geldgebern und mangels eigener Einnahmen, auf die unzureichende Finanzierung durch das staatlich kontrollierte B.N.Y.C. angewiesen zu sein. Die aufgrund des ehrenamtlichen Engagements ihrer Mitglieder zustandegekommenen Workcamps werden dabei meist von den "District Development Councils" finanziert. Unter den momentanen Umständen kann der Aktivitätsgrad von 1984 nicht wieder erreicht werden.

Höchstes Organ der BWA ist die Mitgliederversammlung, die aus ihrer Mitte den Präsidenten und sieben weitere Mitglieder in das "Executive Committee" wählen, das zusammen mit den gewählten Vertretern aller lokalen Gliederungen den "National Council" bildet. Zwischen den Mitgliederversammlungen und den Tagungen des "National Council" soll das "Executive Committee" die Geschicke der BWA lenken.[45] Ihm obliegt auch das Weisungsrecht gegenüber den hauptamtlichen Mitarbeitern.

3.5.2 Christian Service Committee of the Churches in Malawi (CSC)

CSC wurde 1965 von einem Pfarrer als "serving arm" der Synode von Blantyre der "Church of Central Africa Presbyterian" (CCAP) gegründet. 1966 traten die CCAP-Synoden von Nkhoma und Livingstonia bei, und CSC wurde Teil des Christian Council of Malawi (CCM). Als 1967 die katholische "Episcopal Conference of Malawi" (E.C.M.) CSC beitrat, entstand die heutige ökumenische Form des CSC.
Die wechselvolle Geschichte des CSC kann hier nur in Grundzügen dargestellt werden.[46] 1967 begann CSC mit "Utumiki"-(Chechewa für "Dienst")-Projekten in den Bereichen Landwirtschaft, Ausbildung, Gesundheitsdienst und Wasserversorgung und knüpfte damit an malawische Selbsthilfetraditionen an. Die Aktionskomitees der "Utumiki"-Projekte im politisch sensiblen Mangochi-Distrikt in Nähe der mosambikanischen Grenze erweckten bald den Argwohn der Regierung, und bereits im Juli 1967 wurde CSC verboten und gezwungen, alle Mitarbeiter zu entlassen. Nach langwierigen Verhandlungen erfolgte im Februar 1968 mit der Regierung eine Einigung über die zukünftige Zusammenarbeit, und CSC konnte, unter Restriktionen bezüglich seiner Aktivitäten in ländlichen Regionen, seine Arbeit wieder aufnehmen. In den Folgejahren wuchs CSC schnell, engagierte sich wieder in "Development Animation", erhielt ab 1972 von Geldgebern

---
45 Zur Eignerstruktur vgl. BWA 1980.
46 Detailliertere Informationen können einem Evaluationsbericht aus dem Jahre 1981 entnommen werden: CSC 1981, S. 22 ff..

die ersten "undesignated funds" für Programmunterstützung und hatte 1970 bereits 40 hauptamtliche Mitarbeiter. Im Dezember 1975 wurde CSC erneut von der Regierung verboten, wobei wieder die "Animation Groups" in ländlichen Regionen der Anlaß waren. Die Wiederzulassung im Februar 1976 erfolgte unter weitgehenden Auflagen der Regierung. Unter anderem wurde der direkte Kontakt zu Christen im Lande untersagt, und das Erscheinen der CSC-eigenen Publikationen wurde eingestellt. Projekte durften fortan nur über die Mitgliedskirchen oder durch Regierungsagenturen durchgeführt werden. Außerdem erfolgte ein kompletter Wechsel im "Executive Committee" von "an active few" zu Kirchenrepräsentanten. Diese neue Situation führte offensichtlich zu zunehmenden Spannungen zwischen Mitarbeitern und Vorstand. Obwohl in einer konflikträchtigen Periode von 1978 bis 1980 die meisten erfahrenen Mitarbeiter frustriert das CSC verließen, erreichte CSC seinen bis jetzt höchsten Personalbestand mit 92 Mitarbeitern, bevor kumulierte finanzielle Defizite 1981 zu einer Reduzierung des Personalbestandes führten. Nach Evaluationen und Round-table-Gesprächen mit den Gebern (meist europäische, kirchennahe NGOs), begann ab 1983 eine neue Periode für CSC, als nach Abkehr von projektorientierten Ansätzen ein Geberkonsortium das Programm des CSC förderte. Nachdem 1988 einige Geber, unzufrieden mit dem Berichtswesen des CSC und den Erfolgen der Programmfinanzierung, sich wieder auf die Förderung von Einzelprojekten zurückzogen, stellte CSC auf die noch heute aktuelle Mixtur von Projekt- und Programmfinanzierung um.

Der Arbeitsschwerpunkt des CSC liegt im ländlichen Bereich in den Aufgabenbereichen Bildung, Gesundheitsversorgung, Wasserversorgung, Landwirtschaft, Flüchtlingshilfe und Selbsthilfeförderung. Im Bildungsbereich engagiert sich CSC hauptsächlich in der Erstellung von Schulbauten für den Primarschulbereich, der im Gegensatz zum Sekundarschulbereich von der Regierung vernachlässigt wird. Die Schulbauten werden dabei in Kooperation mit den jeweiligen kommunalen Selbsthilfegruppen hergestellt. Das "School Blocks and Teachers' Houses Programme" des CSC hat dabei allein von 1977 bis 1985 über 500 Schulgebäude erneuert oder aufgebaut.[47] CSC leistete damit 50 % der malawischen Investitionen im Primarschulbau. Im Bereich der Gesundheitsversorgung besteht ein arbeitsteiliges Vorge-

---

47 Vgl. UNIVERSITY OF MALAWI 1986, S. 1.

hen mit der Regierung, die sich den Bau von Krankenhäusern vorbehält, während sich das CSC für den Aufbau eines landesweiten, flächendeckenden Netzes von Basisgesundheitseinrichtungen verantwortlich fühlt. Diese Arbeit beinhaltet auch die Förderung von Mutter-Kind-Programmen, inklusive der Propagierung der "child-spacing"-Methode zur Geburtenkontrolle. Die Bemühungen im Gesundheitsbereich werden durch Wasserbauprojekte flankiert. Mittels Bohrlöchern, Brunnen oder Quellbefestigungen will das CSC die Wasserversorgung verbessern und leistet hier 43 % der Investitionen landesweit. Besonders in diesem Bereich scheint das CSC einen Technik- und Informationsvorsprung gegenüber der Regierung zu haben und nutzt ihre Meinungsführerschaft zur Mitformulierung entsprechender Planungsvorlagen der Regierung. Erst in den letzten Jahren ist CSC mit kleinen Kreditsystemen, einkommenschaffenden Maßnahmen sowie Ressourcenschutzaktionen in der Landwirtschaft tätig geworden. Dieses Arbeitsfeld wird durch die Regierung und durch Weltbank-Projekte dominiert. Längere Tradition hat die Flüchtlingshilfe im Grenzbereich zu Mosambik, die sich im wesentlichen auf Nothilfe beschränkt. In allen Bereichen ist die Aktivität der Betroffenen Bedingung für ein CSC-Engagement, sei es durch finanzielle Beiträge, freiwillige Arbeit, die Einrichtung von Brunnenkomitees oder ähnliches. Auch außerhalb dieser dargestellten Programme unterstützt CSC Selbsthilfegruppen bei der Durchführung verschiedenster Projekte (Brücken- und Straßenbau etc.), wenn Kirchenmitglieder entsprechende Anträge stellen. Eine eigene Abteilung ("Development Education") besteht zur Durchführung von Seminaren, in denen Priester und Laien in "Leadership-" oder "Management"-Kursen von bis zu einmonatiger Dauer auf Entwicklungsaufgaben in ländlichen Regionen vorbereitet werden. Zur Durchführung der CSC-Projekte wurden Regionalbüros in Limbe, Lilongwe und Mzuzu eingerichtet (zur Aufbauorganisation des CSC vgl. Abbildung 12). Die Aufgabenspannbreite, von karitativer Flüchtlingshilfe bis zur Mitformulierung von nationalen Entwicklungsplänen, umfaßt die für alle drei NGO-Generationen typischen Aktivitäten.
Nachdem der Vorstand des CSC 1988 neu besetzt wurde, entwickelte sich das Verhalten der Geber zum Hauptproblem des CSC. Die Geber richten sich in ihrem Verhalten nach der aktuellen Diskussion in ihren Heimatländern und fordern neue Programmteile (z.B. Frauenförderung), während bewährte, noch nicht abgeschlossene Programme

(z.B. Primarschulbau) eingestellt werden mußten. Weitere Probleme entstehen durch lange Bearbeitungszeiträume in Europa, die gelegentlich dazu führen, daß laufende Programme wegen verspäteter Überweisungen bereits zugesagter Mittel aus Liquiditätsgründen unterbrochen werden müssen. Die Geber haben außerdem eine sehr unterschiedliche Bereitschaft, die zur Programmdurchführung erforderlichen Gemeinkostenaufwendungen in ausreichendem Maße mitzufinanzieren.

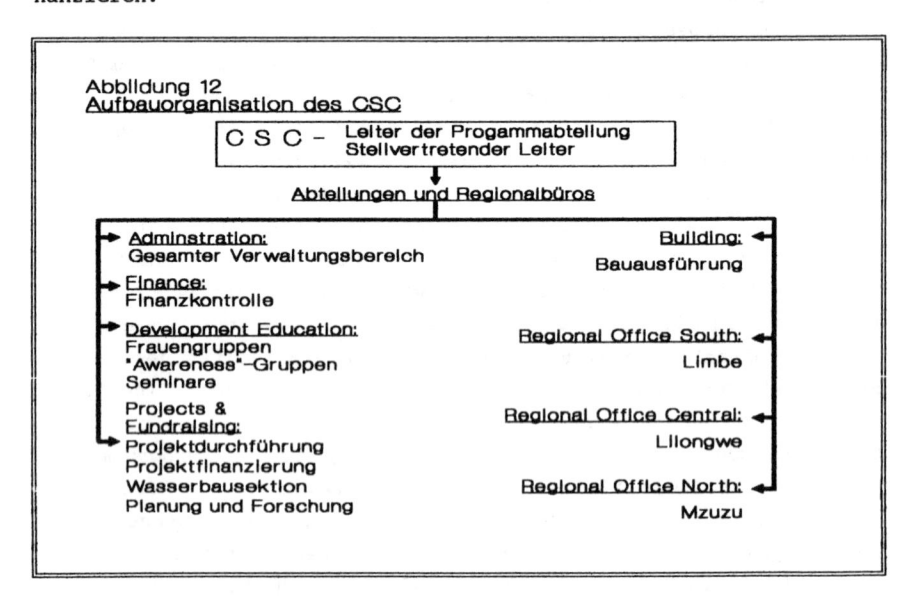

Abbildung 12
Aufbauorganisation des CSC

C S C – Leiter der Progammabteilung
Stellvertretender Leiter

Abteilungen und Regionalbüros

- Adminstration:
  Gesamter Verwaltungsbereich
- Finance:
  Finanzkontrolle
- Development Education:
  Frauengruppen
  "Awareness"-Gruppen
  Seminare
- Projects &
  Fundraising:
  Projektdurchführung
  Projektfinanzierung
  Wasserbausektion
  Planung und Forschung

Building:
Bauausführung

Regional Office South:
Limbe

Regional Office Central:
Lilongwe

Regional Office North:
Mzuzu

Kontrolliert wird CSC von einem Verbund von zur Zeit siebzehn protestantischen Kirchen (CCM) und der gemeinsamen Konferenz der sieben katholischen Diözesen (E.C.M.) Malawis. Höchstes Gremium des CSC ist die "Mother Bodies Assembly", in der neben den Vorständen aller Mitgliedskirchen der Geschäftsführer der "Private Hospital Association of Malawi" (PHAM) Sitz und Stimme hat. Höchstes Gremium zwischen den Sitzungen der "Mother Bodies Assembly" und eigentliches Entscheidungsorgan ist das für das Alltagsmanagement mitverantwortliche "Executive Committee". Ihm gehören ex officio die Geschäftsführer von CCM und E.C.M., jeweils zwei unabhängige Protestanten und Katholiken, der Vorsitzende und sein Stellvertreter sowie die Leiter der CSC-Programm- und Verwaltungsabteilung und ein Vertreter der PHAM an (vgl. Abbildung 13).

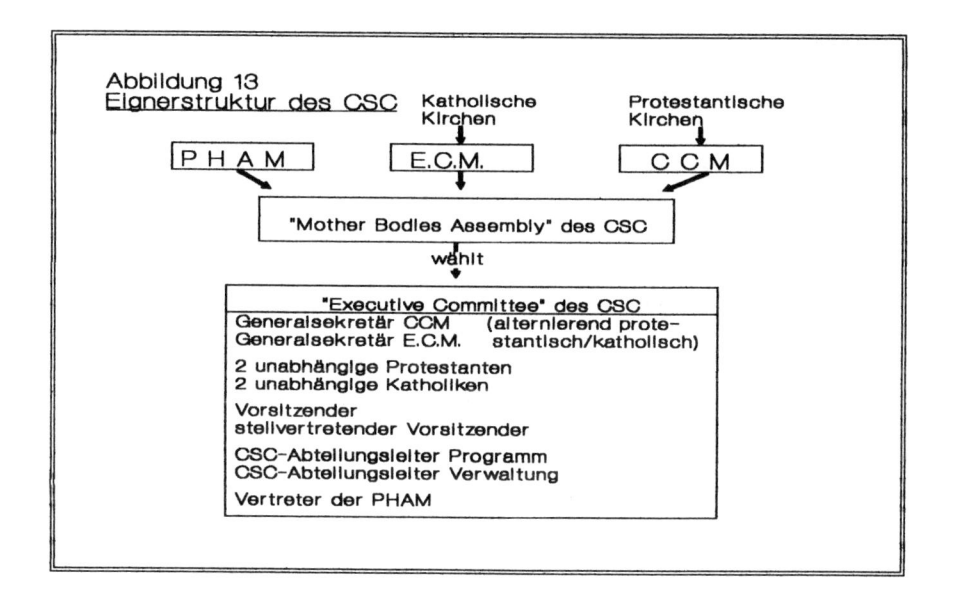

Abbildung 13
Eignerstruktur des CSC

```
Katholische          Protestantische
Kirchen              Kirchen

[ P H A M ]   [ E.C.M. ]        [ C C M ]
         ↓        ↓                ↓
    ┌──────────────────────────────────┐
    │  "Mother Bodies Assembly" des CSC │
    └──────────────────────────────────┘
                    │ wählt
                    ↓
    ┌──────────────────────────────────────────┐
    │        "Executive Committee" des CSC      │
    │  Generalsekretär CCM   (alternierend prote- │
    │  Generalsekretär E.C.M.  stantisch/katholisch) │
    │  2 unabhängige Protestanten              │
    │  2 unabhängige Katholiken                │
    │  Vorsitzender                             │
    │  stellvertretender Vorsitzender           │
    │  CSC-Abteilungsleiter Programm            │
    │  CSC-Abteilungsleiter Verwaltung          │
    │  Vertreter der PHAM                       │
    └──────────────────────────────────────────┘
```

3.5.3 Heal the Wounds Campaign (HTWC) in Simbabwe

HTWC wurde 1988 als Reaktion auf die zunehmende Aktivität der "Sicherheitsorgane" der Republik Südafrika von verschiedenen simbabwischen kirchennahen Gruppen gegründet.
Äußerer Anlaß der Gründung der HTWC war die Sprengung eines Hauses in Harare durch ein südafrikanisches Kommandounternehmen. HTWC organisierte zunächst die Kampagne, die zum Wiederaufbau des Hauses und zur finanziellen Unterstützung der Opfer führte, bevor sie sich der Unterstützung der Opfer weiterer Bombenanschläge in Simbabwe zuwandte. Eine Erweiterung des Aufgabenfeldes erfolgte durch die Aufnahme der Nothilfe für weitere Opfer der südafrikanischen Destabilisierungspolitik, vordringlich der Hilfe für Flüchtlinge aus Mosambik, die sich, auf der Flucht vor den Greueltaten der RENAMO in Mosambik, über die Grenze nach Simbabwe in Sicherheit brachten und dort in Lagern untergebracht wurden. Diese Flüchtlinge wurden von HTWC-Mitarbeitern unter wegen der Sicherheitslage notwendigem Begleitschutz der simbabwischen Armee mit Nahrung, Decken, Kleidung und Baustoffen zur Erstellung provisorischer Unterkünfte versorgt. Bisher beschränkt sich HTWC somit auf das Auf-

gabengebiet der NGOs der ersten NGO-Generation. In Zukunft will sich HTWC auch an Aufbau und Förderung von Projekten in diesen Lagern beteiligen. Dazu wird ein Regionalbüro in der hauptsächlich betroffenen Provinz (Manicaland) eingerichtet.
Die Probleme der HTWC sind im schnellen Wachstum ihres Aktivitätsniveaus begründet. Der ehrenamtlich besetzte Vorstand hinkt mit seinen Entschlüssen den De-facto-Veränderungen innerhalb der HTWC zeitlich nach, und die anfänglich hochmotivierten freiwilligen Mitarbeiter werden durch die Situation einer sehr dualen Mitarbeiterstruktur frustriert, in der neben relativ angemessen bezahlten Fachkräften unzureichend ausgebildete "volunteers" für eine "allowance" (=Unterhaltsgeld) arbeiten. Die durch diese Umbruchsituation entstehenden Friktionen und häufiger Mitarbeiterwechsel gefährden tendenziell die Arbeitsfähigkeit der Kampagne.
Die Vorstandsfunktion im HTWC nimmt das "National Executive Committee" (NEC) wahr, in dem neben den Vertretern der Mitgliedsorganisationen[48] der Buchhalter als "treasurer" und ein Vertreter der HTWC-Mitarbeiterschaft einen Sitz innehaben.[49]

3.5.4 Ju\Wa Bushman Development Foundation (JBDF) in Namibia

Der US-amerikanische Ethnologe und Filmemacher John Marshall und die britische Ethnologin Claire Ritchie gründeten 1983 nach einigen Jahren Forschungsarbeit in Namibia die JBDF, um neben dem Studium der Kultur und der Sprache der namibischen Buschmänner (San) einen Beitrag zu deren Überleben zu leisten.
Die Geschichte der JBDF läßt sich in die Phasen vor und nach der Unabhängigkeit unterscheiden. Während der Zeit südafrikanischer Verwaltung wurden JBDF-Mitarbeiter als "marxist trouble-makers" eingestuft und auf vielfältige Art in ihrer Arbeit behindert. Die momentane Geschäftsführerin mußte z.B. wegen ihrer Einstellung zum südafrikanischen Regime zwölf Jahre auf eine Einreisegenehmigung

---

48 Die zur Zeit neun Mitgliedsorganisationen sind: "The Zimbabwe Christian Council", "ZCC Liberation Christian Council", "Religious Society of Friends", "Burino Esizeni Reflection Centre", "Lutheran World Federation", "Fellowship of Reconciliation", "Mbare YMCA Anti-Apartheid Committee", "Liberation Support Committee", "Quakers". Für das NEC besteht ein Quorum. Mindestens vier Vertreter der Gründerorganisationen müssen anwesend sein.
49 Vgl. HTWC 1988.

für Namibia warten. Das Verhältnis zur damaligen Administration kommt auch im beziehungsreichen Titel "Fighting the Government Tooth and Nail" eines die JBDF-Arbeit beschreibenden Dokumentarfilms zum Ausdruck. Bereits im Zuge der Implementierung der UNO-Resolution 435 des Sicherheitsrats veränderte sich das Verhältnis, und in diese Zeit fällt auch der bisher größte Erfolg der JBDF, der in der Erreichung einer Kodifizierung der Landrechte der San im "Eastern Bushmanland" gegen die Interessen der mit den San um diese Rechte konkurrierenden Bevölkerungsgruppe der Hereros lag. Seit der Unabhängigkeit Namibias genießt JBDF bisher ungeahnte formale Handlungsspielräume und wird als die effektivste im "Bushmanland" tätige Entwicklungsagentur geschätzt.
Mit der Geschichte der JBDF gehen auch die Veränderungen in der Aufgabenstellung einher. Als Hauptproblem der Zielgruppe wurde die Rechtlosigkeit und Randständigkeit der San identifiziert, die in der Folge des Odendaalplanes eines Großteiles ihrer traditionellen Sammel- und Jagdgebiete beraubt wurden. Zur Existenzsicherung der San war zunächst Nothilfe erforderlich, bevor JBDF begann, die San in der Verteidigung ihres traditionellen Lebensraumes gegen andere Begehrlichkeiten zu unterstützen. Da ein Überleben der San im nunmehr rechtlich abgesicherten, aber bei Beibehaltung der traditionellen Lebensweise zu kleinen, Lebensraum unmöglich ist, unterstützte JBDF San-Gruppen bei der Seßhaftwerdung mittels Einrichtung von Wasserstellen, Unterrichtung in landwirtschaftlichen Methoden etc.. Mit der Unabhängigkeit Namibias ging nicht nur die Möglichkeit der Kodifizierung der San-Rechte einher, sondern auch die Entlassung der in der südafrikanischen Armee als Fährtensucher dienenden San, denen ebenfalls neue Orientierungs- und Siedlungsmöglichkeiten geboten werden sollten. Es wurde die Einrichtung einer provisorischen Außenstelle im "Bushmanland" erforderlich, von der auch neue Maßnahmen (Alphabetisierung, nonformale Berufsausbildung sowie Einrichtung einkommenschaffender Projekte wie Gemüsegärten und Nähgruppen) koordiniert werden. Mit der Nothilfe für die San, der Einrichtung einkommenschaffender Maßnahmen und der Förderung der Kodifizierung der San-Rechte ist JBDF somit in Aktivitäten aller drei NGO-Generationen tätig.
Die Problemfelder der JBDF haben sich ebenfalls mit der Unabhängigkeit Namibias völlig verändert. Der Vorteil der exzellenten Kenntnis von Sprache und Lebensgewohnheiten der San sowie der Er-

weiterung der formalen Handlungsspielräume kann aufgrund der unzureichenden technischen Ausstattung der JBDF nur teilweise genutzt werden. Neben der Notwendigkeit absolut geländetüchtiger Fahrzeuge zur Erreichung der Zielgruppen in unzugänglichen wüstenähnlichen Gebieten, fehlt es an Gebäuden in der noch sehr provisorischen Außenstelle sowie an weiterem qualifiziertem Personal, um dem gewachsenen Aufgabengebiet gerecht zu werden.

Kontrolliert wird JBDF durch den "Board of Trustees". Die Gründer ernennen zwei Mitglieder dieses "Board of Trustees", die wiederum vier weitere Mitglieder ernennen. Zu diesem Gremium von zur Zeit zwölf Personen zählen noch ein Vertreter des TUCSIM,[50] drei hauptamtliche Mitarbeiter,[51] und zwei Vertreter der Zielgruppe, die durch die "Ju/Wa Farmers' Union" gewählt werden.[52] Der "Board of Trustees" versammelt sich zweimal jährlich und bestimmt aus seiner Mitte vier Mitglieder des "Management Committee", welches höchstes Gremium zwischen den Sitzungen des "Board of Trustees" ist. Da dies meist Mitarbeiter sind, ist davon auszugehen, daß die Geschäftsführung einen sehr großen Handlungsspielraum innerhalb der JBDF genießt.

3.5.5 Lesotho Workcamps Association (LWA)

Die LWA wurde 1977 unter Anlehnung an das Aufgabenfeld ähnlicher Organisationen in Europa von einem Zweig des SCI gegründet.
Die LWA blickt auf eine wenig wechselvolle Geschichte zurück. Bereits 1980, nach nur drei Jahren ihres Bestehens, erreichte die LWA mit 18 Workcamps in etwa ihr heutiges Aktivitätsniveau von 20 - 30 Workcamps pro Jahr, wobei ca. 300 - 500 Freiwillige jährlich zum Einsatz kommen. Die Anzahl der Mitglieder stieg dabei kontinuierlich, und heute ist die LWA mit über 6000 (davon 500 aktiven) Mitgliedern, acht festangestellten Mitarbeitern, einem Budget von ca. einer Viertelmillion Maluti[53] und einer Serie von über 200

---
50 TUCSIM = "Texas University Centre for Studies in Namibia" in Windhoek/Namibia.
51 Alle "executive field directors" und der Koordinator (= Geschäftsführer) sind ex-officio-Mitglieder.
52 Die "Ju/Wa Farmers' Union" wurde 1986 auf Initiative der JBDF gegründet. Ihre Aufgabe ist es, die Selbstorganisierung der Zielgruppe zu fördern und innerhalb der JBDF zu repräsentieren.
53 Der lesothische Maluti ist im Verhältnis 1:1 an den südafrikanischen Rand gekoppelt.

fertiggestellten Dorfentwicklungsprojekten vermutlich die erfolgreichste Workcamps-Organisation Afrikas.
Die Aufgabenstellung der LWA geht dabei nicht nur quantitativ, sondern auch qualitativ über das in Kapitel 3.5.1 beschriebene Aufgabenfeld der BWA hinaus. Zunächst ist die LWA bereits im Vorfeld der Workcamps mit "Local Branches" und "Village Associations" in ihren Projektstandorten aktiv. In den von 1977 bis 1989 durchgeführten 247 Workcamps lagen dabei die Schwerpunkte in den Bereichen Bildungseinrichtungen (93 Workcamps), Landwirtschaft und Ressourcenschutz (55), Brücken- und Straßenbau (22), Gesundheitseinrichtungen (16) und dörflicher Wasserversorgung (14). Die Betreuung der dörflichen Gruppen kann dabei Bauberatung oder Vermittlung externer Finanzierung einschließen. Ein qualifizierter Techniker der BWA übernimmt dabei nicht nur die Aufsicht über die Bauaktivitäten der LWA und die Koordinierung der von den Dorfbewohnern zu leistenden Vorarbeiten (Erstellung von Fundamenten, Ziegelbrennen etc.), sondern ist in Zusammenarbeit mit dem "training officer" verantwortlich für eine rudimentäre Bauausbildung der aktiven Freiwilligen, die meist 18 - 20-jährige Schüler, gelegentlich auch Studenten oder Lehrer sind. Darüber hinaus betreibt LWA auch einen regen Freiwilligenaustausch mit befreundeten Organisationen, wobei jährlich ca. 10 - 30 junge Freiwillige aus den Industrienationen in Lesotho und jährlich ca. zehn LWA-Mitglieder Workcamp-Erfahrungen in Afrika oder Europa sammeln. Auch mit befreundeten Organisationen im südlichen Afrika bestehen Austauschprogramme.
Infolge eines großen und engagierten Potentials von ehrenamtlichen Mitarbeitern, einer diversifizierten Geberstruktur, die auf etablierter Zusammenarbeit beruht, und dank einer vergleichsweise hohen Eigenfinanzierungsrate ist LWA bis auf gelegentliche Liquiditätsengpässe frei von existenziellen Problemen.
Zweimal jährlich, jeweils vor Beginn der jeweiligen Workcamp-Saison, findet eine Versammlung der LWA-Mitglieder statt. Dabei werden im Mai jeden Jahres aus der Mitgliedschaft zwölf Mitglieder in das "National Committee" gewählt, das nach der Satzung höchstes Gremium der LWA ist.[54] Im "National Committee" ist ex officio der Geschäftsführer der LWA dreizehntes Mitglied. Die LWA verfügt insofern auch über dezentrale Strukturen, als die nahezu landesweit etablierten "Local Branches" einen Großteil der ehrenamtlichen Ar-

---

54 Vgl. LWA o.J., S. 9.

beit innerhalb der LWA verrichten. Die Vertreter der "Local Branches" nehmen an den Vollversammlungen teil und bestimmen durch ihr Wahlverhalten entscheidend über die Zusammensetzung des "National Committee". Darüber hinaus müssen an allen Projektstandorten der LWA "Village Associations" bestehen, die die LWA-Aktivitäten vor- und nachbetreuen und gegenüber dem "National Committee" verantwortlich sind.

3.5.6 NGO Coordinating Committee Zambia (NGOCC)

Im Jahre 1985 fand in Nairobi/Kenia die "United Nations End of Decade Women's Conference" statt, an der auch Repräsentantinnen der sambischen NGOs teilnahmen. Einige dieser Teilnehmerinnen ergriffen nach ihrer Rückkehr nach Sambia die Initiative zur Gründung des NGOCC, um die Arbeit sambischer NGOs zu fördern, die sich mit "women's issues" befassen. NGOCC versteht sich als Dachverband dieser NGOs.

Nach seiner Gründung hatte NGOCC zunächst nur eine informelle, netzwerkähnliche Struktur. Unterstützung fand sich insbesondere im ehrenamtlichen Engagement der Repräsentantinnen der "Young Women's Christian Association" und des "National Council for Catholic Women", denen es gelang, die notwendige finanzielle Unterstützung durch externe Geber zu mobilisieren. Mit Hilfe des Einsatzes einer norwegischen Entwicklungshelferin entwickelte NGOCC bald formale Strukturen, richtete ein Büro ein, stellte weitere hauptamtliche Mitarbeiterinnen ein und wurde bald seiner Koordinationsfunktion gerecht. Besonders hervorzuheben ist, daß weitere NGOs die Mitgliedschaft in NGOCC suchen und NGOCC mittlerweile als ihren Koordinator akzeptieren. Beispiele aus anderen Ländern und auch aus Sambia belegen, daß dies eine sehr rare Erscheinung ist und Beleg dafür, daß die Qualität der NGOCC-Arbeit die traditionelle Scheu der NGOs gegenüber jeglichen externen Koordinierungsversuchen überwinden half.

Die Aktivitäten des NGOCC können am besten als ein Weiterbildungsangebot an ihre Mitglieder beschrieben werden. Die Workshops zu verschiedenen Themen (Frauenförderung, Buchführung, Projektformulierung etc.) werden von den Mitgliedsorganisationen genauso nachgefragt wie technische Assistenz (Schreib- und Kopierarbeiten etc.). Darüber hinaus veröffentlicht NGOCC ein halbjährliches Magazin, richtete ein Dokumentationszentrum ein und veröffentlichte Stellungnahmen zu Frauenfragen in den Massenmedien. Der bisher größte Erfolg des NGOCC ist sein Engagement als "pressure group" bei der Formulierung von Gesetzesvorlagen. NGOCC erreichte eine Verbesserung des "Law of Wills and Inheritage" im Sinne der Frauen und hat inzwischen einen Sitz im "Advisory Board" zur anstehenden Änderung der sambischen Verfassung. Neben diesen Aktivitäten von NGOs der dritten Generation unterstützt NGOCC auch ländliche Selbsthilfegruppen durch Vermittlung externer Geldgeber.

Die Hauptprobleme des NGOCC liegen im Planungsbereich. Bisher wurde nur in Projektkategorien gedacht (Einzelseminare, Kampagnen etc.), wodurch zeitlich weiter gefaßte Zusagen der Geber nahezu unmöglich wurden. Problematisch ist ferner, daß in den Bereichen, in denen NGOCC beratend für die Mitgliedsorganisationen tätig sein sollte (Buchführung etc.), NGOCC selbst über kein qualifiziertes Personal verfügt und somit die diesbezüglich deutlich formulierten Bedürfnisse ihrer Mitgliedsorganisationen nur unzureichend befriedigen kann.

Höchstes Organ des NGOCC ist die "General Conference", in der alle Mitglieds-NGOs[55] durch Repräsentantinnen mit Sitz und Stimme vertreten sind. Weiteres Ex-officio-Mitglied ist die jeweilige Geschäftsführerin des NGOCC. Aus ihrer Mitte wählt die "General Conference" das "Executive Committee", das aus acht Mitgliedern verschiedener Mitglieds-NGOs bestehen soll. Den Mitgliedern des "Executive Committee" obliegt nicht nur die Kontrollpflicht. In der NGOCC-Satzung ist auch festgelegt, daß bei entsprechenden Vakanzen (auch Krankheit, Urlaub etc.) in der Mitarbeiterschaft deren Arbeiten durch das Komitee übernommen werden sollen.[56]

3.5.7 Swaziland Workcamps Association (SWCA)

SWCA wurde 1979 von einem ivs-Freiwilligen gegründet und nahm mit Unterstützung des Arbeitsministeriums von Swasiland im Jahre 1980 ihre Arbeit als Workcamp-Organisation auf.

---

55 In einer Mitgliedsliste aus dem Jahre 1989 sind 23 NGOs mit Sitz und Stimme in der "General Conference" aufgeführt. Vgl. TOUWEN-VAN DER KOOIJ 1989, S. 66.
56 Zur NGOCC-Satzung vgl. NGOCC 1985.

Nach der Arbeitsaufnahme im Jahre 1980 wuchs SWCA schnell unter der Leitung von drei verschiedenen Geschäftsführern britischer bzw. kanadischer Nationalität und bei finanzieller Unterstützung durch europäische und nordamerikanische Organisationen. 1984 erreichte SWCA ihren bisher höchsten Aktivitätsgrad mit 17 Workcamps, bevor 1985 die Geschäftsführung in die Hände des damaligen stellvertretenden Geschäftsführers mit swasiländischer Nationalität übergeben wurde. Als 1986 dieser Geschäftsführer und sein Stellvertreter wegen Unterschlagungen entlassen wurden, kamen die SWCA-Aktivitäten nahezu zum Stillstand. Ein durch ein UNO-Freiwilligenprogramm (UNV) vermittelter und finanzierter Geschäftsführer sambischer Nationalität reaktivierte 1987 die SWCA und bewahrte sie vor einem der BWA ähnlichen Schicksal. In den Folgejahren stieg das Aktivitätsniveau wieder an, ohne jedoch das Niveau von 1984 wieder zu erreichen.

Das Aufgabenfeld der SWCA ähnelt dem der Workcamporganisationen BWA und LWA. Von den bis 1989 durchgeführten 132 Workcamps[57] fand ein Teil in den Bereichen Bildungseinrichtungen (38 Workcamps) und Gesundheitseinrichtungen (17) statt. In derartigen Workcamps erfolgt regelmäßig eine intensive Zusammenarbeit mit den ortsansässigen Selbsthilfegruppen. Außergewöhnlich ist bei SWCA, daß auch Workcamps zur Unterstützung Behinderter, Obdachloser und zur Hilfe bei Katastrophenfällen (14 Workcamps) durchgeführt werden und somit SWCA auch Notfallhilfe entsprechend dem Aufgabenfeld der NGOs der ersten Generation leistet. SWCA betreibt darüber hinaus in kleinem Maßstab auch Freiwilligenaustauschprogramme mit afrikanischen und europäischen Workcamporganisationen.

Probleme der SWCA liegen ursächlich im Alter der ca. 1.100 meist minderjährigen Mitglieder, die aufgrund ihrer Jugend und Unerfahrenheit die Organisation SWCA nur unzureichend kontrollieren können. Der Vorstandsvorsitzende ist als Minister im Kabinett der Regierung von Swasiland zwar als integre Führungsperson geschätzt, kann aber aufgrund seiner begrenzten zeitlichen Ressourcen kaum Garant für die Dauerhaftigkeit der SWCA sein, deren finanzielle und personelle Existenzgrundlagen zu kurzfristig angelegt erscheinen. Das Verhältnis zu potentiellen Geldgebern leidet noch unter den Vorfällen des Jahres 1986.

---

57 Im Gegensatz zur LWA führt SWCA nicht nur zweiwöchige Workcamps durch, sondern organisiert auch sogenannte "weekend-camps" außerhalb der klassischen Workcamp-Saison.

Höchstes Organ der SWCA ist die jährliche Mitgliedervollversammlung, die die neun Mitglieder des "Executive Committee" (EC) bestimmt. Die neue Fassung der SWCA-Satzung[58] gibt dem EC umfassendere Kontrollrechte als die ursprünglichen Regelungen aus dem Jahre 1982/83. Das EC bestimmt unter anderem über die Anstellung des "directors" (= Geschäftsführer), der z. Zt. wöchentlich dem Vorsitzenden des EC zu berichten hat. Verfügungen über SWCA-Konten werden strikt nur von EC-Mitgliedern gezeichnet.

3.6 Ergebnisse der Untersuchung

In den nun folgenden Kapiteln 3.6.1 bis 3.6.5 erfolgt der Vergleich der in den oben beschriebenen NGOs vorgefundenen Realität mit dem in den Kapiteln 2.2.1 bis 2.2.5 erarbeiteten Analyserahmen zu den Arbeitsbereichen Marketing, Planung, Personal, Kontrolle und Rechnungswesen sowie Finanzen.

3.6.1 Aufgabenbereich Marketing

Es wurde bereits festgestellt, daß die Aufgabe des Marketing in NGOs darin besteht, eine selbstzweckhafte Innenzentrierung zu vermeiden und sich an den Bedürfnissen der Arbeitsumwelt dergestalt zu orientieren, daß diese ihre Ressourcenlieferungen aufrechterhalten (vgl. Kapitel 2.2.1 "Management des Marketing"). Als Arbeitsumwelt der NGOs wurden Geldgeber, Zielgruppen, Regierung und die "NGO-Landschaft" bezeichnet, deren Verhältnisse zu den untersuchten NGOs im folgenden dargestellt werden sollen.

Die Analyse der Marketingsituation der untersuchten NGOs in Bezug auf die Geldgeber bedarf dabei einer Analyse der Struktur des Arbeitsumweltsegmentes "Geldgeber" durch die Betrachtung der Einnahmestruktur der NGOs nach Mittelherkunft. Dazu wurden in den NGOs die Einnahmen des letzten Dreijahreszeitraumes auf ihre Herkunft hin untersucht.[59] Abbildung 14 zeigt die Einnahmeherkunft.

---
[58] Vgl. SWCA 1988.
[59] Dies gelang nicht bei der BWA, bei der aufgrund fehlender Unterlagen nur ein kleinerer Untersuchungszeitraum analysiert werden konnte. Bei NGOCC konnte die Herkunft von 20 % der Einnahmen nicht geklärt werden. Angaben über Informationsquellen erfolgen in Kapitel 3.6.5 "Aufgabenbereich Finanzen".

Abbildung 14
Einnahmen nach Herkunft

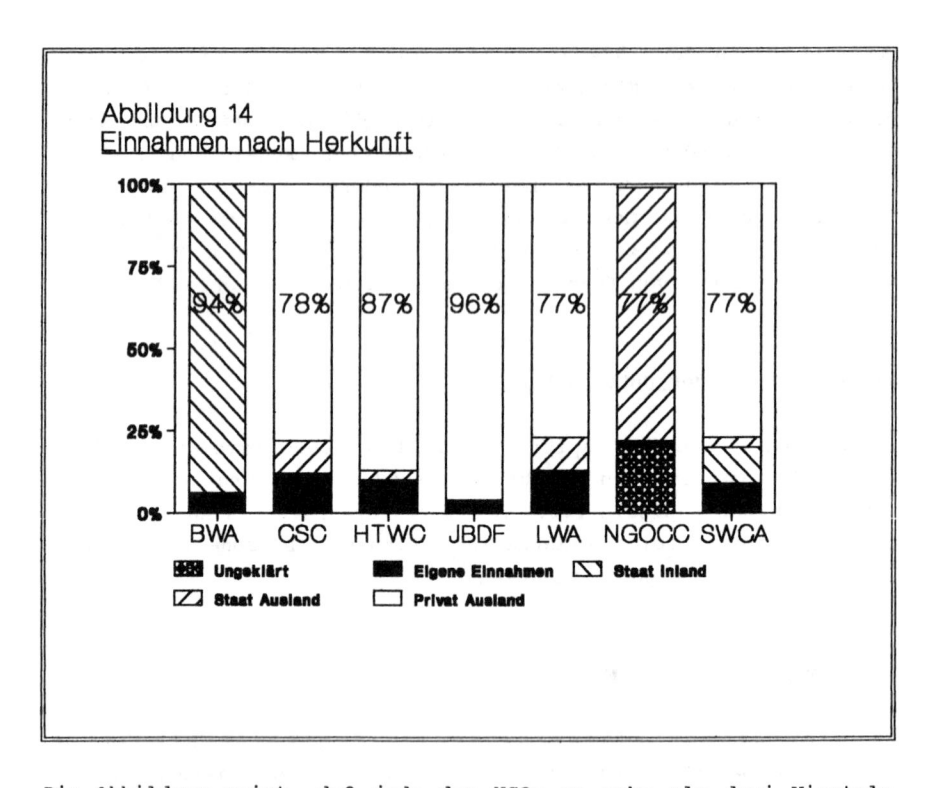

[Balkendiagramm mit folgenden Werten:
BWA 94%, CSC 78%, HTWC 87%, JBDF 96%, LWA 77%, NGOCC 77%, SWCA 77%

Legende:
░ Ungeklärt   ■ Eigene Einnahmen   ⟍ Staat Inland
▨ Staat Ausland   ☐ Privat Ausland]

Die Abbildung zeigt, daß jede der NGOs zu mehr als drei Vierteln finanziell von einem bestimmten Teil des Geberspektrums abhängig ist. Während bei der BWA der eigene Staat und bei NGOCC staatliche Zuwendungen aus dem Ausland Haupteinnahmequellen sind, beziehen alle anderen NGOs den größeren Teil ihrer Einnahmen von Nord-NGOs. Zu den Geldgebern bestehen nichtschlüssige Tauschbeziehungen, das heißt, daß die untersuchten NGOs für die Zuwendungen der Geber nichtmaterielle Gegenleistungen in Form von Legitimationsverschaffung für die Geber erbringen müssen. Dies gelang den untersuchten NGOs in der Mehrzahl nur unvollkommen.

Mängel im Berichts- und Rechnungswesen führten bei BWA und SWCA zu finanziellen Zusammenbrüchen der Organisationen, während HTWC, JBDF und NGOCC trotz diesbezüglicher Mängel bisher von ernsthaften Konflikten mit den Geldgebern verschont blieben und CSC und LWA durch ein geregeltes Berichts- und Rechnungswesen ihre Geldgeber weitgehend zufriedenstellen und im permanenten Dialog mit Gebern das erreichte, relativ hohe Niveau halten und verbessern.

Die in Abbildung 14 gezeigte Dominanz des botswanischen Staates als Geldgeber der BWA ist insofern jüngeren Datums, als daß BWA in den ersten Jahren nach der Gründung massiv von europäischen Gebern unterstützt wurde. Ausnahmslos alle europäischen Geber haben sich nach den Unterschlagungen des Jahres 1984 (vgl. Kapitel 3.5.1 "Botswana Workcamps Association") von der BWA abgewandt, obwohl die inhaltliche Arbeit der BWA nach wie vor als sinnvoll angesehen wird. Auch nach einigen Jahren ist das Vertrauensverhältnis so gründlich zerrüttet, daß die ehemaligen Geber sich an Revitalisierungsversuchen nicht beteiligen wollen.
Ähnliche Vorfälle wie in der BWA störten das Vertrauensverhältnis zwischen SWCA und ihren europäischen und nordamerikanischen Gebern. Mit Hilfe einer neuen Geschäftsführung, Unterstützung staatlicher Stellen und privater Spenden aus Swaziland fand hier jedoch eine Revitalisierung statt, die inzwischen durch neue europäische Geber mitfinanziert wird. Auch hier gelang es nie, das Vertrauen alter Geber zurückzugewinnen. Die neuen Geber werden mit Berichten und korrekten Abrechnungen unzureichend versorgt, und somit wird Legitimation wieder nur unzureichend verschafft. Die Legitimationsverschaffung ist kaum möglich, da sich die Bemühungen um die Geber in der Einwerbung von finanziellen Zuwendungen erschöpfen, die Buchhaltung unvollständig ist, Zweckbindungen der Geber nicht zur Kenntnis genommen werden und ein Nachhalten der Korrespondenz infolge mangelnder Ablagesystematik äußerst erschwert ist. Selbst die Korrespondenz mit wichtigen Gebern, die für SWCA substantielle Beträge ohne einschränkende Zweckbindungen (z.B. eine 20.000 DM-Rate von Misereor für "activities of SWCA") gewährten, ist unvollständig und die Abrechnung erster Raten fast unmöglich, da unklar ist, welche Zuwendungen für welche Zwecke eingesetzt wurden. Darüber hinaus herrscht Unkenntnis über den Charakter der institutionellen Geber vor. Dies führt dazu, daß diese genauso behandelt werden wie private inländische Geber und daß nach Empfang der entsprechenden Überweisungen ein Dankesschreiben ergeht, die Erstellung von Berichten und Abrechnungen jedoch erst auf wiederholtes Anmahnen erfolgt. Diese Mißachtung der Legitimationsbedürfnisse institutioneller ausländischer Geber wird bei Beibehaltung bisheriger Verhaltensweisen dazu führen, daß langfristig keine stabilen Beziehungen zu ausländischen Gebern entstehen, Geber sich abwenden und nach Erschöpfung des Geberadressenpotentials SWCA auf das

durch inländische Ressourcen ermöglichte Aktivitätsniveau zurückfällt.
Etwas erfreulicher ist die Situation bei HTWC, JBDF und NGOCC. Die HTWC erfreut sich eines guten Kontaktes zu ihren Gebern. Obwohl auch hier die Buchhaltung unvollständig ist und keine geregelte Ablage der Korrespondenz erfolgt, wird jeweils auf Anforderung ausreichend genau abgerechnet. Da die HTWC über substantielle zweckungebundene Spenden aus Zimbabwe verfügt, läuft sie kaum Gefahr, aus Unkenntnis die Zweckbindung der finanziellen Zuwendungen europäischer Geber zu verletzen. Da die HTWC eine rege Öffentlichkeitsarbeit betreibt und entsprechende Publikationen auch ausländischen Gebern zuschickt, werden diese in einem für sie ausreichendem Maße mit Berichten versorgt. Es gibt keine Systematik für die Erstellung von Berichten und Abrechungen, und Verspätungen in der Abrechnung (weil erst auf Anmahnung) führen regelmäßig zu verzögerter Auszahlung bereits zugesagter Mittel und in der Folge zu vermeidbaren Liquiditätsproblemen. Ursache für die Mängel im Umgang mit den institutionellen Gebern ist das überaus schnelle Wachstum der jungen Organisation HTWC und die damit einhergehende Unerfahrenheit des Personals. HTWC hat diese Mängel erkannt und versucht, ihnen durch die bereits erfolgte Einstellung eines entsprechend ausgebildeten Verwaltungsfachmannes zu begegnen.
JBDF erfreut sich ebenfalls trotz einer nicht vorhandenen Ablagesystematik und erheblichen zeitlichen Rückständen in der Buchhaltung und in der Rechnungsprüfung eines sehr guten Verhältnisses zu den Gebern, die infolge überlanger und sehr detailfreudiger Berichte bereits Kurzfassungen dieser Berichte gewünscht haben. Der bestehende krasse Gegensatz zwischen der sehr guten Qualität der Berichte einerseits und den Mängeln im Rechnungswesen andererseits läßt sich nur aus der Biographie der bestimmenden Mitarbeiter (fast ausnahmslos Ethnologen) erklären, die gegenüber allen kaufmännischen Belangen ausgeprägte Berührungsängste entwickeln. Ansatzweise wird eine Lösung der Problematik durch Auslagerung des gesamten Rechnungswesens in kommerzielle Unternehmen gesucht. Diese Lösung geht aber in der Reichweite nicht über den engeren Bereich der Buchhaltung hinaus und garantiert nicht die entsprechende Verwendung zweckgebundener Mittel, zumal gelegentlich selbst über die Herkunft sechsstelliger Beträge keinerlei Kenntnis vorhanden ist. Auch bei JBDF konnten die hohen Wachstumsraten der

jüngeren Vergangenheit noch keinen Niederschlag in einer entsprechend komplexeren Verwaltung finden. In einer Sondersituation befindet sich NGOCC, das sich zur Hauptsache aus Ressourcen finanziert, die durch die europäischen Botschaften in Sambia vermittelt werden. Das ausreichende Berichtswesen und die Erstellung von eigenen Publikationen wird durch die Möglichkeit eigener Betrachtung der NGOCC-Aktivitäten durch das jeweilige Botschaftspersonal ergänzt. NGOCC hat bisher auf die Finanzierung durch außersambische NGOs verzichtet und das Einwerben sambischer Ressourcen als zu mühsam (privater Sektor) oder politisch bedenklich (staatlicher Sektor) empfunden. Wegen dieser Beschränkung auf eine Finanzierung durch die ortsansässigen Botschaften entstanden trotz eines unzureichenden Rechnungs- und Ablagewesens kaum Konflikte mit den Interessen der Geber. Die Vermittlung der Gegenleistung Legitimation gegenüber den eigentlichen Geldquellen erfolgt durch die Botschaften.
Lediglich CSC und LWA verfügen sowohl über ein ausreichendes Rechnungswesen als auch über ein ausreichendes Berichtswesen. Dabei ist das CSC die einzige Organisation, in der ein "Fundraising Department" ausschließlich der Pflege der Beziehung zu den Geldgebern gewidmet ist. Berichte werden nicht auf Anfrage, sondern nach vereinbarten Zeiträumen erstellt und erfüllen die Ansprüche der Geber. Problematisch im Sinne einer Marketingorientierung ist lediglich, daß nach dem Rückschritt von überwiegender Programmfinanzierung auf ein Gemisch aus Projekt- und Programmfinanzierung die besonders flexiblen und dem CSC näherstehenden Organisationen im Bereich der Programmfinanzierung mit der Finanzierung der "schlecht verkäuflichen" Projekte bestraft wurden, für die im Rahmen der Projektfinanzierung keine Geber zu finden waren. So rational dieses Vorgehen zunächst erscheinen mag, so sehr verstößt es doch im Sinne einer Marketingorientierung gegen die Interessen derjenigen Geber, die sich auch über den leidigen Projektansatz hinaus an der notwendigen Finanzierung der Gemeinkosten des CSC beteiligen. Als fruchtbar für das CSC hat sich der Versuch erwiesen, seine Rechenschaftspflichten auch den von ihm geförderten Selbsthilfegruppen zu verdeutlichen und ihnen einen vierteljährlichen Fortschrittsbericht abzuverlangen.[60] Im Bereich der Kostenrechnung konnte CSC in Zusammenarbeit mit der Evangelischen Zen-

---

60 Vgl. CSC 1989.

tralstelle für Entwicklungshilfe (EZE) ihr Instrumentarium verfeinern und ist in der Lage, Jahresabschlüsse mit hoher Aussagekraft und präzisem Verwendungsnachweis zu erstellen. Kaum Wünsche übrig läßt das Berichts- und Rechnungswesen der LWA hinsichtlich der Marketingerfordernisse. Sie berichtet in regelmäßigen Abständen über ihre Aktivitäten und ihr Finanzgebaren an die Geber in geübter und ausreichender Form. Dies wurde in der Vergangenheit durch ein überdurchschnittlich hohes Engagement der Geber honoriert, die in Krisensituationen LWA ungewöhnlich schnell und flexibel unterstützten. Ein besonderes Verhältnis besteht dabei zum größten Geber, der Deutschen Welthungerhilfe (DWHH), für die neben der normalen Berichterstattung eine separate Rechnungslegung erfolgt. Das hohe Anspruchsniveau der DWHH hinsichtlich Information scheint dabei das gesamte Niveau der LWA in diesem Bereich zu bestimmen und führt zu einer entsprechenden Qualität in der Information auch der anderen Geber.

Insgesamt entsteht der Eindruck, daß das Niveau der Information der untersuchten NGOs sich weitgehend als Funktion der Ansprüche der Geber beschreiben läßt, wobei die entsprechend hohen Rechenschaftsverpflichtungen und der Zwang zu "gläsernen Taschen" der Nord-NGOs sich langfristig in einem entsprechenden Leistungsvermögen der Süd-NGOs niederschlagen (CSC, HTWC, JBDF, LWA) oder bei Nichteinhaltung langfristig zum Abbruch des Verhältnisses führen wird (BWA, SWCA). Das Rechenschaftsbedürfnis inländischer staatlicher Geber ist dagegen weniger ausgeprägt, richtet sich eher nach politischen Konstellationen und fordert den NGOs weniger ab (BWA, SWCA). Das Informationsbedürfnis der Botschaften beschränkt sich auf die von ihnen geförderten Projekte, ohne daß daraus insgesamt ein höheres Niveau der NGOs in diesem Bereich und damit auch eine Qualifizierung für eine zufriedenstellende Zusammenarbeit mit anderen institutionellen Gebern provoziert wird (NGOCC).

Insgesamt war festzustellen, daß die betroffenen NGOs erschreckend wenig über Aufgabe, Arbeitsweise und Charakter ihrer ausländischen Partner wußten, Kontakte eher flüchtig und mit häufig wechselnden Personenkonstellationen bestehen und Nord-Organisationen als Problemlöser in finanzieller Hinsicht, nicht aber als artverwandte Organisationen angesehen wurden. Klagen über mangelnde Kenntnis der Nord-NGOs gingen paradoxerweise einher mit einem weitgehenden Desinteresse an Publikationen eben dieser Organisationen.

Das zweite Segment der Arbeitsumwelt der NGOs sind die Zielgruppen. Es stellt sich die Frage, inwieweit die untersuchten NGOs zur Vermeidung einer kontraproduktiven Innenzentrierung die Zielgruppen über den Weg der organisatorischen Einbindung in ihre jeweiligen Strukturen an Entscheidungsfindungen innerhalb der Süd-NGOs beteiligen (vgl. Kapitel 2.2.1 "Management des Marketing").

Die weitestgehende Beteiligung der Zielgruppen an Entscheidungen innerhalb der NGOs praktiziert das NGOCC, in dem alle Mitgliedsorganisationen, und damit die Zielgruppe, über Sitz und Stimme in der Mitgliedervollversammlung verfügen und dadurch NGOCC kontrollieren. Dieses Kontrollrecht wird auch de facto ausgeübt.

Ebenfalls über eine institutionalisierte Einbindung der Zielgruppen verfügen die drei Workcamporganisationen (BWA, LWA, SWCA). Sie rekrutieren ihre Mitgliedschaft sowohl in Bildungseinrichtungen in den Städten als auch in ihren Projektstandorten. Dabei ist die Beteiligung der Mitgliedschaften von BWA und SWCA an inhaltlichen Entscheidungen relativ gering, da es sich zumeist um junge und unerfahrene Mitglieder handelt. Im Gegensatz dazu ist das Rekrutierungsvermögen der LWA in ländlichen Regionen größer und umfaßt die Mitgliedschaft älterer und erfahrener Mitglieder (z.B. Schulleiter etc.), die sich in der LWA artikulieren und die Arbeit der LWA spürbar mitgestalten. Alle drei Workcamp-Organisationen befinden sich darüber hinaus während der Workcampvor- und -nachbereitung im Dialog mit den zu unterstützenden ländlichen Gruppen.

In der CSC beschränkt sich die Zielgruppenbeteiligung auf die Projektantragsbearbeitung und die Abwicklung der Projekte. Einflußnahme auf die CSC-Politik ist dabei kaum möglich.

Noch weniger durch die Zielgruppe beeinflußbar ist die HTWC, bei der sich der Kontakt mit der Zielgruppe auf die Projektdurchführung/Materialverteilung reduziert. Die Bedürfnisse der Zielgruppen werden ebenfalls nur indirekt abgefragt. Die eigentliche Formulierung der Programmarbeit erfolgt in der Diskussion zwischen Provinz-Mitarbeitern der HTWC und dem jeweiligen "District Administrator" der simbabwischen Regierung.

Eine besondere Form der Zielgruppenbeteiligung organisiert JBDF in Namibia. Auf Initiative der JBDF wurden Teile der Bevölkerung im Projektgebiet in einer Kooperative organisiert. Die Kooperative hat mit mehreren Personen Sitz und Stimme in den Organen der JBDF. De facto ist ihr Einfluß aber sehr gering, da sich die in der Koo-

perative organisierten San (ausnahmslos Analphabeten) im Konfliktfall kaum gegen die JBDF kontrollierenden Mitarbeiter (ausnahmslos europäische und US-amerikanische Akademiker) durchsetzen werden. Das von JBDF gewählte Modell entspringt eher einer guten Intention und kann erst in Zukunft im Zuge einer weiteren Emanzipation der Zielgruppe als Mitbestimmungsform Geltung erlangen.
Insgesamt gesehen zeigt die untersuchte Gruppe von sieben NGOs eine denkbar große Spannbreite in der Reichweite der organisatorischen Einbindung der Zielgruppen auf. Die Einbindung der Zielgruppen richtet sich dabei weitgehend nach den inhaltlichen Gegebenheiten der Projekt- und Programmarbeit und reicht von der völligen Kontrolle über die NGO (NGOCC) bis zur Nichtbeteiligung der Zielgruppen an der Formulierung der Politik der jeweiligen NGO (HTWC). Dies gilt aber nur für die Steuerung der NGOs selbst. Im Bereich der Projektformulierung konnte anhand vieler Projektbesuche festgestellt werden, daß alle NGOs (mit der regelbestätigenden Ausnahme der überwiegend Nothilfe leistenden HTWC) strikt dem Antragsprinzip folgen, Projekte nur durchgeführt werden, wo die betroffenen Gruppen dies explizit wünschen und den bestimmenden Beitrag zur Projektformulierung und -durchführung leisten. In diesem Bereich war regelmäßig eine große Zufriedenheit über die Vorgehensweisen der NGOs zu verzeichnen, die offensichtlich aus der ausgezeichneten Kenntnis der jeweiligen Situation vor Ort heraus im Sinne einer Marketingorientierung wesentlich erfolgreicher als im Verhältnis zu den Geldgebern agieren.

Drittes Arbeitsumweltsegment ist der Staat als Gegenüber der NGOs in ihren Ländern. Auch hier erfordert eine Marketingorientierung ein Verhalten gegenüber dem Staat, das diesen nicht zur Einstellung seiner Ressourcenlieferungen veranlaßt, die sowohl in finanziellen Leistungen zugunsten der NGOs als auch in der Gewährung der notwendigen formalen Freiheit (vgl. Kapitel 1.4.1 "Formale Freiheit") bestehen. Bei den untersuchten Organisationen gibt es wieder eine große Spannbreite des Verhaltens, die von weitgehender Abhängigkeit von Regierungsstellen über Kooperation bis zu ausgesprochen konfliktträchtigen Beziehungen reicht.
Drei der untersuchten Organisationen (BWA, SWCA, HTWC) sind als relativ staatsnah zu bezeichnen, wobei die BWA nach dem Zusammenbruch der Kommunikation mit den bisherigen Geldgebern finanziell

völlig von Zuwendungen des botswanischen Jugendrates abhängig ist, der die BWA-Arbeit unterstützt, ohne sich in den internen Entscheidungsfindungsprozeß der BWA einzumischen. In den Projektstandorten findet häufig eine enge Zusammenarbeit mit staatlichen Entwicklungsbehörden statt.
SWCA erfreut sich ebenfalls der Unterstützung staatlicher Stellen, die erforderlichenfalls Transportmittel zur Verfügung stellen. Obwohl in letzter Zeit die finanziellen Zuwendungen des Staates, unter Hinweis auf die gesunde finanzielle Situation der SWCA, auf einen eher symbolischen Beitrag empfindlich gekürzt worden sind, besteht nach wie vor eine gewisse Abhängigkeit der SWCA wegen der Nutzung staatlicher Bauten, in denen das Hauptquartier der SWCA Herberge gefunden hat. Diese Abhängigkeit wird aber wegen der guten Beziehungen zu Regierungsstellen (der Minister für Arbeit ist Vorstandsvorsitzender der SWCA) nicht als bedrohlich empfunden.
Ebenfalls enge Zusammenarbeit mit der Regierung pflegt die HTWC, worauf sie schon aus dem Erfordernis eines militärischen Begleitschutzes in Zimbabwes "sensitive areas" an der Grenze zu Mosambik und der notwendigen Zusammenarbeit mit den staatlichen Distriktverwaltungen angewiesen ist. Darüber hinaus erfolgt auf nationaler Ebene eine Zusammenarbeit mit dem "Department of Social Welfare", das wiederum auf die Ressourcen der HTWC in den Flüchtlingslagern angewiesen ist. HTWC ist auch Mitglied im "Parlamentarian Committee on MNR-activities" und besitzt im "Minister for Political Affairs" als ihrem Schirmherrn einen sehr einflußreichen Fürsprecher ihrer Aktivitäten, der erforderlichenfalls aktiv Interessenkonflikte zwischen HTWC und Regierungsstellen moderieren könnte, die deshalb gar nicht erst auftreten.
Staatsferner sind CSC, LWA und NGOCC. Aufgrund des autoritären Charakters der Regierung von Malawi wurde das CSC bereits zweimal verboten (vgl. Kapitel 3.5.2 "Christian Service Committee of the Churches of Malawi"), nachdem die Arbeit des CSC die Interessen lokaler Parteigrößen des herrschenden Regimes berührte. Nach Aussage des CSC sind diese Zwischenfälle als "Unfälle" zu bezeichnen und nicht charakteristisch für das Verhältnis zwischen Staat und CSC. Gleichwohl sind sie Indiz für die Grenzen der formalen Freiheit des CSC,[61] dem es seit 1976 durch die Einrichtung der sich

---

61 Aus einem Interviewprotokoll dazu das Zitat des CSC-Geschäftsführers: "It doesn't make sense to create conflicts. One will be the loser. ... There is still room to manoeuvre."

dreimal jährlich treffenden "CSC/Government-working-party" gelungen ist, Konflikte dieser Art im Vorfeld zu moderieren. Dabei spielt CSC in unterschiedlichen Aufgabenfeldern unterschiedliche Rollen. Während im Agrarsektor CSC eher eine Lückenbüßerfunktion wahrnimmt und massive staatliche Aktivitäten in diesem Bereich flankiert, gelang es CSC durch Dominanz im Punkt Sachkenntnis, die Meinungsführerschaft in den Arbeitsbereichen Wasserversorgung und Primarschulbau in Malawi zu erringen und seinerseits die Regierungsstellen massiv zu beeinflussen. In diesem Bereich bestehen erweiterte Handlungsspielräume.

Das Verhältnis von LWA zur Regierung von Lesotho ist durch gegenseitige Akzeptanz und wenige Berührungspunkte gekennzeichnet. LWA hütet sich, die Regierung in politisch sensiblen Bereichen herauszufordern und beschränkt sich bei der Einübung demokratischer Verhaltensweisen auf die eigene Organisation. Lediglich punktuell erfolgt eine Zusammenarbeit in den Bereichen Transport und Projektauswahl. Ca. 10 % der Projektstandorte der LWA gehen auf Anträge des Landwirtschaftsministeriums oder des Ministeriums für Ländliche Entwicklung zurück.

Auch NGOCC hat den Weg der Zusammenarbeit unter gleichzeitigem Verzicht auf staatliche Ressourcen gewählt. NGOCC agiert sehr geschickt als "pressure group" im Interesse der Rechte der Frauen und konnte sich durch sehr konstruktive Kritik an rechtlichen Gegebenheiten als Ratgeber der Regierung im Arbeitsbereich Frauenrechte profilieren. Die Grenze ihres Aktivitätsradius wird von NGOCC in offener, grundsätzlicher Kritik an der Regierung Sambias gesehen, die auf derartige Angriffe auf ihre Führungsposition sehr heftig zu reagieren pflegte.

Ungeklärt ist das Verhältnis der JBDF zur Regierung nach dem Machtwechsel in Namibia. Nachdem unter dem südafrikanischen Regime der Dauerkonflikt das prägende Element war, zeichnet sich momentan für JBDF eine Erweiterung ihres Handlungsspielraumes ab, nachdem die neue Regierung JBDF als die eigentlich sachkundige Organisation im Projektgebiet zu akzeptieren scheint.

Insgesamt zeigen die untersuchten NGOs einen sehr pragmatischen und illusionslosen Umgang mit ihren jeweiligen Regierungen. Dabei gelingt es in der Regel auch unter autoritären Regimen, durch die Einrichtung von Gesprächszirkeln oder die Ausnutzung persönlicher Beziehungen (vgl. die Ausführungen über "boundary spanners" in Kapitel 2.2.1 "Management des Marketing"), eingeengte Handlungsspielräume durch Beharrlichkeit wieder auszuweiten und angestrebte Ziele langfristig zu erreichen. Die Mehrzahl der NGOs verzichtet dabei auf finanzielle Zuwendungen des Staates. In zwei Fällen (BWA, SWCA) erwies sich der Staat in Krisensituationen als duldsamerer Partner als die institutionellen ausländischen Geber.

Viertes und letztes Arbeitsumfeldsegment der untersuchten NGOs sind ihre eigenen Dachverbände und andere NGOs im Lande, zusammen die "NGO-Landschaft" eines Landes. Hier entsteht die Frage, ob die NGOs in enger Zusammenarbeit mit anderen NGOs vorgehen und ihren politischen Einfluß durch Mitgliedschaft in Dachverbänden zu verstärken suchen (vgl. Kapitel 1.2.3 "Veränderungen im Aufgabenfeld der NGOs").
BWA pflegt nur Zusammenarbeit mit artverwandten europäischen (ivs, MS, SCI etc.) und afrikanischen (LWA, SWCA) NGOs und ist wie alle anderen Workcamporganisationen Mitglied im "Coordinating Committee for International Voluntary Service" (CCIVS) in Paris. In Botswana bestehen für die BWA nur Kontakte zum sie finanzierenden B.N.Y.C., und fallweise findet am Projektstandort eine Zusammenarbeit mit den botswanischen Jugendbrigaden statt.
CSC ist lediglich Mitglied im malawischen "Council for Social Welfare" (CSW), einem offensichtlich staatlich initiierten Dachverband zur Koordinierung der NGO-Aktivitäten. Der CSW kommt seiner Koordinierungsfunktion nicht nach und wird von CSC genauso wie von anderen malawischen NGOs eher als staatliche Kontrollinstanz, denn als Interessenvertreter der NGOs empfunden und deshalb abgelehnt.
Einige simbabwische NGOs sind Mitglied im "Executive Committee" der HTWC, und mit ihnen gibt es eine begrenzte Zusammenarbeit auf dem Gebiet der gemeinsamen Nutzung der eigenen materiellen Infrastruktur. HTWC ist Mitglied bei VOICE, dem simbabwischen NGO-Dachverband, der, weil zur Zeit selbst desorganisiert, kaum noch Unterstützung für Mitgliedsorganisationen anbieten kann. Ein in der Vergangenheit von HTWC-Mitarbeitern besuchter VOICE-Trainingskurs stieß auf positive Resonanz.
In Namibia fällt es JBDF schwer, angesichts der politisch polarisierten NGO-Landschaft Kontakte zu anderen NGOs aufzubauen. Es gibt Konflikte um die Abwerbung von Personal. JBDF arbeitet mit der "Farmers Cooperative" zusammen und steht der Mitgliedschaft in

einem namibischen NGO-Dachverband für die Zeit nach einer Neuordnung der namibischen NGO-Landschaft positiv gegenüber. LWA arbeitet nur mit NGOs außerhalb Lesothos zusammen. Ein NGO-Dachverband befand sich in Lesotho in Gründung. Gegen jede Art von Dachverband, der über netzwerkähnliche Strukturen hinausgeht, äußerte LWA eine ausgeprägte Skepsis.

NGOCC arbeitet eng mit den ihm angeschlossenen NGOs zusammen, äußerte aber ebenfalls Skepsis gegenüber dem bereits bestehenden Verband in Sambia bezüglich Intention und Leistungsfähigkeit. Diese Bedenken erscheinen angesichts des Leistungsvermögens des Dachverbandes berechtigt.

SWCA unterhält wie die anderen beiden Workcamporganisationen Kontakte zu befreundeten NGOs außerhalb Swazilands. Darüber hinaus bestehen Kontakte zu den "Girls Scouts" in Swasiland. SWCA ist außerdem Mitglied in allen drei NGO-Dachverbänden Swasilands[62] ohne sich dabei von einer Mitgliedschaft Vorteile zu versprechen, da die Dachverbände selbst desorganisiert und ineffektiv sind und bezüglich des Organisationsvermögens weit hinter die Fähigkeiten einzelner Mitglieds-NGOs zurückfallen.

Insgesamt spiegelt die Untersuchung der NGOs in drastischer Weise die in der Literatur geäußerten Vermutungen wider, daß in Afrika, ähnlich wie in Deutschland, die NGOs relativ unverbunden nebeneinanderher arbeiten, Arbeitskontakte nicht gesucht werden und eine ausgeprägte Skepsis gegenüber jeglichen Koordinierungsversuchen vorherrscht. Die Skepsis der NGOs wird durch den desolaten Zustand der NGO-Dachverbände allerdings bestätigt, die in keinem der Staaten des Untersuchungsgebietes ihrem Namen gerecht werden. Die besuchten NGO-Dachverbände sind (mit Ausnahme des NGOCC) einer Innenzentrierung anheimgefallen. Zum Beispiel konnte keiner der Dachverbände eine aktuelle Mitgliedsliste offerieren oder auf eine ihren Mitgliedern dienliche Aktivität jüngeren Datums verweisen. Selbst der in der Literatur vielgepriesene simbabwische NGO-Dachverband VOICE befindet sich in einer existenziellen Führungs- und Finanzkrise und bedarf zum Überleben energischer Aktivitäten seiner Mitglieder. Alle privaten NGO-Dachverbände fallen hinsichtlich ihrer organisatorischen Fähigkeiten hinter das diesbezügliche Leistungsvermögen ihrer Mitglieds-NGOs zurück.

---

62 Dies sind: "Swaziland National Youth Council", "National Assembly of NGOs", "Society of the Handicapped".

3.6.2 Aufgabenbereich Planung

Im Aufgabenbereich Planung ist zu fragen, wer in den untersuchten NGOs mit welchem Zeithorizont Planung vornimmt, ob ein Planungszyklus entsteht (vgl. die Ausführungen zum Planungszyklus in Kapitel 2.2.2 "Management der Planung") und aufgrund welcher Informationsgrundlage geplant wird. Dabei ist zu beachten, daß sich die NGOs einer unterschiedlichen Problemlage hinsichtlich ihrer Aktivitäten und ihres Wachstumsgeschwindigkeit gegenübersehen. Als Indikator für die Wachstumsgeschwindigkeit wurde der Anstieg der Einnahmen im jeweils untersuchten Dreijahreszeitraum[63] gewählt. Die Abbildung 15 zeigt die diesbezügliche Problematik von sechs der sieben untersuchten NGOs[64] auf.

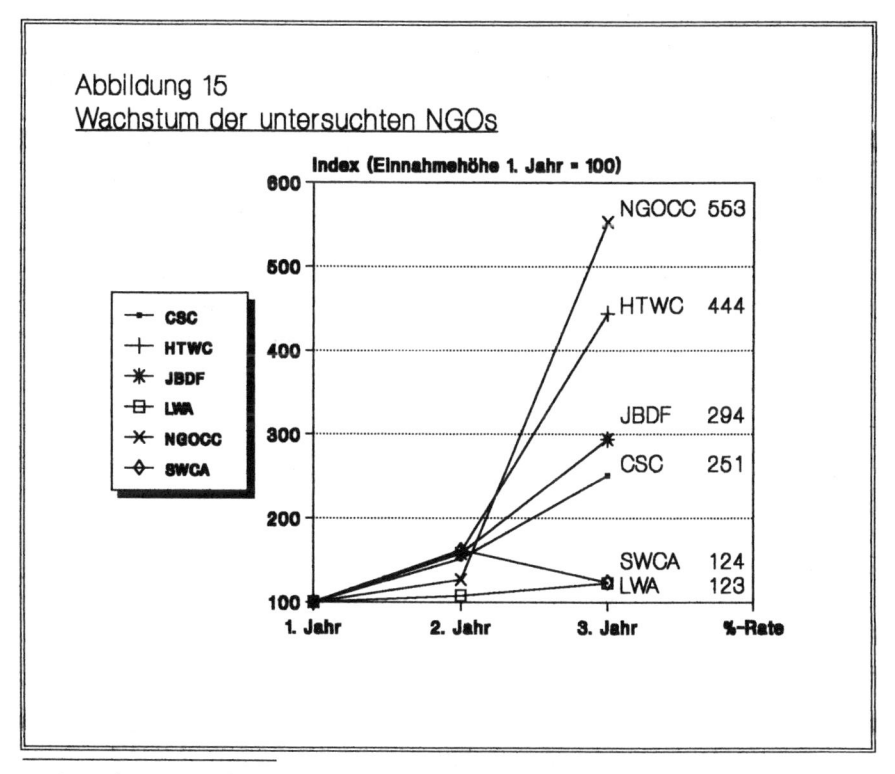

Abbildung 15
Wachstum der untersuchten NGOs

Index (Einnahmehöhe 1. Jahr = 100)

NGO	%-Rate
NGOCC	553
HTWC	444
JBDF	294
CSC	251
SWCA	124
LWA	123

---

[63] Um eine Verfälschung durch Inflationsschübe zu vermeiden, wurden die Einnahmen in DM umgerechnet. Zur Datenquelle der Umtauschkurse vgl. Kapitel 3.6.5 "Aufgabenbereich Finanzen".
[64] Die Einnahmesituation der BWA konnte nicht geklärt werden.

Die vier am schnellsten wachsenden NGOs (NGOCC, HTWC, JBDF, CSC) sind dabei als ökonomisch überhitzt zu bezeichnen, da bei ihnen in jedem Jahr des Untersuchungszeitraumes der Zuwachs der Einnahmen die kritische 25-Prozent-Marke (vgl. Kapitel 2.2.2 "Management der Planung) deutlich übersteigt, während sich LWA und SWCA aufgrund einer relativ stagnierenden Einnahmenentwicklung nicht der Situation gegenübersehen, ihre Organisation permanent an völlig neue Gegebenheiten anpassen zu müssen.

Im NGOCC erfolgt eine Planung lediglich durch Entscheidungen des Vorstandes, bestimmte Kampagnen oder Schulungsinitiativen für Mitgliedsorganisationen durchzuführen. Eine Planung, die über diesen Projekthorizont hinausgeht, findet nur ansatzweise im Bereich der Personalstruktur statt. Evaluationen, Kostenrechnung oder ein Projektberichtswesen als Informationsgrundlagen für eine strategische Planung bestehen nicht. Die Projekthaftigkeit der Planung erlaubt nur Budgetierungsversuche für kurze Zeithorizonte, und die Finanzierungsanträge bei den Botschaften europäischer Nationen in Lusaka entsprechen den Interessen der Botschaften an zeitlicher Begrenzung ihres Engagements. In der Folge unterbleibt nicht nur jede Budgetierung über Jahreszeiträume hinaus, sondern auch die Etablierung dauerhafter Beziehungen zu institutionellen Gebern, die an einer Stärkung und Verfestigung der NGOCC-Trägerstruktur interessiert wären. Dieser Ansatz hat negative Auswirkungen auf die Sicherung der finanziellen Existenzgrundlagen des NGOCC.

Während beim NGOCC zumindest die Ziele der Organisation relativ unmißverständlich formuliert sind, beginnt bei der HTWC das Planungsproblem bereits bei der ersten Position im Planungszyklus. In ihrer Satzung verpflichtet sich HTWC, Solidarität mit den Opfern südafrikanischer Destabilisierungspolitik zu üben. Bereits zu Beginn der Kampagne schien weitgehender Dissens über die Operationalisierung des Begriffes Solidariät zu bestehen, und in der Folge kam es de facto zu einer dualen Zielgebung, die einerseits in einer Anprangerung südafrikanischer Aggression und ihrer Folgen gewissermaßen das Übel an der Wurzel packen wollte, und andererseits einen Schwerpunkt in praktizierter Solidarität durch karitative Maßnahmen sah. Während zunächst beide Vorstellungen in einem unproblematischen Nebeneinanderher in unterschiedlichen Aktivitäten

(Informationsabteilung/Projektabteilung) realisiert wurden, entwickelte sich bald aus der konkreten Arbeit in den Projektstandorten eine Betonung der karitativen Arbeit, deren Attraktivität sowohl für inländische Spender als auch Nord-NGOs ursächlich für das rapide Wachstum der HTWC war. Erst in jüngster Zeit wurde die karitative Arbeit durch ein dauerhaftes Engagement in Flüchtlingslagern (Schul- und Brunnenbau, Einrichtung von Getreidemühlen etc.) ergänzt, das einen weiteren Professionalisierungsdruck auf die Mitarbeiterschaft bewirkte. Diese inhaltlich an sich unproblematische Hinwendung zu Projekten mit größerem Mitteleinsatz und weiteren Planungshorizonten erfährt ihre Dynamik allerdings ausschließlich aus den konkreten Erfordernissen in den Projektstandorten. Das für inhaltliche Schwerpunktverlagerungen dieser Art eigentlich verantwortliche "National Executive Committee" ist mit Routinearbeiten und Konfliktlösungen weitgehend absorbiert, und die erforderlichen Änderungen in der Struktur der HTWC werden nur mit großer zeitlicher Verzögerung, halbherzig und auf unzureichender Informationsgrundlage vorgenommen. In der Folge scheint die De-facto-Planung in die Hände der Geschäftsführung überzugehen. Entscheidungen von weitreichender Bedeutung werden im "staffmeeting" vorbereitet. Nach Einschätzung einiger Mitarbeiter befindet sich HTWC "in transition", ohne daß dazu die nötigen Ziele und Orientierungen gegeben werden. Eine erste Orientierungshilfe bot eine 1990 durchgeführte Evaluierung mit inhaltlich fundierten Empfehlungen, die aber aufgrund der mangelnden zeitlichen Ressourcen des Vorstandes noch nicht vollständig umgesetzt wurden. Entsprechend dieser Empfehlungen wurde der Geschäftsführer von Routinearbeiten entlastet, die in den Aufgabenbereich einer neu eingerichteten Verwaltungsabteilung überführt wurden, der ebenfalls die Finanzplanung weitgehend obliegt. Die Informationsgrundlage ist aber auch hier sehr dünn. Projektfortschrittsberichte liegen ebensowenig vor wie ein wirklich geordnetes Ablage- und Rechnungswesen. Aufgrund der Mängel in der Zielformulierung, wird so die Budgetierung innerhalb der HTWC zu einem konservativen Prozeß in einer sich wandelnden NGO, der lediglich im Bereich der Gemeinkosten ein Budget für jeweils ein halbes Jahr im voraus zu erstellen vermag und bereits erkannte und im Konsens als notwendig erachtete Weiterungen nur unvollständig berücksichtigt. Im Gegensatz zu diesen zu kurzatmigen Planungshorizonten von deutlich weniger als einem Jahr entstehen sporadisch und auf Geberangebote bezogene Planungs- und Budgetierungsversuche für Dreijahreszeiträume, die bisher noch nicht zu Erfolgen führten. Die Notwendigkeit einer durch einen breiten Konsens innerhalb der HTWC abgesicherten Planungsorientierung an den bereits bestehenden Projektrealitäten unterbleibt ebenso wie eine entsprechend großzügigere Budgetierung, die in den sich ständig wandelnden Projektstandorten Flexibilität erlaubt. Ebenso unterbleibt eine Orientierung an Zeithorizonten, die institutionelle Geber zu einem längerfristigen Engagement veranlassen kann. Die HTWC-Planung hinkt den sich schnell wandelnden Realitäten hinterher.

Mit jeweils mehr als einer Verdoppelung der Einnahmen innerhalb eines Dreijahreszeitraumes, sind auch die älteren Organisationen JBDF und CSC als ökonomisch überhitzt zu bezeichnen. JBDF löst dabei die entstehenden Planungsprobleme ungleich geschickter als NGOCC oder HTWC und denkt über einen Planungshorizont von zehn Jahren hinaus. Gemäß der klaren und sehr langfristigen Zielsetzungen (Seßhaftmachung der San, Alphabetisierung, Einführung von landwirtschaftlichen Methoden etc.) wurden bereits vor Jahren mit der Gründung der San-Kooperativen organisatorische Voraussetzungen erfüllt, die in ihrer Tragweite erst in der Zukunft Bedeutung finden werden. Die Einrichtung von lokalen Projektzentren erfolgt bezüglich der Standortwahl ebenfalls gemäß den Erfordernissen zukünftiger Entwicklungen. Es bleibt für JBDF wie in allen anderen NGOs das Problem, auf wechselhaftes Verhalten der Geber vorbereitet zu sein. Dazu wurde ein Dreijahresplan erstellt, der ergänzt wird durch eine sehr detailfreudige Budgetierung, die noch den nötigen Spielraum für die Projektmitarbeiter läßt. Für dieses Dreijahresprogramm wurden Geber gefunden, so daß das Kernprogramm von JBDF geplant und ausreichend finanziert erscheint. Ergänzt wird dieses Dreijahresprogramm fallweise durch Sonderprogramme (z.B. Brunnenbau), wenn diese erforderlich sind. Eine eventuelle Nichtfinanzierung dieser Aktivitäten würde JBDF nicht in existenzielle Krisen führen. Liquiditätsengpässe sind nicht zu erwarten, vielmehr führen Reserven zu Zinseinkünften, die über die Zuführung zu den freien Mitteln die finanzielle Flexibilität erhöhen. Formuliert wird die Planung ausschließlich von der Mitarbeiterschaft, die auch den Vorstand dominiert. Verbesserungsbedürftig wäre das

Rechnungswesen, insbesondere durch die Einführung einer zumindest rudimentären Kostenrechnung. Die Effektivität der Organisation, und damit die eventuelle Notwendigkeit von Planrevisionen, wurde bisher durch externe Evaluationen nicht begleitet, so daß trotz klarer Zielsetzungen, ausreichender Budgetierungen und eines guten Berichtswesens der Planungszyklus hier unvollständig bleibt.

Auch das CSC in Malawi bewältigte einen großen Anstieg der Einnahmen ohne grundsätzliche Planungsprobleme. Verantwortlich für die Planung ist die Geschäftsführung, die im Konsens mit dem CSC-Vorstand und unter Ausnutzung des Sachverstandes relativ gut ausgebildeter Abteilungsleiter und Sachbearbeiter Planungsvorstellungen entwirft. Die Zielvorstellungen sind dabei sowohl Ergebnis bereits gesammelter Erfahrungen (einige Einzelprogramme blicken auf Laufzeiten von mehr als zehn Jahren zurück) und des Dialogs mit den Gebern, der insbesondere durch mehrtägige "donor consultations" institutionalisiert wurde, in denen die CSC-Programme der Geber-Gemeinschaft vorgestellt werden. Der Zeithorizont erstreckt sich bei den Planungen über ca. fünf Jahre, von denen vier Jahre relativ konkret ausformuliert sind, da ein Teil der Geber bereit ist, sich auf Finanzierungslaufzeiten von drei Jahren festzulegen. Die Formulierung der Planung erfolgt dabei erforderlichenfalls auch ohne Geberzusagen, und ein "Fundraising Department" ist für die Erreichung entsprechender Zusagen zuständig. In der Regel bleibt auch bei Ausbleiben erwarteter Zusagen ausreichend Zeit, um alternative Finanzierungsmöglichkeiten zu suchen. Weitere Unterstützung bei der Planung findet die Geschäftsführung in Informationen aus einem ausreichend strukturierten Rechnungswesen, das auch über hinreichende kostenrechnerische Daten verfügt, sowie in einer eigenen Forschungsabteilung, die unter anderem auch für die Vor- und Nachbereitung der nahezu jährlich durchgeführten Evaluationen von Teilbereichen des CSC verantwortlich ist. Die Empfehlungen dieser Evaluationen werden sorgfältig beachtet und fließen in Planungsrevisionen ein. Problematisch aus der Sicht des CSC ist, daß Evaluationen in zu geringem Zeitabstand zur Projektdurchführung von den Gebern eingefordert werden und die Geschwindigkeit, mit der Geber Änderungen in ihren Arbeitsschwerpunkten vornehmen und versuchen, CSC diesbezüglich zu beeinflussen. Es konnte bemerkt werden, daß CSC durchaus nicht alle Projektfinanzierungsangebote akzeptiert, sondern mit Verweis auf eigene Grenzen die Durchführung von größeren Programmen auch ablehnt.

Bezogen auf die Einnahmen weisen die beiden Workcamporganisationen SWCA und LWA eher Tendenzen zur Stagnation auf und verzeichnen auf unterschiedlichem Niveau vergleichsweise geringe Zuwachsraten. Den kürzeren Planungshorizont hat dabei SWCA. Bei der gegebenen ausreichenden Anzahl von Bewerbungen um die Ausrichtung von Workcamps beschränkt sich die Planung darauf, die Durchführungsbedingungen vor Ort zu prüfen, eine Prioritätenliste der Projekte aufzustellen und in Relation zum Kontostand eine entsprechende Anzahl von Workcamps durchzuführen. Der Planungshorizont reicht dabei kaum über die nächste Workcampsaison (halbjährlich) hinaus. Bei den kürzeren Weekend-Camps kann sich die Vorlaufzeit auf wenige Tage beschränken, da die Mitglieder sich über Radiosendungen in mehr als ausreichender Anzahl kurzfristig mobilisieren lassen. Diese Vorgehensweise erlaubt ein sehr flexibles Reagieren bei den von SWCA ebenfalls durchgeführten Nothilfe-Workcamps, führte aber nicht zur Notwendigkeit von Planung und Budgetierung über mehr als einige Monate hinaus. Wie bereits im Arbeitsbereich Marketing beschrieben, nutzt SWCA die durch Engagement der Mitgliedschaft und das Wohlwollen der Geber vorhandenen Möglichkeiten nicht völlig aus. Der größte Planungsmangel besteht dabei in der Kurzlebigkeit der mit Gebern eingegangenen Beziehungen und der damit einhergehenden mangelnden Absicherung der finanziellen Existenzgrundlage.

Auch LWA hat zur Zeit nur einen geringen Bedarf an langfristiger Planung. Die Aktivitäten der LWA sind gut eingeübt und vollziehen sich mit ausgesprochener Routine. Der Geschäftsführer wählt mit den Vorstandsmitgliedern aus den ca. 30 jährlich eingehenden Anträgen ca. 20 Projektplätze aus. Jeweils vor Jahresende wird das Budget für das folgende Jahr erstellt. Da zur Finanzierung der relativ uniformen Budgetvorstellungen etablierte Beziehungen zu Gebern bestehen, verbleibt als Planungsproblem lediglich die Sicherstellung der Finanzierung eines Teiles der Gemeinkosten und, als größeres Problem, die Überbrückung periodisch wiederkehrender Liquiditätsengpässe zu Jahresbeginn infolge verzögerter Auszahlung bereits zugesagter Mittel durch die Geber. LWA könnte mit den vorhandenen Personal- und Materialressourcen, dem Weiterbildungsangebot für Mitglieder und dem vorhandenen eingeübten Rechnungs- und Berichtswesen auch einen erheblich größeren Mittelzufluß (z.B. durchlaufende Mittel zugunsten ihrer Projektpartner in ländlichen Regionen) absorbieren.

In der dritten Workcamporganisation, der BWA, fand Planung bei meinem Arbeitsbesuch nicht mehr statt. Die einzelnen lokalen Gliederungen der BWA werden fallweise selbst aktiv und organisieren die Finanzierung der Workcamps mit lokalen Ressourcen. Die Erstellung eines überzeugenden Konzeptes zur Reaktivierung der BWA ist offensichtlich durch die ehrenamtlichen Akteure in Gaborone nicht leistbar und wird erster Arbeitsauftrag eines noch einzustellenden Koordinators sein, für dessen Finanzierung ein Geber noch nicht gefunden ist.

Insgesamt zeigt die Analyse der Planungssituation der untersuchten NGOs auf, daß etablierte NGOs mit eingeübten Planungsinstrumenten und klaren Zielsetzungen erhebliche Steigerungen ihres Budgets (auch über der 25-Prozent-Marke) verkraften können (JBDF, CSC), beziehungsweise noch über weitere Absorptionskapazitäten verfügen können (LWA). Kritischer hingegen sind erhebliche Einnahmesteigerungen bei jungen NGOs, die noch keine Planungsinstrumente entwickelt haben. Zumindest sollten solche Zuwendungen von der Finanzierung der Einrichtung eben dieser Kompetenzen (z.B. durch Finanzierung von Evaluationen, Investitionen in Weiterbildung und Büroorganisation, Gehälter von Verwaltungsfachleuten, fachliche Beratung etc.) flankiert sein. Wie einige Beispiele zeigten (insbesondere die Diskrepanzen in der Herangehensweise bei ähnlicher Aufgabenstellung zwischen SWCA und LWA), kann die Einforderung von Planungsergebnissen und konkreten Budgetvorstellungen für die Gesamtorganisation durchaus der Ausbildung entsprechender Kapazitäten förderlich sein, beziehungsweise kann der Verzicht auf den Nachweis geplanten Vorgehens unter Umständen zu einer Vernachlässigung in der Ausbildung derartiger Fertigkeiten führen (NGOCC).

3.6.3 Aufgabenbereich Personal

Im Aufgabenbereich Personal stellt sich die Frage, mit welcher Personalstruktur (vgl. dazu die Ausführungen zur besonderen Personalsituation in NGOs in Kapitel 2.2.3 "Personalmanagement") die NGOs arbeiten und wie diese sich auf die jeweilige Personalsituation auswirkt. Die NGOs haben dabei unterschiedliche Optionen gewählt oder aufgrund ihrer finanziellen Situation wählen müssen.

Die BWA ist in der untersuchten NGO-Gruppe die einzige NGO, die zur Zeit ausschließlich von ehrenamtlichem Engagement getragen wird. Während NGOCC und SWCA ihre hauptamtlichen Mitarbeiter nicht marktgerecht entlohnen, zahlen CSC, JBDF und LWA Löhne, die unterschiedlichen Personalmärkten gerecht werden. Eine Sonderrolle nimmt die HTWC ein, die mit einer dualistischen Struktur nur einige Mitarbeiter marktgerecht entlohnt. Die Abbildung 16 zeigt einen Überblick über die gewählten Personalstrukturen, die im folgenden detaillierter dargestellt werden.

Abbildung 16
Personalstruktur der untersuchten NGOs

NGOs	Anzahl der hauptamtlichen Mitarbeiter	Orientierung der Gehaltsstruktur
BWA	0	nur ehrenamtliche Mitarbeiter
CSC	54	Orientierung am öffentlichen Sektor
HTWC	9	dualistische Struktur: teilweise nicht marktgerecht, teilweise Orientierung am öffentlichen Sektor
JBDF	14	Orientierung am privaten Sektor
LWA	8	Orientierung am öffentlichen Sektor
NGOCC	5	nicht marktgerecht
SWCA	2	nicht marktgerecht

Die BWA verlor Mitte der achtziger Jahre, infolge ihres finanziellen Zusammenbruchs, ihr hauptamtliches Personal. Obwohl die Mitglieder des neuen Vorstandes sich redlich mühen, BWA zu reaktivieren, ist dies trotz der noch aktiven lokalen Gliederungen ohne hauptamtliches Personal nicht möglich, weil die arbeitsintensive Vorbereitung von Workcamps sowie die Aufrechterhaltung der Kommunikation mit Gebern, befreundeten Organisationen und der Mitgliedschaft in "Feierabendarbeit" nicht leistbar ist. Da institutionelle Geber deshalb zu Recht nicht substantiell in die BWA-Arbeit investieren wollen, liegt eine Lösung der BWA-Problematik momentan nur in der Unterstützung durch personalentsendende Dienste, die durch die Entsendung von qualifizierten Freiwilligen die Wiedereinrichtung eines dauerhaften und permanenten Geschäftsbetriebes erst ermöglichen könnten. Das gesamte - zur Zeit ebenfalls überwiegend brachliegende - ehrenamtliche Arbeitspotential in den BWA-Gliederungen ließe sich solcherart ebenfalls wieder mobilisieren.

In der SWCA wird diese auch außerhalb der jeweiligen Saison unerläßliche Koordinationsaufgabe von zwei hauptamtlichen Mitarbeitern durchgeführt. Ein Geschäftsführer und eine Verwaltungsangestellte sind dabei in der Lage, eine Menge ehrenamtlicher Arbeit zu mobilisieren, die die Arbeitsmenge der Hauptamtlichen um ein Vielfaches übersteigt. Besonders die wenigen älteren SWCA-Mitglieder leisten dabei die nötigen Koordinationsarbeiten in den Projektstandorten und dienen als Bindeglied zwischen örtlichen Aktivitäten und der SWCA-Zentrale. Tendenziell ist dieses gedeihliche Nebeneinander von ehren- und hauptamtlicher Arbeit gefährdet durch die Unterlassung einer marktgerechten Entlohnung der hauptamtlichen Mitarbeiter. Der Geschäftsführer erhält lediglich ein Unterhaltsgeld von ca. 350 DM monatlich auf der Basis eines befristeten Vertrages mit UNDP. Nachgebessert wird dies durch "sidepayments" in Form von Mietzahlungen etc.. Die Verwaltungsangestellte arbeitete zunächst als "volunteer" und erhielt später von SWCA ein Unterhaltsgeld in Höhe von ca. 100 DM monatlich. Im städtischen Umfeld von Mbabane reicht dies nicht zum Leben und beträgt nur ca. 20 % der im privaten Sektor für vergleichbare Tätigkeiten üblichen Löhne. Deutlich wird hier das häufig vorgefundene Konzept, nach dem un- oder unterbezahlte Mitarbeiter als "volunteers" bezeichnet werden, um die Zahlung unzureichender Gehälter (euphemistisch: "allowances") inhaltlich zu rechtfertigen. So positiv die Rekrutierung von hauptamtlichen Mitarbeitern aus den Reihen der ehrenamtlichen Helfer, und damit die Nutzung ihrer hohen Motivation und des internen Arbeitsmarktes, zu bewerten ist, so bedenklich ist auch im Fall der SWCA das Vorenthalten von landesüblichen Löhnen und insbesondere von Arbeitsplatzgarantien. Beide Mitarbeiter äußerten in Interviews ein hohes Maß an Identifikation mit den SWCA-Zielen, deuteten aber auch darauf hin, daß aufgrund ihrer persönlichen Verpflichtungen in absehbaren Zeiträumen ein Arbeitsplatzwechsel für sie zwingend werden könnte.

Ähnlich wie bei SWCA ist auch die Situation bei NGOCC gekennzeichnet durch ein hohes Maß an ehrenamtlicher Mitarbeit und unterbezahlter hauptamtlicher Mitarbeit. Die ehrenamtliche Arbeit zeigt sich insbesondere in der Vorbereitung und Durchführung von Kampagnen. Zentrale Koordinationsfunktion hat dabei das hauptamtliche Personal. Die Position der Geschäftsführerin war zum Zeitpunkt der Untersuchung nicht besetzt. Die Aufgabe der Geschäftsführung wurde teilweise von Vorstandsmitgliedern und teilweise interimistisch von der einzigen Programmkoordinatorin wahrgenommen. Unterstützende Funktion haben drei dafür unzureichend ausgebildete Verwaltungskräfte (Sekretärin, Buchhalterin, Bote). Die Mitarbeiterschaft bezahlt auch in der NGOCC eine hohe Identifikation mit den Zielen der Organisation und eine große Zufriedenheit mit den Inhalten der eigenen Arbeit mit empfindlichen Defiziten in den Bereichen Arbeitsplatzsicherheit und Lohnhöhe. Während die Zahlung eher symbolischer Gehälter ("allowances") für die Verwaltungshilfskräfte noch mit deren unzureichendem Ausbildungsstand gerechtfertigt werden könnte, ist die Gehaltshöhe der aus dem Staatsdienst beurlaubten Koordinatorin und momentanen Leistungsträgerin im Bereich der hauptamtlichen Mitarbeiter und De-facto-Geschäftsführerin bedenklich. Diese gut ausgebildete und außerordentlich engagierte Fachkraft könnte durch die jederzeit mögliche Rückkehr in den Staatsdienst ihr Gehalt nahezu verdreifachen. Da Gehaltserhöhungen nicht in Aussicht gestellt sind, ist mit der Abwanderung von Mitarbeitern zu rechnen, denen die persönliche Situation ein langfristiges Engagement für die Ziele des NGOCC nicht mehr erlaubt.
Der für die Verwaltung der NGO notwendige Sachverstand ist in der Mitarbeiterschaft nicht ausreichend vorhanden. Weiterbildungsmaßnahmen sind der persönlichen Initiative der Mitarbeiter überlassen. Screening-Effekte werden teilweise durch den im Vorstand des

NGOCC versammelten Sachverstand der Vertreterinnen der Mitglieds-NGOs ausgeglichen. Dabei ist zu betonen, daß gerade in diesem Bereich NGOCC aufgrund der satzungsgemäßen Zielsetzung Vorbildfunktion haben sollte.

In einer besonderen Situation befindet sich die **HTWC**, bei der sich der Übergang von einer von ehrenamtlicher Mitarbeit getragenen Kampagne zu einer professioneller agierenden NGO in einer dualen Personalstruktur niederschlägt. Ursprünglich wurden die Arbeiten der Kampagne von zehn "volunteers" durchgeführt, die im Verlauf des Wachstums der HTWC mit Erfolg die Zahlung einer "allowance" von ca. 100 DM monatlich beim Vorstand einforderten. Diese "allowances" wurden extern finanziert. Da unter den zehn Freiwilligen infolge der bereits beschriebenen NPO-typischen Screening-Effekte (vgl. Kapitel 2.2.3 "Personalmanagement") niemand über Verwaltungs- oder Wirtschaftskenntnisse verfügte, mußte HTWC, zur Bewältigung der im Zuge des schnell wachsenden Budgets und den daraus resultierenden gestiegenen Qualifikationsanforderungen, zu marktüblichen Konditionen Fachpersonal einstellen. Mit Auslaufen der externen Finanzierung wurde allen zehn "volunteers" gekündigt, wogegen diese sich u.a. wegen der für sie existenziell wichtigen "allowances" erheblich und mit Erfolg zur Wehr setzten. Zum Zeitpunkt der Untersuchung hatte - ca. ein Jahr nach diesem Konflikt - die Hälfte der "volunteers" die HTWC bereits wegen der offensichtlich mangelnden Arbeitsplatzsicherheit verlassen und andere Anstellungen gefunden. Unter den insgesamt zwölf Mitarbeitern verdienten die zuletzt gekommenen die höchsten Gehälter. Drei "volunteers" waren formal angestellt mit Gehaltshöhen, die sich an vergleichbaren Positionen im öffentlichen Sektor orientieren.

Im Vergleich zu allen anderen untersuchten NGOs ergab sich in den Interviews deutlich die geringste Motivation zu einem langfristigen Engagement für die eigene Organisation. Aufgrund der unklaren Zielsetzung der HTWC, der unsicheren Finanzierung der Gehälter und als Ergebnis der sich aus der dualen Gehaltsstruktur ergebenden erheblichen Konflikte sah keiner der Mitarbeiter der HTWC eine Arbeitsperspektive, die über einen Zeithorizont von ein bis zwei Jahren hinausreichte.

Die notwendige Aufhebung der Screening-Effekte durch Nutzung des externen Arbeitsmarktes geschieht dabei unter teilweiser Ignorierung des internen Arbeitsmarktes. Die Chance, durch betriebliche Weiterbildung oder durch Finanzierung außerbetrieblicher Weiterbildung und Qualifizierung in Verbindung mit Kündigungssperrverträgen den internen Arbeitsmarkt zu nutzen, wurde vermutlich bereits vertan. Es besteht Grund zu der Annahme, daß von den ursprünglich zehn "volunteers" die Qualifizierteren eher in der Lage waren, außerhalb der HTWC eine Anstellung zu finden. Ein entsprechendes Qualifizierungsangebot an die verbliebenen "volunteers" wurde in einer Evaluierung angemahnt,[65] erfolgte aber bisher nicht. Auch für die später eingestellten Fachkräfte erscheint die etwas diffuse Zielsetzung der HTWC bedrohlich. Entsprechende Unsicherheiten und der Hinweis auf mangelnde Karrieremöglichkeiten wurden in den Interviews durchgängig artikuliert. Das schnelle Wachstum der finanziellen Ressourcen und die damit einhergehende Steigerung im Qualifizierungsbedarf lassen Weiterbildungsmaßnahmen auch für die Fachkräfte sinnvoll erscheinen. Ein entsprechendes Konzept existiert nicht.

Im Gegensatz zur HTWC waren die Mitarbeiter im <u>CSC</u> von Beginn an formal angestellte Mitarbeiter, wenn zunächst auch nicht bezahlt nach marktüblichen Konditionen. Der Rückgriff auf ehrenamtliches Engagement beschränkte sich auf die Koordination in den Projektstandorten. Durch die Einrichtung der "Project Execution Committees" in allen Projektstandorten, wurde dieses ehrenamtliche Engagement erst in jüngster Zeit formalisiert. Zum Zeitpunkt der Untersuchung hatte CSC 54 festangestellte Mitarbeiter, von denen 28 als "labourer"[66] bezeichnet wurden. Die momentane Personalstruktur ist das Ergebnis einer in den Jahren 1988 und 1989 durchgeführten Professionalisierungskampagne, bei der unzureichend ausgebildetes Personal weitergebildet wurde oder, im Falle der Unmöglichkeit von Weiterbildung, von der Zentrale in Außenstellen versetzt oder entlassen wurde. Gleichzeitig wurden die Gehälter spürbar über das Niveau des öffentlichen Sektors erhöht und zusätzlich qualifiziertes Personal eingestellt.
Die Reduzierung und Qualifizierung des Personalbestandes sowie die

---

65 Vgl. CHINEMANA 1990, S. 16.
66 Die Arbeiter waren der Verwaltung und dem Brunnenbauprogramm zugeordnet. Weitere fünf Arbeiter sind in einer Baufirma beschäftigt, deren Eigner CSC ist. Zusätzliche Arbeiter werden bei Bedarf fallweise befristet eingestellt.

Revision der Gehaltsstrukturen wurde von den verbliebenen Mitarbeitern als sehr sinnvoll und nötig begrüßt. Es besteht eine hohe Arbeitsplatzsicherheit, ein für malawische Verhältnissse gutes Lohnniveau und außerdem die Möglichkeit, innerhalb der CSC eine "NGO-Karriere" zu realisieren. Neben diesen guten materiellen Voraussetzungen wird die Zufriedenheit mit Inhalten und Form der Mitarbeit betont. Insbesondere die neuen, ausnahmslos aus verantwortlichen Positionen des öffentlichen Sektors abgeworbenen Mitarbeiter begrüßen die Weiterbildungsmöglichkeiten und artikulieren sehr große Genugtuung über die im Vergleich zum staatlichen Vorgehen effektiven Arbeitsmethoden und De-facto-Kompetenzen innerhalb CSC. Einzelne Mitarbeiter gingen dabei so weit, die Arbeit bei CSC mit Attributen wie "Ende der Desillusionierung/Frustration" zu belegen. Angeworben wurden diese Mitarbeiter mit einem Gehalt, das ca. 5 Prozent über ihrem damaligen Regierungsgehalt lag.

Screening-Effekte sind im CSC nicht spürbar, weil das CSC seit der Gründung eine ausreichend differenzierte Personalstruktur hatte, die stets die Anstellung von fachlich geschultem Personal auch für Verwaltungsaufgaben beinhaltete. Die bisherigen Weiterbildungsmaßnahmen konzentrierten sich ebenfalls auf den Managementbereich und führten dazu, daß in allen Abteilungen ausreichend kaufmännisches Wissen vorhanden ist, um z.B. inhaltliche Vorgaben auch in Budgetierungen oder Antragsformulierungen umsetzen zu können.

Im Bereich der Weiterbildung blickt CSC auf eine lange Tradition zurück. Bereits in einer Evaluierung aus dem Jahre 1972 wird positiv erwähnt,[67] daß drei CSC-Mitarbeiter von einem Studium in Wales zurückgekehrt seien und drei weitere in Deutschland studierten. Dabei führte die CSC-Tradition, Weiterbildung in der Regel in Form eines Hochschulstudiums in Europa durchzuführen, Ende der achtziger Jahre zu Problemen, als drei Abteilungsleiterpositionen wegen Weiterbildungsaktivitäten nur interimistisch besetzt waren. Das strategisch bedeutsame "Project- and Fundraising Department" wurde dabei vernachlässigt. Obwohl diese Vorgehensweise zu Recht in einer Evaluation kritisiert wurde,[68] verfügt CSC nunmehr über für

---

67 Vgl. MEIN 1972, S. 45.
68 CSC 1987, S. 7: "Officially the PFRD has got a head of department but he left for further training in 1983 und has not yet come back. Since then the position has been filled by a staff member on the acting position and three (3) people have been in that position since 1983. We do not know how CSC expect such people to make any long term plans ... "

NGO-Verhältnisse ausgezeichnet qualifizierte Mitarbeiter, die auch in der Lage sind, in der bereits beschriebenen Weise staatlichem Wollen ihre profunde Sachkenntnis wirkungsvoll gegenüberstellen zu können. Insgesamt wären aber weniger zeit- und kostenintensive Weiterbildungsmaßnahmen für die Zukunft vorzuziehen, die ausreichend wären, den internen Arbeitsmarkt in der bewährten Form zu nutzen, zumal die mobilitätserhöhende Wirkung akademischer Ausbildung kaum gewährleistet, daß die entsendende Organisation auch in den Genuß der Früchte ihrer Humankapitalinvestitionen kommt.

Noch konsequenter als CSC verzichtete JBDF auf ehrenamtliche Mitarbeit in der Zentrale. Alle Gehälter orientieren sich am Lohnniveau des privaten Sektors in Namibia. Zum Zeitpunkt der Untersuchung hatte JBDF insgesamt 14 festangestellte Mitarbeiter und stellte fallweise bis zu sechs Arbeiter mit jeweils befristeten Verträgen an. Von den 14 Festangestellten arbeiten lediglich drei (Geschäftsführerin, Bürokraft, Buchhalterin) in der JBDF-Zentrale in Windhoek, während alle anderen Mitarbeiter (Agrartechniker, Lehrer, Camp-Manager, Dolmetscher etc.) im Projektgebiet tätig sind. Während sechs der Mitarbeiter aus der Zielgruppe rekrutiert werden konnten, sind andere Mitarbeiter aus dem Ausland (Kanada, USA, Australien) angeworben worden und haben auf eine Laufzeit von einigen Jahren befristete Arbeitsverträge.
Aufgrund der finanziellen Lage der JBDF besteht hohe Arbeitsplatzsicherheit, die genauso wie die Höhe der Löhne von den Mitarbeitern positiv zur Kenntnis genommen wird. Eine Karriere innerhalb der JBDF ist nicht möglich, da alle Mitarbeiter hochspezialisiert sind und aufgrund der Altersstruktur und der Motivationslage mit dem Weggang von höherdotierten Mitarbeitern nicht zu rechnen ist. Die Mitarbeiter artikulierten Zufriedenheit mit den materiellen Leistungen, stellten aber als eigentliches Plus der NGO Inhalt und Form der Arbeit in den Vordergrund. Die hohe Identifikation mit den JBDF-Zielen wird durch die momentane politische Situation Namibias ergänzt, die neue Handlungsspielräume und damit den Mitarbeitern ein bis dahin ungewohnt hohes Maß an Kreativität erlaubt und abverlangt.
Screening-Effekte sind insofern spürbar, als daß bei der hohen Eigenständigkeit der Mitarbeiter und der bisherigen Überschaubarkeit der Aktivitäten eine Herausbildung professioneller Büro- und Ver-

waltungsstrukturen unterblieb. Dieses Manko wurde erst in jüngster Zeit mit der quantitativen Ausweitung der Aktivitäten virulent. Es kann kaum durch Weiterbildung der spezialisierten und ausgelasteten Mitarbeiter beseitigt werden, sondern muß durch Einwerbung entsprechender Fachkenntnisse auf dem externen Arbeitsmarkt behoben werden. Bisher bediente sich JBDF vergleichsweise aggressiver Abwerbemethoden und verursachte damit in der Vergangenheit bereits Konflikte mit davon betroffenen anderen NGOs. Weitere Personalanwerbungen müssen deshalb im privaten Sektor erfolgen, der in Namibia im Bereich der Verwaltungsfachkräfte von einem für afrikanische Verhältnisse außerordentlich hohen Gehaltsniveau gekennzeichnet ist.

LWA hat nur einheimische Mitarbeiter angestellt und kommt somit völlig ohne personelle Unterstützung von Ausländern aus, wie eine Evaluierung aus dem Jahre 1976 ausdrücklich hervorhebt.[69] Zum Zeitpunkt der Untersuchung waren bei LWA acht Personen fest angestellt. Neben dem Geschäftsführer waren dies vier Sachbearbeiter (Buchhalterin, "training-officer" etc.), eine Sekretärin und zwei Hilfskräfte. Die LWA-Zentrale fungiert dabei als Koordinationsstelle und mobilisiert ein erhebliches Potential an ehrenamtlicher Mitarbeit durch ihre Freiwilligen und durch das Engagement der in den Workcampstandorten verantwortlichen Helfer.
Eine hohe Arbeitsplatzsicherheit ist dadurch gegeben, daß die Gehälter der sechs Fachkräfte durch entsprechende Geberzusagen abgesichert sind. Lediglich die zwei Hilfskräfte muß LWA aus ihrem Potential der Gemeinkostenfinanzierung entlohnen. Wie bei den anderen NGOs besteht keine Renten- oder Krankenversicherung zugunsten der Arbeitnehmer. Diese haben bei LWA ein eigenes Sparsystem zur Altersvorsorge etabliert, das sie aus ihren Gehältern zu finanzieren versuchen. Die Gehaltshöhe entspricht in etwa der vergleichbarer Positionen im öffentlichen Dienst Lesothos. Die Mitarbeiter sind generell mit der Lohnhöhe zufrieden, gehen dabei aber von einem Inflationsausgleich auch in der Zukunft aus. Bis auf einen Mitarbeiter sind alle LWA-Arbeitnehmer ehemalige Freiwillige und aktive Mitglieder der LWA. Lediglich der "programmeofficer" wurde nicht auf diesem erweiterten internen Arbeitsmarkt identifiziert, sondern wurde von einer Behörde abgeworben. Bis auf

---

69 Vgl. THOMAS 1986, S. 4.

eben diesen Sachbearbeiter äußerten alle anderen große Übereinstimmung mit den Zielen der LWA und große Zufriedenheit mit den Inhalten ihrer Arbeit, was sich auch in Unterstützung der LWA-Aktivitäten außerhalb der normalen Arbeitszeiten erkennen läßt. Lediglich der extern angeworbene Mitarbeiter war mit seiner Lohnhöhe unzufrieden, war der Meinung, LWA sei "understaffed" und deutete an, daß LWA für ihn kein Dauerarbeitgeber sein könne, wohingegen die Ex-Freiwilligen längerfristige Perspektiven in ihrem LWA-Engagement aufzeigten. Die Sekretärin war bezüglich der Karriereaussichten skeptisch und wollte einen dauerhaften Verbleib von Änderungen in ihrem Aufgabenfeld abhängig machen.
Die durch die tendenzielle Vernachlässigung des Verwaltungsbereichs in NGOs häufig spürbaren Screening-Effekte waren in der LWA nicht zu finden. Wohl durch Einfluß einiger institutioneller Geber und die räumliche Nähe zum "Food-Security-Assistance-Program" der Welthungerhilfe (für das LWA de jure als Träger fungiert), ist die Einrichtung einer geordneten Buchhaltung und die Etablierung von Berichtswesen, Ablagesystematik, Buchprüfung etc. früh genug erfolgt und durch Geber ausreichend finanziert worden.
Die Weiterbildung der ehrenamtlichen Mitglieder erfolgt durch LWA-interne Schulungskurse. Für die hauptamtlichen Mitarbeiter sind Weiterbildungsmaßnahmen weder vorgesehen noch zwingend notwendig.

Zusammenfassend kann festgestellt werden, daß die untersuchten NGOs (Ausnahme: JBDF) in unterschiedlich hohem Grad auf ehrenamtliche Mitarbeit angewiesen sind. Dies gilt für die Arbeit der mehrheitlich ehrenamtlich besetzten Vorstände, aber in weitaus höherem Maße für die Durchführung der Koordinationsarbeit in den Projektstandorten. Ohne dieses ehrenamtliche Engagement wäre die Arbeit der NGOs kaum denkbar, zumindest kaum finanzierbar. Unterschiedlich genutzt wurde dabei das enorme Mobilisierungspotential der Workcamporganisationen (BWA, LWA, SWCA), die bei ausreichender Funktionsfähigkeit der Zentralen jährlich Hunderte von Freiwilligen aktivieren können (SWCA, effektiver: LWA).
Das Beispiel der BWA zeigt, daß neben das ehrenamtliche Engagement eine hauptamtliche Professionalität treten sollte, um insbesondere den arbeits- und zeitaufwendigen Aufgaben der Berichterstattung, Rechenschaftslegung, Finanzorganisation etc. in einem Maße nachzukommen, das den üblichen Standards genügt.

Das hauptamtliche Personal war in der Regel hochmotiviert, zeigte Verantwortung für die zu leistende Arbeit und identifizierte sich mit den Zielen ihrer Organisationen (vgl. die Ausführungen zur Arbeitnehmermotivation in Kapitel 2.2.3 "Personalmanagement"). In besonderem Maße trifft dies auf die Arbeitnehmer zu, die aus dem ehrenamtlichen Umfeld der NGOs rekrutiert worden sind. Teilweise wird dieses Engagement mit Gehaltshöhen unter dem Existenzminimum alles andere als honoriert (HTWC, NGOCC, SWCA). Neben konfliktträchtigen dualistischen Personalstrukturen (HTWC) scheint bedenklich zu sein, daß kaum eine der untersuchten NGOs[70] versuchte, mit der Finanzierung von Sozialleistungen (Renten-, Kranken-, Unfallversicherung, Unterkunft etc.) die Arbeitnehmer an sich zu binden, obwohl in einigen Ländern derartige Leistungen sowohl im öffentlichen als auch im privaten Sektor durchaus üblich sind.
Bestätigt haben sich die Vermutungen über NPO-typische Screening-Effekte (vgl. die diesbezüglichen Ausführungen in Kapitel 2.1 "Zur Theorie von Non-Profit-Organisationen" und Kapitel 2.2.3 "Personalmanagement"), wie sie auch NEUBERT in Ostafrika beobachtet hat.[71] Der Mangel an "Management-Begabungen" im Bereich der NGOs kann offensichtlich nicht durch Rekrutierungen im internen Arbeitsmarkt behoben werden. Kaum eine der untersuchten NGOs beschritt den Weg der Qualifizierung von Mitarbeitern für diesen Bereich (lediglich ansatzweise: CSC). Eine andere Lösungsoption besteht im "Einkauf" entsprechender Fachkräfte (vgl. die Ausführungen zur Nutzung des externen Arbeitsmarktes in Kapitel 2.2.3 "Personalmanagement") über Gehälter, die tendenziell über dem Lohndurchschnitt in NGOs liegen (CSC, HTWC, tendenziell: JBDF). Vielen NGOs ist die Anwerbung entsprechender Fachkräfte finanziell nicht möglich (NGOCC, BWA, SWCA) oder wird nicht stringent genug verfolgt, weil die Einsicht in entsprechende Notwendigkeiten noch unvollkommen ausgeprägt ist (JBDF). Als äußerst positiv zu bewerten

---

70 CSC richtete eine Unterstützungskasse für seine Mitarbeiter ein und zahlt einigen Mitarbeitern eine "housing allowance". SWCA gewährte dem Geschäftsführer eine "housing allowance".
71 NEUBERT 1990 a, S. 307: "Die qualitative Verbesserung der NRO-Arbeit erfordert eine entsprechende Qualifizierung der Mitarbeiter. Der Großteil des alten Personalstammes der NROs kommt aus dem Sozialbereich und verfügt über praktische Felderfahrungen, dagegen sind Verwaltungs-, Planungs- und Organisationsfähigkeiten nicht ohne weiteres vorauszusetzen.". Vgl. auch die Darstellung der häufig zu beobachtenden Aversionen gegen Mathematik im Non-Profit-Sektor bei McLAUGHLIN 1986, S. 327.

ist die Bereitschaft von Gebern, sich an der Aufgabe der Erfüllung ihrer eigenen Informationsbedürfnisse durch Beratung und Finanzierung entspechender Positionen zu beteiligen (LWA). Die Gesamtheit der NGOs macht bedauernswerterweise keinen Gebrauch von angepaßten, kurzfristigen, extern finanzierbaren, arbeitsplatzbezogenen Weiterbildungsmaßnahmen, wie sie durch einige überregionale NGO-Dachverbände (IRED etc.) auch in Afrika angeboten werden.

3.6.4 Aufgabenbereich Kontrolle und Rechnungswesen

Im Arbeitsbereich Kontrolle stellt sich die Frage, ob trotz der beobachteten Screening-Effekte in der Personalausstattung der NGOs die möglichen Kontrollinstrumente (vgl. Kapitel 2.2.4 "Management von Kontrolle und Rechnungswesen") ausreichend entwickelt und angewandt werden. Neben der Frage, <u>ob die NGOs in einem ausreichendem Maße von ihren Vorständen beurteilt, geführt und kontrolliert werden</u> können, spielt das Rechnungswesen hier eine besondere Rolle. Zunächst hat eine <u>Buchhaltung</u> so ausreichend korrekt und zeitnah zu arbeiten, daß den Verantwortlichen jederzeit Informationen über den finanziellen Zustand zur Verfügung gestellt werden können. Die Abschlüsse dieser Buchhaltung müssen Gegenstand einer externen <u>Buchprüfung</u> sein. Ergänzt werden sollte diese Buchhaltung einer NGO durch eine <u>Fondsverwaltung</u>, die Einnahmeherkunft und die Art eventueller Zweckbindungen registriert, entsprechend den Geberauflagen Berichte erstellt und die Zweckentsprechung der Mittelverwendung bedarfsweise nachweisen kann. Zur Steuerung der NGO selbst und zur Befähigung, durch qualifizierte Anträge mit längerfristiger Zielsetzung eine dementsprechend langfristige Bindung der Geber zu erreichen, sollte eine NGO in der Lage sein, jeweils in Abhängigkeit von der Arbeitsweise und der Zielsetzung der NGO, für einen ausreichenden Zeitraum im voraus eine <u>Budgetierung</u> vorzunehmen. Zur Erhöhung der innerbetrieblichen Transparenz und zur <u>Sicherstellung zweckentsprechender Mittelverwendung muß ferner jeder Mißbrauch von NGO-Ressourcen</u> durch Einrichtung entsprechender Vorkehrungen verhindert werden. In größeren NGOs mit komplexeren Strukturen sollten die bisher aufgeführten Instrumente des Rechnungswesens durch eine der Komplexität der NGO entsprechende <u>Ko-</u>

stenrechung ergänzt werden, die insbesondere die Aufgabe hat, die projektgebundenen Aufwendungen von den Gemeinkosten so zu trennen, daß den Verantwortlichen ein klares Bild der im Bereich der Gemeinkostenfinanzierung zu leistenden Aufgaben (vgl. Kapitel 3.6.5 "Aufgabenbereich Finanzen") dargestellt werden kann. Alle quantitativen Instrumente des Rechnungswesens bedürfen der Ergänzung durch externe Evaluationen, insbesondere um so objektiv wie möglich die Effektivität der NGOs im Bereich der Projektarbeit prüfen und gegebenenfalls zu Revisionen von Zielen oder Vorgehensweisen (vgl. die Ausführungen zum Planungszyklus in Kapitel 2.2.2 "Management der Planung") kommen zu können.

Nur in drei der untersuchten sieben NGOs war eine ausreichende Kontrolle der Organisation durch ihre Vorstände (vgl. hierzu die Ausführungen zur Eignerstruktur in Kapitel 2.1 "Zur Theorie von Non-Profit-Organisationen") gegeben. Im NGOCC setzt sich der Vorstand in sehr kurzen Intervallen zusammen und ist exzellent über das Geschehen im NGOCC informiert. Im CSC und in der LWA finden sich ebenfalls die Vorstandsmitglieder ausreichend oft zusammen, um informiert zu sein. Bedenklich ist bei CSC, daß von der Geschäftsführung wichtige Problembereiche mehrmals auf die Tagesordnung der Vorstandssitzungen gesetzt werden müssen, um schließlich mit teilweise erheblicher Verzögerung einer Entscheidung zugeführt werden zu können.
In vier NGOs erfüllte der Vorstand seine Aufgaben nicht ausreichend. Ein völliges Versagen muß dem Vorstand der BWA der Jahre 1983 bis 1986 attestiert werden, der eine erhebliche Mitschuld am weitgehenden Zusammenbruch der Organisation zugibt.[72] Verwöhnt durch die Leistungsfähigkeit der ersten Geschäftsführer, verzichtete der Vorstand nach der Übergabe der Geschäftsführung in botswanische Hände nicht nur auf jegliche Kontrolle, sondern stellte einen offensichtlich betrügerischen und bereits suspendierten Geschäftsführer nach dessen Klageandrohung wieder ein, weil polizeiliche Ermittlungen aufgrund einer manipulierten, lückenhaften Buchführung keine Beweise erbringen konnten. Diese Haltung führte zu dem - aufgrund der damals noch abwartenden Haltung der Geber vermeidbaren - finanziellen Zusammenbruch der Organisation.
Der Vorstand der HTWC nimmt seine Aufgaben ebenfalls ungenügend

---

72 Vgl. MANGOLE 1986, S. 4.

wahr. Zielkonfusion und Personalkonflikte innerhalb der Kampagne sind weitgehend Ergebnis einer Entscheidungsfindung, die zeitlich weit den tatsächlichen, durch die Projektrealitäten induzierten Veränderungen hinterherhinkt.
Zur Zeit unproblematisch ist die diesbezügliche Situation innerhalb der JBDF. Dank der vielfältigen Personalunionen zwischen Mitarbeiterschaft und Vorstand ist letzterer gut informiert, aber relativ funktionslos, da sich letztendlich die Mitarbeiterschaft durch ihre Dominanz im "Management Committee" des Vorstandes selbst kontrolliert.

Die dominierende Führungsperson im Vorstand der SWCA, der Arbeitsminister Swasilands, muß seine Kontrollfunktionen aufgrund sehr limitierter zeitlicher Ressourcen auf die Kontrolle der Ausgaben der Organisation begrenzen. Die notwendige inhaltliche Begleitung der SWCA sowie die erforderliche Diskussion relevanter Managemententscheidungen erscheint nur sehr beschränkt möglich.

Im Bereich der <u>Buchhaltung</u> (vgl. die Ausführungen zu den Erfordernissen des Rechnungswesens in Kapitel 2.2.4 "Management von Kontrolle und Rechnungswesen") verfügten nur CSC und LWA über Systeme, die weitgehend korrekt das Geschäftsgebaren der Organisation wiedergeben und zeitnah genug sind, um den Verantwortlichen die für Entscheidungsfindungen notwendigen Informationen zu liefern.
Die Buchführung der BWA befindet sich zur Zeit in der Wiederaufbauphase. Ältere Unterlagen sind in ganzen Jahrgängen nicht mehr aufzufinden und besaßen nur eingeschränkten Wahrheitsgehalt.[73]
Die HTWC verfügt über ein erst im Aufbau befindliches Buchführungssystem, das in der Durchführung zeitlich zu weit hinter der Realität liegt, als daß es als innerbetriebliche Informationsquelle von Nutzen sein könnte.
Ähnlich ist die Situation in der JBDF, in der ein kürzlich professionalisiertes Buchführungssystem noch nicht zeitnah genug geführt wird, um als Informationsquelle zu dienen.
NGOCC und SWCA verfügten über keine Buchführungssysteme und sind für die notwendigen Arbeiten auf externen Sachverstand angewiesen.
Ergänzend ergibt sich die Frage, ob die Ergebnisse der Buchführung

---

[73] MANGOLE 1986, S. 5: "... the books were so cleverly fiddled up with, to a point where even the auditors couldn't make head and tail out of them."

wirklich ein vollständiges Abbild der Realität bieten. Bis auf die
JBDF[74] versuchte z.B. keine der NGOs die erheblichen ehrenamtlichen Leistungen ihrer Mitglieder (insbesondere: LWA, SWCA) wertmäßig zu erfassen. Auch wurde beobachtet, daß Einnahmen nicht registriert wurden,[75] obwohl eine Ausweisung NGO-eigener Leistungen gegenüber den Gebern von Vorteil für die NGOs wäre.

Viele NGO-Satzungen und Geber-Ansprüche verlangen regelmäßige externe Rechnungsprüfungen. Die Mehrheit der NGOs (CSC, LWA, NGOCC, SWCA) läßt ihre Buchführung vollständig und ohne zeitliche Lücken derartig überprüfen, wobei die Prüfer des CSC und der LWA einem erweiterten Prüfungsmandat folgend gesonderte Prüfungen für einzelne Geber durchführen. Die HTWC und die JBDF haben derartige Rechnungsprüfungen bisher nicht durchgeführt. Bei der BWA lag nur eine unvollständige Rechnungsprüfung für das Jahr 1985 vor.

Neben der Buchhaltung und Rechnungsprüfung ist die Einrichtung einer Fondsverwaltung der dritte zu beachtende Sektor des Rechnungswesens, dem wegen seiner Relevanz für die Beziehungen zu den Geldgebern (vgl. dazu auch Kapitel 2.2.1 "Management des Marketing") in NGOs eine besondere Bedeutung beizumessen ist. In der Mehrzahl der NGOs (BWA, CSC, LWA, NGOCC) gab es für die zweckgebundenen Zuwendungen Extrakonten in der eigenen Buchhaltung (CSC, LWA) oder sogar separate Bankkonten für zweckgebundene Zuwendungen (NGOCC), durch die sichergestellt wurde, daß nach der Projekt- oder Programmdurchführung auch eine Abrechnung der finanziellen Zuwendungen erfolgen konnte.[76]
HTWC, JBDF und SWCA verfügten zum Zeitpunkt der Untersuchung über keine standardisierte Registratur, und die Schriftgutablage erfolgte nach Gutdünken der jeweiligen Mitarbeiter. Die Korrespondenz mit Gebern war ersichtlich unvollständig, und wesentliche Do-

---

74 In Anträgen an Geber setzt JBDF für jeden Arbeitstag der Zielgruppenmitglieder im Projektaufbau zehn RSA-Rand an.
75 Die Buchprüfung der SWCA weist z.B. für 1988 keinerlei Einnahmen aus, was sachlich nicht richtig sein kann. JBDF betreibt einen schwunghaften Kunstgewerbehandel zugunsten der Zielgruppe, der ebenfalls nicht buchhalterisch erfaßt ist. Ähnliche Vorgehensweisen waren bei fast allen NGOs zu beobachten.
76 Der CSC hatte lediglich Probleme, die geforderten Projektfortschrittsberichte zu erstellen, weil infolge Personalmangels teilweise das Monitoring unterblieb und Projektträger ungenügend an CSC berichteten. Vgl. auch CSC 1987, S. 23.

kumente wurden durch die ungeordnete Ablage einem erneuten Zugriff entzogen. In der Folge wurden Berichte an Geber teilweise ohne Bezug auf Zweckbindungen erstellt, weil diese nicht exakt (teilweise nur durch Rückschluß auf die Anträge) bekannt waren. Bei SWCA führte diese Vorgehensweise zu erheblichen Konflikten mit Gebern, in deren Folge die Zusammenarbeit von seiten der Geber abgebrochen wurde. Ähnliche Konflikte mit Gebern sind bei HTWC und JBDF nicht zu verzeichnen gewesen.

Zu bemerken ist an dieser Stelle, daß eine ungenügende Fondsverwaltung nicht zwingend mit einer nicht zweckentsprechenden Mittelverwendung einhergeht. Lediglich der Nachweis der Zweckentsprechung ist schwer zu führen und dies ist zunächst eher ein Verstoß gegen die eigenen NGO-Interessen und gegen Vereinbarungen mit Gebern als gegen Rechtschaffenheit.

Im Bereich der <u>Budgetierung</u> sind denkbar große Unterschiede in der untersuchten NGO-Gruppe festzustellen (vgl. auch die Darstellungen der Planungshorizonte in Kapitel 3.6.2 "Aufgabenbereich Planung"). Die Mehrzahl der untersuchten NGOs verfügt über eine Budgetierung mit in Abhängigkeit von der Aufgabenstellung ausreichendem zeitlichen Vorlauf. BWA und LWA arbeiten mit Budgetierungshorizonten von jeweils einem Jahr, wobei die Budgets der LWA aufgrund der relativ sicheren Einnahmeerwartungen und der relativen Gleichartigkeit der Aufgaben sehr detailliert sind. JBDF und CSC haben wegen der langfristiger angelegten Kooperationsvereinbarungen mit Gebern jeweils sehr konkret formulierte Budgets für drei Jahre im voraus und gröbere Budgetvorstellungen für vier bis fünf Jahre im voraus. Die HTWC hat wegen der sich an Notfallsituationen anzupassenden Aufgabenstellungen ein wesentlich weniger detailliertes Budget. Wenige NGOs verfügen über unterschiedliche Budgets für verschiedene Geberzusagenszenarios (CSC, JBDF) und einige NGOs benutzen die Budgetierung mittels monatlicher oder saisonaler Etatzuweisungen auch als Instrument der Ausgabenkontrolle (CSC, JBDF, HTWC, LWA).
Über keinerlei Budgetierungen verfügen dagegen NGOCC und SWCA, wobei im NGOCC das Instrument Budgetierung völlig unbekannt zu sein schien.

Eine denkbar negative Publicity und mitunter verheerende Wirkung auf das Verhalten der Geber bringt die Nachricht von <u>Ressourcen-</u>

mißbrauch innerhalb von NGOs mit sich. Geeignete Vorkehrungen gegen diese auch auf die Arbeitsmoral innerhalb der NGOs sich äußerst negativ auswirkenden Fälle sind besonders an den klassischen Schwachstellen zu treffen. Insbesondere beim Umgang mit Bargeldbeständen, bei der Prüfung der sachlichen und rechnerischen Richtigkeit von Zahlungsanweisungen, bei der Verwaltung von Lagerbeständen, beim privaten Gebrauch von Dienstfahrzeugen[77] und bei der Prüfung der Rationalität von Personalentscheidungen ist offensichtlich besondere Sorgfalt geboten.

Ausreichende Beachtung dieser Prinzipien scheint in Form von enger Kontrolle durch Rechnungswesen, Vermeidung unregistrierter Bargeldumsätze, Kontrolle der Ausgaben und reglementiertem Zugang zu Fahrzeugen in CSC, HTWC, JBDF und NGOCC[78] zu bestehen.

In allen drei Workcamporganisationen führte das Fehlverhalten ehemaliger Geschäftsführer zu existenziellen Krisen. Zu geringe Kontrolle führte dazu, daß der BWA-Geschäftsführer umfangreiche Unterschlagungen vornahm und zur Vertuschung die gesamte Buchführung auf Dienstreisen mitnehmen konnte. Erst die externe Buchprüfung führte zur Aufdeckung von Unterschlagungen und des illegalen Verkaufs von BWA-Ausrüstungsgegenständen. Dieser Mißbrauch führte zu den bereits geschilderten Folgen für BWA.

In Lesotho hatte der Vorgänger des während der Untersuchung amtierenden Geschäftsführers, bei ansonsten engagierter und professioneller Führung der LWA, dem Druck der eigenen Familie folgend Verwandte als Sachbearbeiter eingestellt, denen später Unterschlagungen und Einbrüche in LWA-Materiallager nachgewiesen wurden. Die Vorfälle führten erst nach Konflikten zur Entlassung dieser Mitarbeiter und des Geschäftsführers und in der Folge zu einer Führungs- und Finanzkrise in der LWA. Konflikte jüngeren Datums sind ein Ergebnis völlig unzureichender Regelungen für die private Nutzung von Dienstfahrzeugen sowie einer unzureichenden Kontrolle

---

77 Nichts einzuwenden ist gegen eine Überlassung dienstlicher Fahrzeuge zur privaten Nutzung, wenn dies aufgrund von Vereinbarungen, z.B. als "side payments", geschieht. Die nicht vereinbarte Nutzung stellt jedoch einen Mißbrauch dar, der in einigen NGOs zu heftigen Konflikten führte.
78 Im NGOCC führte der Einsatz eines Dienstfahrzeuges als Taxi für ein privates Fuhrunternehmen zur sofortigen Entlassung der sich bereichernden Geschäftsführerin. Im CSC wurden ebenfalls Manipulationen eines dänischen Freiwilligen entdeckt und führten zum umgehenden Landesverweis. In der HTWC und in der JBDF waren ähnliche Fälle nicht bekannt.

über die Bareinnahmen der LWA. Nachdem 1988 Unterschlagungen von Bareinnahmen durch Plausiblitätskontrollen der externen Rechnungsprüfung entdeckt wurden und zur Entlassung der Buchhalterin führten, wurde 1989 von den Prüfern erneut ein Bargelddefizit attestiert und erneut eine Verbesserung der Kontrollinstrumente angemahnt, ohne daß dies bisher zu Verfahrensänderungen führte.
Wie BWA und LWA geriet auch SWCA durch Mißbrauch der NGO-Ressourcen seitens der Geschäftsführung in eine existenzielle Krise. 1987 wurden umfangreiche Unterschlagungen entdeckt, die zur Zahlungsunfähigkeit der SWCA führten. Der Geschäftsführer und sein Stellvertreter wurden entlassen, und die Arbeit der SWCA kam vorübergehend zum Stillstand. Ein der BWA ähnliches Schicksal blieb SWCA erspart, da es einem von UNDP finanzierten sambischen Freiwilligen als Geschäftsführer gelang, SWCA mit Hilfe einheimischer Spenden zu revitalisieren. Bis heute konnte SWCA aber das Leistungsniveau der frühen achtziger Jahre nicht wieder erreichen. Die Vorkehrungen gegen einen erneuten Mißbrauch von SWCA-Ressourcen sind nach wie vor in einigen Bereichen (Einnahmekontrolle, Nutzung der Fahrzeuge etc.) völlig unzureichend, wenn auch die Kontrollen bei Zahlungsanweisungen vom neuen Vorstand genauer vorgenommen werden.

Die _Kostenrechnung_ dient in NGOs vordringlich der Abgrenzung von Projekt- und Verwaltungskosten. Der CSC gelang es durch kostenrechnerische Bemühungen, ihren ausgewiesenen Verwaltungskostenanteil auf ein niedrigeres Niveau zu reduzieren und dadurch ein realistischeres Abbild ihrer Kostenstruktur darzustellen. Einer der Geber (EZE) hatte daran maßgeblichen Anteil und nahm eine wichtige beratende Funktion wahr. Als Ergebnis der Kostenrechnung ist auch der Entschluß zu sehen, die Bauaktivitäten der CSC einer rechtlich selbständigen CSC-eigenen Baufirma zu übertragen, die mittlerweile mit Erfolg auch Drittgeschäfte durchführt.
Über ein ähnlich klares Bild über die eigene Kostenstruktur verfügt nur die LWA, in der aufgrund sehr detaillierter Budgetierungen und Finanzberichte kostenrechnungsähnliche Informationen in ausreichendem Maße vorhanden sind.
In den anderen NGOs (BWA, HTWC, JBDF, NGOCC, SWCA) bestand relative Unklarheit über die eigene Kostenstruktur und insbesondere über das Verhältnis von Verwaltungs- zu Projektdurchführungskosten. Lediglich die HTWC verfügt über Ansätze einer Kostenrechnung und war

in der Lage, grob zwischen Verwaltungs- und Programmkosten zu unterscheiden.

Letzter hier diskutierter Teil des Kontrollinstrumentariums ist die Evaluation (vgl. die Ausführungen zu qualitativen Kontrollmethoden in Kapitel 2.2.4 "Management von Kontrolle und Rechnungswesen") als qualitatives Meßinstrument für die Effektivität der NGOs. Nur ein Teil der untersuchten NGOs (CSC, HTWC, LWA) war bisher Gegenstand von umfassenden Evaluationen.
Das CSC als Gesamtorganisation, CSC-Programmteile sowie der über Programmfinanzierung gesicherte Teil der Aktivitäten waren Gegenstand mehrer Evaluationen.[79] Die wiedereingerichtete Forschungs- und Planungssektion des CSC ist mitverantwortlich für Vor- und Nachbereitung der Evaluationen, deren Ergebnisse beachtet wurden und nach Prüfung mit zeitlichen Verzögerungen auch zu Änderungen im CSC-Verhalten führten.
Die HTWC wurde 1990 evaluiert,[80] und die Empfehlungen werden in Teilen umgesetzt. Bei der LWA wurde auf Drängen eines Gebers 1986 eine Evaluation durchgeführt,[81] deren Hauptempfehlungen zu einer verbesserten Nachbetreuung der Projekte führten. Die LWA-Evaluation wurde allerdings mit so großer zeitlicher Verzögerung durchgeführt, daß das Prozedere zur Verärgerung eines Gebers führte und offensichtlich Anlaß für den Abbruch der Kooperation wurde, obwohl das Ergebnis der Evaluation Inhalt und Vorgehensweise der LWA-Arbeit grundsätzlich positiv bewertete.
Die Mehrheit der NGOs (BWA, JBDF, NGOCC, SWCA) war nie Gegenstand einer umfassenden externen Evaluation, obwohl dies auch im Sinne der Legitimation der eigenen Arbeit als durchaus sinnvoll anzusehen wäre (insbesondere: JBDF) oder zur externen Begleitung der inhaltlichen Arbeit wünschenswert wäre (NGOCC, SWCA).

Aus dem dargestellten läßt sich insgesamt eine Einschätzung des Leistungsvermögens der untersuchten NGOs zusammenfassen, wie sie

---

79 Interne CSC-Evaluation 1972 (MEIN 1972), externe CSC-Evaluation 1981 (CSC 1981), Geber-Konsultationen 1983 (CSC 1983), externe Schulbauprogrammevaluation 1986 (UNIVERSITY OF MALAWI 1986), Geber-Konsultationen 1986 (CSC 1986), externe Evaluation des "Community Living Programme" 1987, "Programm Financing Report 1981 - 1986" (CSC 1987).
80 CHINEMANA 1990.
81 THOMAS 1986.

in Abbildung 17 zu sehen ist. Dabei fällt auf, daß die insgesamt im Bereich des Rechnungswesens stark unterstützten NGOs CSC (EZE-beeinflußt) und LWA (DWHH-beeinflußt) durchgängig fast alle Kontrollinstrumente entwickelt haben.

Abbildung 17
Leistungsvermögen der Kontrollinstrumente:

Kontroll-Instrumente \ NGO	BWA	CSC	HTWC	JBDF	LWA	NGOCC	SWCA
1. Vorstandskontrolle:		x			x	x	
2. Buchhaltung:		x			x		
3. Rechnungsprüfung:		x			x	x	x
4. Fondsverwaltung:	x	x			x	x	
5. Budgetierung:	x	x	x	x	x		
6. Sicherheit:		x	x	x		x	
7. Kostenrechnung:		x			x		
8. Evaluation:		x	x		x		

X = Mindestanforderungen erfüllt

Weiterhin ist festzustellen, daß die Entwicklung der Kontrollinstrumente der untersuchten NGOs keineswegs entlang der eingangs in diesem Kapitel dargestellten Prioritäten erfolgt. Vielmehr sind grundlegende Bereiche (Kontrolle durch die Vorstände, Buchhaltung) eher schwach ausgebildet (BWA, HTWC, JBDF, NGOCC, SWCA), während weitergehende Erfordernisse, aufgrund der Ansprüche der Geber an das einen Antrag begleitende Zahlenmaterial (Budgetierung) und die Minimalanforderung an eine Abrechnung auch bei zweckungebundenen Zuwendungen (Rechnungsprüfung), ausgeprägter ausgebildet sind (BWA, CSC, HTWC, JBDF, LWA, NGOCC). Die Mehrheit der Evaluationen wurde ebenfalls erst auf Anregung oder Verlangen der Geber (CSC, LWA) erstellt. Zu beobachten ist also die Tendenz, daß die Entwicklung von Kontrollinstrumenten eher ein Reflex auf Geberwünsche ist, als daß aus den NGOs selbst heraus die Notwendigkeit von Kontrolle über die eigene Organisation gesehen und in entspechende Aktivitäten umgesetzt wird. Die Vorstellung des diesbezüglichen Leistungsvermögens der NGOs als Funktion der Geberansprüche läßt es im Zusammenhang mit den beobachteten Screening-Effekten (vgl. Kapitel 3.6.3 "Aufgabenbereich Personal") dann auch nicht mehr verwunderlich erscheinen, daß Grundlagen des Rechnungswesens (Buchhaltung) unzureichend ausgebildet sind (BWA, HTWC, JBDF, NGOCC, SWCA) oder die übliche Rechnungsprüfung - selbst als Verstoß gegen die eigene Satzung - unterbleibt (BWA, HTWC, JBDF).

3.6.5 Aufgabenbereich Finanzen

Vor der Diskussion der finanziellen Situation der untersuchten NGO-Gruppe und der Erörterung spezieller Problembereiche (Geberspektrum, mangelnde eigene Einnahmen, Gemeinkostenfinanzierung, Liquidität, Programmfinanzierung und Geberverhalten), soll die Herkunft der Ressourcen der untersuchten NGOs dargestellt werden.[82] Dazu werden die Einnahmen des jeweils jüngsten dokumentierten Dreijahreszeitraumes abgebildet, um Veränderungen in der Finanzierung der NGOs aufzuzeigen. Wegen der besonderen Bedeutung eigener Einnahmen wurden jeweils die eigenen Einnahmen nach den Kategorien Erträge,[83] Zinsen, Verkäufe,[84] Beiträge,[85] Spenden,[86] Vermietung[87] und der Kategorie Verschiedenes differenziert.[88]

---

82 Eine Darstellung der Finanzsituation der BWA muß dabei unterbleiben, da die dort vorliegenden Unterlagen zur Darstellung relevanter Sachverhalte nicht ausreichen.
83 Dies umfaßt neben den Gebühreneinnahmen für Projektabwicklungen auch Erträge aus NGO-eigenen kommerziellen Unternehmungen.
84 Dies umfaßt Verkäufe aller Art (in der Regel den Verkauf ausgemusterter Fahrzeuge).
85 Diese Kategorie umfaßt Beiträge und Spenden von Mitgliedern.
86 Die Kategorie Spenden umfaßt alle Spenden von privaten inländischen Nicht-NGO-Mitgliedern.
87 Es handelt sich hierbei um die Vermietung von Gebäuden und Unterkünften.
88 Um eine sinnentstellende Darstellung durch die Auswirkungen der mitunter drastischen Inflationsschübe auszuschließen, werden die Einnahmen in DM dargestellt. Als Umrechnungskurs wurde der Devisenmittelkurs zur jeweiligen Jahresmitte gemäß Auskunft der Landeszentralbank Berlin errechnet. Für RSA-Rand wurde dabei der Kurs des "Commercial Rand" zugrunde gelegt. Daraus ergeben sich folgende Umtauschkurse: 1986 (1987) (1988) (1989) (1990):
<u>1 RSA-Rand = Maluti = Emalangeni =</u>
    1,126 DM (0,893 DM) (0,785 DM) (0,703 DM) (0,626 DM)
<u>1 Malawi-Kwacha =</u>
    0,826 DM (0,801 DM) (0,684 DM) (0,685 DM) (0,587 DM)
<u>1 Sambia-Kwacha =</u>
    0,294 DM (0,227 DM) (0,224 DM) (0,181 DM)(0,0553 DM)
<u>1 Simbabwe-Dollar =</u>
    1,267 DM (1,092 DM) (1,004 DM) (0,917 DM) (0,675 DM)

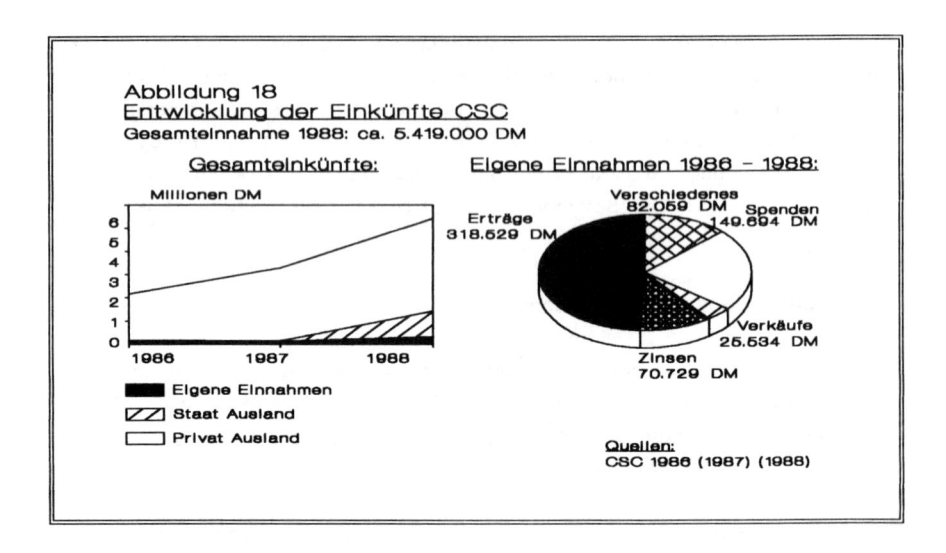

**Abbildung 18
Entwicklung der Einkünfte CSC**
Gesamteinnahme 1988: ca. 5.419.000 DM

Gesamteinkünfte: (Millionen DM, 1986–1988)
- Eigene Einnahmen
- Staat Ausland
- Privat Ausland

Eigene Einnahmen 1986 – 1988:
- Verschiedenes 82.059 DM
- Spenden 149.694 DM
- Erträge 318.529 DM
- Verkäufe 25.534 DM
- Zinsen 70.729 DM

Quellen:
CSC 1986 (1987) (1988)

Abbildung 18 zeigt die Entwicklung der Einnahmen des CSC. In Relation zu den Gesamteinnahmen sinkt der Anteil der Selbstfinanzierung bei steigenden Gesamteinnahmen (aus Nord-NGOs und UN-Organisationen) von ca. 8 % (1986) auf ca. 6 % (1988) der Gesamteinnahmen. Wesentliche Bestandteile der Selbstfinanzierung sind Erträge aus dem Betrieb der CSC-eigenen Baufirma, private Spenden aus Malawi und Zinseinnahmen.

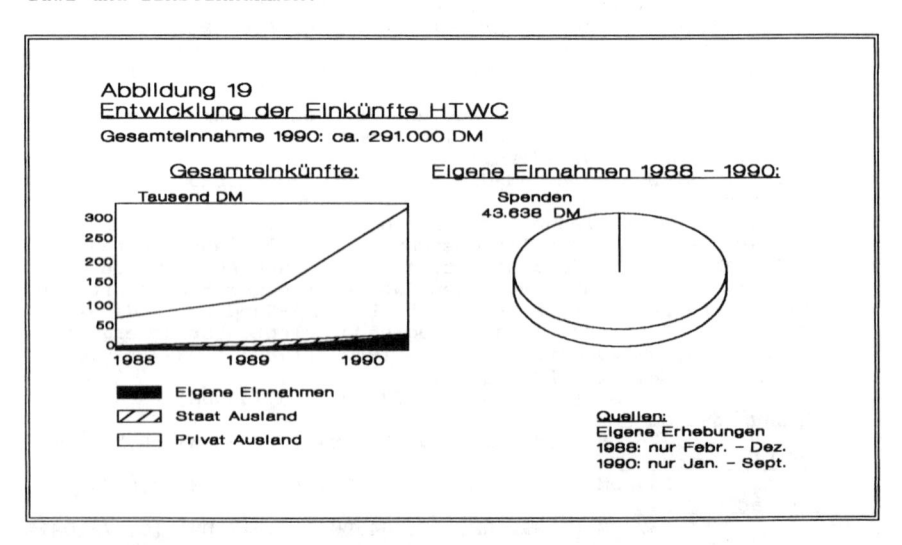

**Abbildung 19
Entwicklung der Einkünfte HTWC**
Gesamteinnahme 1990: ca. 291.000 DM

Gesamteinkünfte: (Tausend DM, 1988–1990)
- Eigene Einnahmen
- Staat Ausland
- Privat Ausland

Eigene Einnahmen 1988 – 1990:
- Spenden 43.638 DM

Quellen:
Eigene Erhebungen
1988: nur Febr. – Dez.
1990: nur Jan. – Sept.

Abbildung 19 verdeutlicht die Einnahmesituation der HTWC, die noch dominanter als CSC durch Nord-NGOs finanziert wird und im Bereich der eigenen Einnahmen lediglich über private Spenden verfügt, deren Bedeutung für die Gesamtfinanzierung der HTWC trotz starken Anstiegs der Spendenhöhe von ca. 12 % (1988) auf ca. 10 % (1990) der Gesamteinnahmen sank.

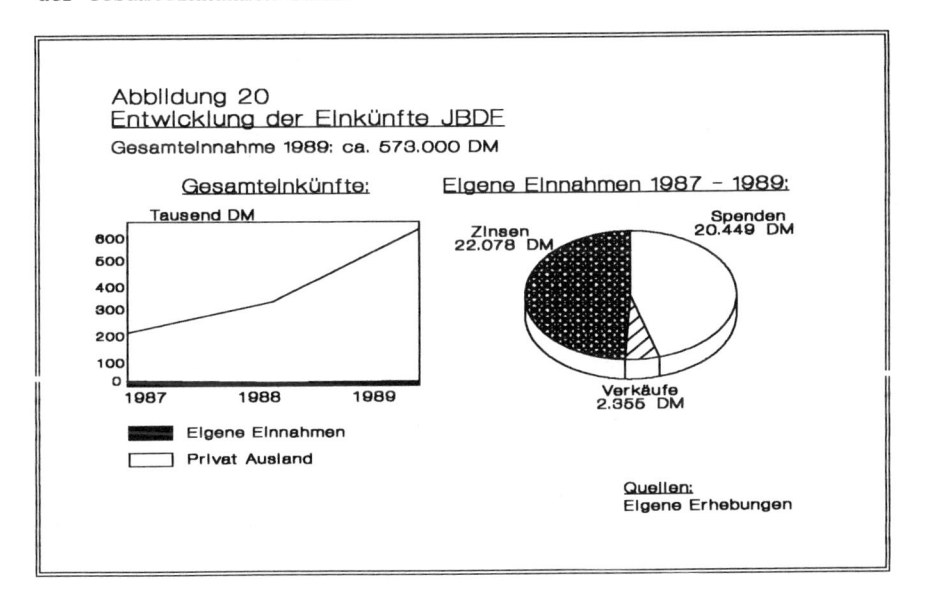

Abbildung 20
Entwicklung der Einkünfte JBDF
Gesamteinnahme 1989: ca. 573.000 DM

Gesamteinkünfte:
Tausend DM
1987 – 1989
Eigene Einnahmen
Privat Ausland

Eigene Einnahmen 1987 – 1989:
Zinsen 22.078 DM
Spenden 20.449 DM
Verkäufe 2.355 DM

Quellen: Eigene Erhebungen

Noch abhängiger von nur einem Sektor des Geberspektrums ist JBDF. Abbildung 20 zeigt die Dominanz der Nord-NGOs, die 1989 97 % der Einnahmen finanzierten. Die restlichen 3 % der Einnahmen wurden hauptsächlich durch Zinseinnahmen erwirtschaftet, die sich im Bereich der Eigenfinanzierung bei JBDF im Dreijahreszeitraum zur mit Abstand wichtigsten Quelle eigener Einnahmen entwickelten.

Die LWA hat es als einzige NGO in der untersuchten Gruppe geschafft, die eigenen Einnahmen nicht nur in absoluten Zahlen im untersuchten Dreijahreszeitraum zu erhöhen, sondern auch den diesbezüglichen Anteil an den Gesamteinnahmen von 9 % (1987) auf 16 % (1989) zu steigern (vgl. Abbildung 21), wobei die Haupteinnahmequelle für diese Einnahmesteigerungen in der Vermietung von Unterkünften besteht.

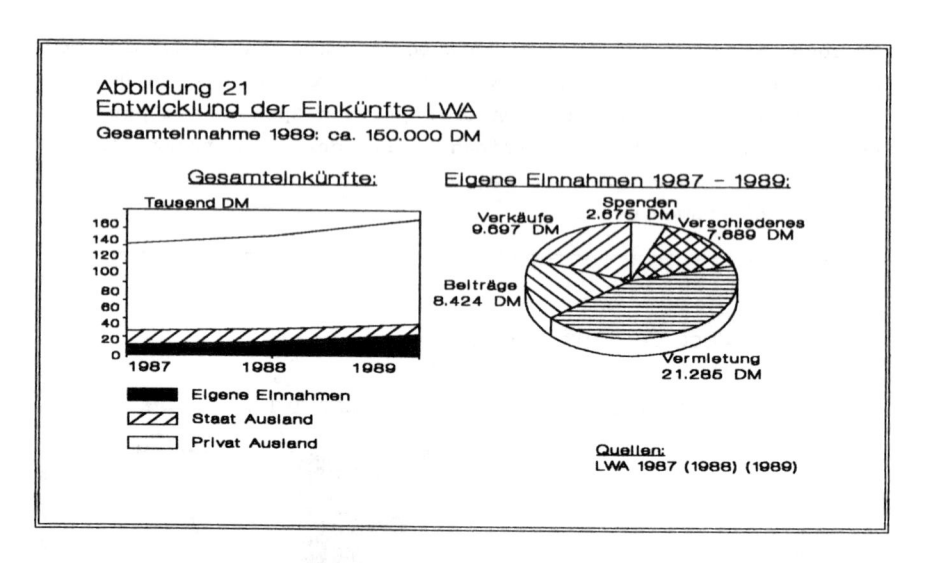

Abbildung 21
Entwicklung der Einkünfte LWA
Gesamteinnahme 1989: ca. 150.000 DM

Gesamteinkünfte (Tausend DM): 1987, 1988, 1989
- Eigene Einnahmen
- Staat Ausland
- Privat Ausland

Eigene Einnahmen 1987 - 1989:
- Verkäufe 9.697 DM
- Spenden 2.875 DM
- Verschiedenes 7.689 DM
- Beiträge 8.424 DM
- Vermietung 21.285 DM

Quellen: LWA 1987 (1988) (1989)

Abbildung 22 zeigt, daß NGOCC sich um eigene Einnahmen nicht bemüht (1989: Anteil an Gesamteinnahmen unter 1 %), sondern nahezu vollständig von der Finanzierung über die Botschaftsfonds abhängt, die 1989 mindestens 82 % der Gesamteinnahmen finanzierten. Circa 20 % der Gesamteinnahmen konnten nicht der Herkunft nach zugeordnet werden, weil in diesem Bereich das NGOCC-Rechnungswesen Informationslücken aufweist. Es besteht Anlaß zu der Vermutung, daß dieser Anteil auch durch Botschaftsfonds finanziert worden ist.

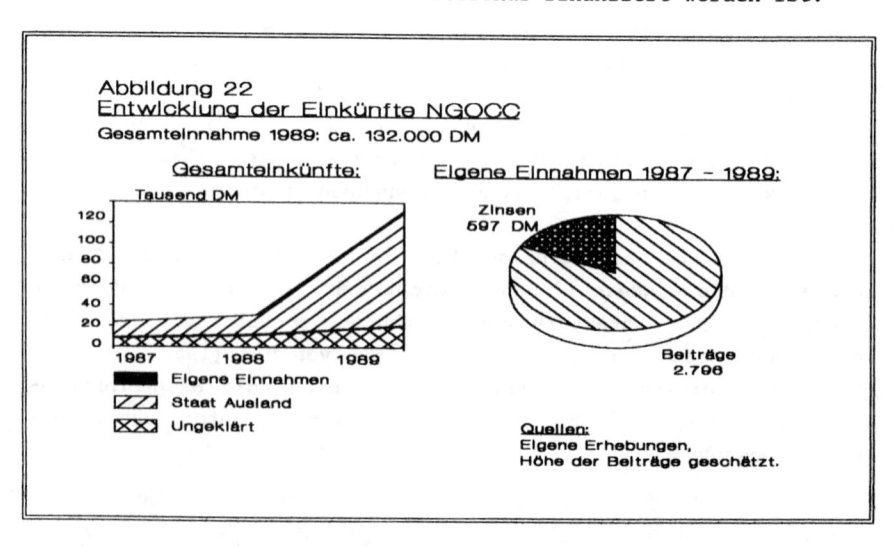

Abbildung 22
Entwicklung der Einkünfte NGOCC
Gesamteinnahme 1989: ca. 132.000 DM

Gesamteinkünfte (Tausend DM): 1987, 1988, 1989
- Eigene Einnahmen
- Staat Ausland
- Ungeklärt

Eigene Einnahmen 1987 - 1989:
- Zinsen 597 DM
- Beiträge 2.796

Quellen: Eigene Erhebungen, Höhe der Beiträge geschätzt.

SWCA hat, wie Abbildung 23 zeigt, bei schwankenden eigenen Einnahmen einen Rückgang der ursprünglich bedeutsamen Finanzierung durch den eigenen Staat und durch staatliche Organisationen der Industrienationen (Botschaftsfonds) hinnehmen müssen, der aber durch die zunehmende Finanzierung durch Nord-NGOs mehr als ausgeglichen werden konnte. Der unsachgemäße Umgang mit Nord-NGO-Zuwendungen führte in jüngster Zeit zu einem Rückgang der Einnahmen.

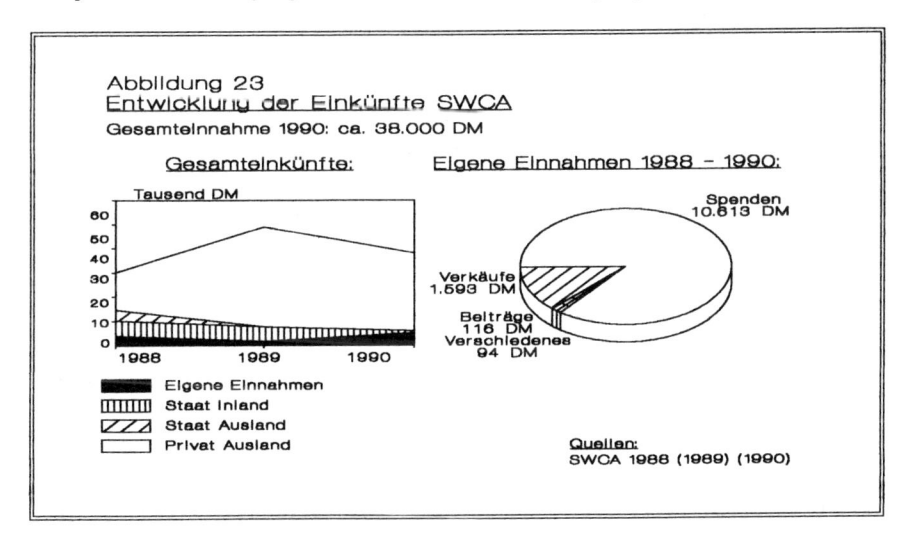

Abbildung 23
Entwicklung der Einkünfte SWCA
Gesamteinnahme 1990: ca. 38.000 DM

Gesamteinkünfte:

Tausend DM

Jahr	1988	1989	1990

Eigene Einnahmen
Staat Inland
Staat Ausland
Privat Ausland

Eigene Einnahmen 1988 - 1990:

Spenden 10.813 DM
Verkäufe 1.593 DM
Beiträge 116 DM
Verschiedenes 94 DM

Quellen:
SWCA 1988 (1989) (1990)

Insgesamt läßt sich bei den untersuchten NGOs die Tendenz erkennen, auf der Suche nach finanziellen Ressourcen nur in jeweils einem Sektor des Geberspektrums (vgl. die diesbezüglichen Ausführungen in Kapitel 2.2.5 "Finanzmanagement") aktiv zu werden, seien es die Nord-NGOs (CSC, HTWC, JBDF, LWA, SWCA) oder die Botschaftsfonds der Industrienationen (NGOCC). Dabei sind die Süd-NGOs bereits so erfolgreich, daß die Einnahmesteigerungen innerhalb der untersuchten Dreijahreszeiträume zu Vervielfachungen der Gesamteinnahmen führten (besonders: CSC, HTWC, JBDF, NGOCC). Eine Diversifizierung der Partnerstruktur in andere Segmente des Geberpotentials findet kaum statt. Innerhalb des gefundenen Segmentes der potentiellen Geberstruktur gibt es in der Regel eine Diversifizierung, indem zu ca. fünf bis zehn Partnern innerhalb einer Gebergruppe Beziehungen aufgebaut werden (z.B: CSC: europäische, kirchennahe NGOs; HTWC: europäische und nordamerikanische NGOs; JBDF:

europäische und nordamerikanische, kirchennahe NGOs; NGOCC: skandinavische und nordamerikanische Botschaftsfonds; LWA: deutsche NGOs und QUANGOs; SWCA: europäische säkulare NGOs). Die Tatsache, daß Kontakte zu neuen Gebern in der Regel nicht gesucht, sondern von Partnern vermittelt werden, führt dabei zu einer Konzentration auf ein relativ begrenztes Feld der Geberstruktur, mit der Folge, daß Prioritätenänderungen in eben diesem engen Geberfeld in Form von entsprechenden Finanzierungswünschen relativ gleichzeitig und gleichförmig an die Süd-NGOs herangetragen werden. Das Problem der mangelnden Kenntnis der potentiellen Gebervielfalt und der daraus resultierenden Beschränkung auf einen kleinen Teil dieses Spektrums war in ausnahmslos allen untersuchten NGOs zu verzeichnen.

Ein ebenso einhelliges Bild bietet die Situation der eigenen Einnahmen, die bei einigen NGOs weniger als 5 % der Gesamteinnahmen im Dreijahreszeitraum betragen (JBDF: 4,2 %; NGOCC 1,8 %) und in der Regel unter 10 % der Gesamteinnahmen ausmachen (CSC: 6 %; HTWC: 9,5 %; SWCA: 9 %). Die LWA hat mit 23,3 % hier das beste Ergebnis aufzuweisen und ist unter den untersuchten NGOs die einzige, deren Eigenfinanzierungsanteil nicht gesunken ist. Bei NGOCC sinkt der Eigenfinanzierungsanteil sogar in absoluten Zahlen.

Neben der geringen Eigenfinanzierungsrate bildet die Herstellung von Reserven ein weiteres Problem der NGOs. Die tendenzielle Unterfinanzierung im Bereich der Gemeinkosten ließ den untersuchten NGOs kaum Spielraum für Reservenbildungen. Das CSC verzehrte z.B. 1977 seine bis dahin gebildeten finanziellen Reserven und befindet sich seitdem im Bereich des Administrationsbudgets im Defizit. Ähnliche Probleme hatten fast alle anderen NGOs mit Ausnahme der JBDF, die nicht über Liquiditätsprobleme klagt und in jüngster Zeit die Hälfte ihrer eigenen Einnahmen aus Festgeldzinsen realisiert. Fast als Modell kann in diesem Zusammenhang die Unterstützung der Welthungerhilfe für die LWA dienen, die zum Bau eines LWA-eigenen Hauptquartiers in Maseru führte. Als Teil dieses Bauvorhabens wurden auch Unterkünfte für durchreisende Freiwillige und Schulungsräume erstellt, so daß neben der Entlastung des Gemeinkostenbudgets um die Position Miete Vermietungsmöglichkeiten entstanden, die Ursache für die im Bereich Eigenfinanzierungsanteil regelbestätigende Ausnahmesituation der LWA ist. Ähnliche

Vorhaben des CSC werden seit einigen Jahren Gebern angetragen, ohne daß es bisher zu einer solchen Investition in die Struktur und Unabhängigkeit des CSC gekommen ist.

Die Finanzierung der <u>Gemeinkosten</u> kann zum Hauptproblem im Arbeitsbereich Finanzen der untersuchen NGOs werden (vgl. die Ausführungen zur Gemeinkostenfinanzierung in Kapitel 2.2.5 "Finanzmanagement"). Dabei ist infolge mangelnder Kostenrechnung in den meisten untersuchten NGOs weitgehend unklar, wieviel Prozent der Gesamtausgaben auf diesen Bereich entfallen. Die HTWC errechnete für den Zeitraum von November 1988 bis Mai 1989 einen Verwaltungskostenanteil von ca. 24 % und schätzt in unterschiedlichen Budgetierungen für die Zukunft den diesbezüglichen Anteil auf ca. 14 % bis 30 %. Ein Verwaltungskostenanteil von 20 % wird von der HTWC als realistisch und langfristig anzustreben vertreten. Für andere NGOs (JBDF, LWA, NGOCC, SWCA) liegen keine derartigen Schätzungen vor. Es bestehen dabei Zusammenhänge zwischen der Arbeitsweise der NGOs und dem diesbezüglichen Informationsmangel. Bei NGOCC wird die Meinung vertreten, alle Kosten seien Verwaltungskosten. Auf ähnliche Problemlagen würden Kostenrechner bei den Workcamporganisationen (LWA, SWCA) stoßen. Entsprechend werden die Anträge der NGOs auch in Projektantragsform unter Beinhaltung von Positionen gestellt, die typische Verwaltungskosten (Miete des Zentralbüros, Gehalt des Buchhalters etc.) enthalten. Geringere Probleme scheinen dabei die kleineren NGOs (insbesondere HTWC, NGOCC, SWCA) zu haben, die aufgrund der relativ kleinen Antragssummen teilweise Zuwendungen erhalten, die nicht sehr spezifiziert sind (z.B. "... for the activities of SWCA" oder ähnliches) und somit unter Ergänzung dieser Pauschalfinanzierung durch eigene Einnahmen einen ausreichenden Handlungsspielraum gewähren.
Problematischer ist die Situation bei größeren NGOs, deren Anträge Gegenstand kostenrechnerischer Überlegungen auf der Geberseite sind. Die Situation des CSC sei hier exemplarisch geschildert. Vom CSC ist bekannt, daß der Verwaltungskostenanteil von zunächst 11 % (1966-1972) auf 7,5 % (1974-1977) sank und in den Folgejahren wieder anstieg.[89] Permanente Defizite in der Verwaltungskostenfinanzierung führten zu einem Verzehr der Reserven im Jahre 1977. In den Folgejahren führte das Ansteigen des Verwaltungskostenanteils

---

89 Zahlenangaben aus CSC 1981, S. 103 ff.; MEIN 1972, S. 38 f..

auf 13,6 % (1978-1980) 1981 zur Entlassung von 18 Mitarbeitern. Wenn man bedenkt, daß ein Großteil des Anstiegs der Verwaltungskosten durch die Rückkehr im Ausland ausgebildeter Mitarbeiter und in der Folge durch die Ablösung europäischer Mitarbeiter (deren Löhne bis dahin durch europäische personalentsendende Dienste gezahlt und kostenrechnerisch nicht erfaßt worden waren) erfolgte, wird die paradoxe Situation deutlich. Die entwicklungspolitisch positiv zu bewertende Schulungsaktivität und Qualifizierung der Mitarbeiterschaft führte mittelbar zur Entlassung von Mitarbeitern. Eine Evaluierung aus dem Jahre 1981 beschrieb gleichzeitig die Entlassungen und andere Kostenreduzierungen (z.B. Vermeidung von Lohnerhöhungen) als ausreichend, um das Gemeinkostenfinanzierungsproblem zu lösen[90] und beklagte an anderer Stelle die bereits bestehende Unterbezahlung von Mitarbeitern und die Nichtbesetzung der Position des stellvertretenden Geschäftsführers.[91] 1987 beklagte die nächste generelle Evaluierung des CSC die mangelnden Personalkapazitäten, die ein ausreichendes Projektmonitoring unmöglich machten.[92] Bis heute (Ausnahme: 1983/84) hat CSC ein Defizit im Bereich der Verwaltungskosten. Nach Meinung der CSC-Geschäftsführung ist für ein gut und effektiv geführtes Programm ein Verwaltungskostenaufschlag von 20 % nötig, während die tatsächlichen Verwaltungskosten bei ca. 15 % liegen,[93] CSC von den Gebern mindestens 7 % verlangt und im Bereich der Programmfinanzierung je nach Geber 10 - 19,5 % (Projektfinanzierung 7 - ca. 10 %) erhält. Mehrere Stellungnahmen (auch der Geber) betonten, daß sich katholische Geberorganisationen wegen des siebenprozentigen Verwaltungskostenabzuges nicht an der Programmfinanzierung des CSC beteiligen und direkte Finanzierung von Projekten in Malawi bevorzugen. Auf Geberkonferenzen wird von seiten der Geber bewußt eine Deckungslücke im Bereich der CSC-Verwaltungskosten mit Hinweis auf die Mitverantwortung der Kirchen Malawis formuliert. Nach Einschätzung des CSC ist eine derartige Erwartungshaltung gegenüber Malawis Kirchen als völlig unrealistisch einzuschätzen, da diese als "sehr arm" gelten. Es kann angesichts der Argumentations- und Sachlage erwartet werden, daß das Defizit im Verwaltungskostenbereich CSC auch in Zukunft begleiten wird.

---

90 Vgl. CSC 1981, S. 106 f..
91 Vgl. CSC 1981, S. 87 ff..
92 Vgl. CSC 1987, S. 23.
93 Vgl. CSC 1986, S. 31.

Nicht geklärt werden konnte, ob die Verweigerung einiger CSC-Geber, sich an der Mitfinanzierung der Verwaltungskosten zu beteiligen, seine Ursachen eher in Semantik als in ökonomischen Betrachtungen hat. Ein CSC-Geber, der die Zahlung eines siebenprozentigen Verwaltungskostenabzugs verweigerte, finanzierte zu großen Teilen z.B. bei JBDF in Namibia ein Programm, dessen Projektformulierung einen Verwaltungskostenanteil von 79 % (53 % Löhne, 10 % allgemeine Administration, 16 % Fahrzeuge) erkennen läßt.

Bezüglich der <u>Liquidität</u> stellt sich die Problemlage in den untersuchten NGOs sehr uneinheitlich dar. Keine Liquiditätsprobleme hatten JBDF und SWCA. Beide Organisationen trennen unzureichend zwischen projektgebundenen und freien Finanzierungen und verfügen jeweils nur über ein Konto. Über dieses wird ohne Sicht auf die (wegen mangelnder Fondsverwaltung ohnehin meist unbekannten) Zweckbindungen entsprechend den Erfordernissen der Projekt- und Programmdurchführung verfügt. Mithin treten Liquiditätsprobleme erst bei völliger Zahlungsunfähigkeit auf, wie dies bei SWCA vor einigen Jahren der Fall war.

NGOCC hat zur Trennung von projektgebundenen und freien Mitteln ein Zweikontensystem und muß sich gelegentlich zur Finanzierung von Gemeinkosten oder nicht fremdfinanzierbaren Projekten Geld bei den projektgebundenen Mitteln "borgen". Vorteilhaft für NGOCC ist die meistens prompte Auszahlung, die von den Botschaften zeitgleich mit der Zusage von Mitteln durchgeführt wird.

CSC, LWA und die HTWC leiden unter der teilweise mehrere Monate betragenden Zeitspanne zwischen Projektbeantragung und Auszahlung zugesagter Mittel. Die HTWC verursacht dabei die verzögerte Auszahlung bereits zugesagter Mittel teilweise durch unvollständige Abrechnungen bereits ausgezahlter Unterstützungsraten selbst. CSC und LWA beschreiben dagegen übereinstimmend, daß trotz korrekter Abrechnungen zum Jahresende, rechtzeitigen Beantragungen weiterer Mittel vor Jahresende und trotz entsprechender Zusagen zu Jahresbeginn die Überweisung der zugesagten Mittel oftmals mit monatelangen Verzögerungen erfolgt. Bei beiden Organisationen führt dies zum Jahresbeginn zu erheblichen Liquiditätsproblemen, da in der Regel, gemäß dem haushaltsrechtlichen Prinzip der temporären Spezialität, überwiesene Mittel bis zum Ende des jeweiligen Bewilligungszeitraumes (in der Regel ein Jahr) ausgegeben werden müssen.

Beim CSC mußte in der Vergangenheit gelegentlich die Durchführung von Einzelprogrammen wegen der Verzögerung der Auszahlungen unterbrochen werden bzw. mußten über Banken Zwischenfinanzierungen gesucht werden, die wiederum durch die Zinsaufwendungen den Gemeinkostenetat belasteten. Überdies entgehen den NGOs durch verspätete Überweisung potentielle Zinsgewinne, die in der Regel unter Bruch üblicher Gepflogenheiten dem Verwaltungskosten-Budget zugeführt werden.[94] Bei LWA führen Auszahlungsverzögerungen durch die Geber zu Finanzierungsproblemen in den Januar-Monaten und fallen somit zeitlich mit den saisonal bedingten Aktivitätshöhepunkten der LWA zusammen. LWA verzeichnet einige Erfolge bei dem Versuch, die Geber durch wöchentliche Telegramme zu Verfahrensbeschleunigungen zu bewegen.

Ein Versuch der Süd-NGOs, aus diesen Liquiditätsproblemen auszubrechen und sich aus Limitierungen projektverhafteter Finanzierung und damit verbundener inhaltlicher Einengung (vgl. die Ausführungen zur "Projektitis" in Kapitel 1.4.2 "Materielle Freiheit") zu befreien, läßt sich in den Bemühungen der Süd-NGOs um eine <u>Programmfinanzierung</u> erkennen (vgl. die Ausführungen zum Verwendungszweck von Zuwendungen in Kapitel 2.2.5 "Finanzmanagement"). In der Regel beschränkten sich die Geber bei den untersuchten NGOs auf die Finanzierung von Projekten und begleiteten diese unterschiedlich durch die Finanzierung von Bestandteilen des Gemeinkostenbudgets (Fahrzeuge, Löhne, Mieten etc.). Lediglich CSC war mit Anträgen auf Programmfinanzierung erfolgreich. Um die in der Regel zweijährigen Vorlaufzeiten und die Antragsfristen zu verkürzen, die Finanzierung im Hinblick auf die Durchführungserfordernisse flexibler zu gestalten, CSC von Verwaltungstätigkeiten zu befreien und die Geber-Nehmer-Beziehungen entwicklungsdienlicher zu gestalten, einigten sich einige Geber und CSC 1983 auf eine Programmfinanzierung,[95] bei der einige Geber unter Gewährung eines Verwaltungskostenanteils einen in Geberkonferenzen näher beschriebenen Teil der CSC-Aktivitäten finanzieren. Eine detaillierte Beschreibung der durchgeführten Programmteile erfolgt jeweils nach Ablauf einer Finanzierungsperiode. 1988 zogen sich einige Geber aus dem

---

94 Korrekter wäre die Zuführung von aus Projektmitteln gewonnenen Zinsen zum Projektetat unter Beachtung des mit den Gebern vereinbarten Verwaltungskostenabzuges.
95 Vgl. CSC 1986, S. 7.

Bereich der Programmfinanzierung auf die Ebene der Projektfinanzierung zurück, weil sie mit der Qualität der erstellten Berichte nicht zufrieden waren. Ein weiteres Problem bestand offensichtlich in der CSC-Tendenz, bei Gebern schwer durchsetzbare Projektvorstellungen über die Programmfinanzierung zu realisieren. Vorsichtigen und projektorientierten Gebern wurde so ein höheres Maß an Legitimation als Gegenleistung für finanzielle Zuwendungen verschafft (vgl. Kapitel 2.2.1 "Management des Marketing"), als das bei den kooperationsbereiteren Gebern für die Programmfinanzierung der Fall war. Seit 1988 finanziert sich CSC über eine Mixtur aus Projekt- und Programmfinanzierung unter ständigen Bemühungen, weitere Geber für eine Programmfinanzierung zu gewinnen. Die in der Vergangenheit identifizierten Probleme in der Kommunikation mit den Gebern wurden von CSC durch Weiterqualifizierung von Mitarbeitern zu lösen versucht. Den Bemühungen des CSC um weitere Geber sind Grenzen gesetzt, weil einige Geber aufgrund eigener Strukturen und Satzungen sich grundsätzlich nicht in der Lage sehen, Programmfinanzierungen durchzuführen.

Neben der Kritik an der Geber-Tendenz, die Finanzierung von Gemeinkosten nur zögerlich zu übernehmen, und den offensichtlichen Inflexibilitäten im Bereich Programmfinanzierung und zügiger Antragsabwicklung, werden noch an anderer Stelle von seiten der Süd-NGOs Klagen über das Verhalten der Nord-NGOs geführt. Das Verfolgen sogenannter "development-fashions" in den Industrienationen überfordert die Süd-NGOs, wenn bei anzustrebender langfristiger Zusammenarbeit der Süd-NGOs mit ihren Zielgruppen im Lande (Selbsthilfegruppen, Kommunen etc.) relativ kurzfristig, teilweise binnen Jahresfrist, Neuorientierungen in der Politik der Nord-NGOs über andere Finanzierungen bei den Süd-NGOs durchgesetzt werden sollen. Zur Zeit meines Aufenthaltes klagten einige NGOs über die Vehemenz und die Geschwindigkeit, mit der den Süd-NGOs die Entwicklung von Frauenförderungsprogrammen abverlangt wurde. Ohne daß das Anliegen der Nord-NGOs grundsätzlich kritisiert wurde (einige Süd-NGOs führen schon seit Jahren ähnliche Programme durch), wurde die Plötzlichkeit der Kurswechsel als nicht sinnvoll dargestellt, insbesondere, wenn sie zu Etatkürzungen in Arbeitsgebieten führen, in denen sich die Süd-NGOs durch ein einige Jahre währendes Engagement eine spezielle Kompetenz erworben haben und Projekte mit

relativ großer Nachhaltigkeit durchführen.
Während einige Nord-NGOs als verläßliche Partner geschildert wurden, ruft das Verhalten anderer Unverständnis hervor. In einigen Fällen wurden gut funktionierende Programme durch ein von Formalien bestimmtes Verhalten der Geber gestört oder beendet. Z.B. begründete eine Nord-NGO die Einstellung der Unterstützung mit ihrer Politik, jeweils nur vier Zahlungen an eine Süd-NGO zu leisten und dann eine zweijährige Pause in der Zusammenarbeit einzulegen, bevor wieder Anträge bearbeitet werden. Andere Nord-NGOs verweigern sich grundsätzlich einer Programmfinanzierung oder zahlen aus prinzipiellen Erwägungen nie für Verwaltungskosten. Die derartigen Grundsätzen zugrundeliegende Rationalität ist kaum nachvollziehbar, und auch die Süd-NGOs konnten darauf nur mit Unverständnis und Frustration reagieren.

Zusammenfassend können für den Arbeitsbereich Finanzen einige Tendenzen im Verhalten der Nord- und der Süd-NGOs erkannt werden. Zunächst kann, angesichts der großen Wachstumsraten bei den Einkommen der untersuchten NGOs, der in der Literatur formulierte Verdacht, die Süd-NGOs seien "supply driven", bestätigt werden. Dabei ist die Einwerbung von Mitteln aus dem Ausland für die Süd-NGOs vergleichsweise leichter als die Selbstfinanzierung, deren Bedeutung für die Sicherstellung der NGO-Budgets in Relation zu den Gesamteinnahmen abnimmt. Umgekehrt nimmt die Abhängigkeit von institutionellen Gebern zu, wobei Nord-NGOs die dominante Rolle spielen und ihre inhaltlichen Vorstellungen den Süd-NGOs gegenüber deutlich formulieren. Weniger restriktiv in der Auflagenformulierung und im formalen Bereich flexibler scheint die Finanzierung durch staatsnahe Organisationen der Industrieländer (Quangos, Botschaften etc.) zu sein, wobei insbesondere die Botschaften, im Gegensatz zum Verhalten der Mehrheit der Nord-NGOs, an einer kurzfristigen Zusammenarbeit interessiert sind und sich auf die Abwicklung von überschaubaren Projekten beschränken. Die staatlichen Institutionen der Entwicklungsländer als Financiers scheinen sich auf Überlebenshilfen für notleidende NGOs zu beschränken (LWA), ziehen sich bei ausreichender Unterstützung durch ausländische Geber aus der Verantwortung zurück und stoppen die Finanzierung oder begrenzen sie auf ein eher symbolisches Maß (BWA, LWA, SWCA).
Kaum zu beobachten war ein Verhalten von Süd-NGOs, das an unter-

nehmerische Vorstellungen von Unabhängigkeit und Selbstverantwortung anknüpft. In den Diskussionen um eine Diversifizierung der Geberstruktur der untersuchten NGOs wurde vielmehr die Befürchtung geäußert, daß unter einer Vielzahl von Gebern der einzelne Geber ein geringes Maß an Verantwortung gegenüber den jeweiligen unterstützten Süd-NGOs empfindet. Deshalb wurde von Süd-NGOs teilweise die Suche nach d e m einen verläßlichen, starken Partner im Norden der Suche nach einer diversifizierten Geberstruktur vorgezogen. Ansätze zur Bemühung um ökonomische Unabhängigkeit und das Selbstbewußtsein eines Dienstleistungsunternehmens waren bei CSC und JBDF zu entdecken. Während CSC sich durch laufende Einnahmen aus Projektabwicklungen finanzieren will und sich somit mit Consulting-ähnlichen Strukturen anfreundet, scheint bei JBDF eher US-amerikanische Stiftungstraditon Pate für Überlegungen zum Aufbau einer finanziellen Reserve zu stehen, deren Kapitalerträge zunehmend der Finanzierung der JBDF-Gemeinkosten dienen.

Insgesamt scheint die langfristige Finanzierung der Mehrzahl der untersuchten NGOs weitgehend gesichert. Bedenklich erscheint die Kurzfristigkeit der finanziellen Planungshorizonte bei den NGOs, die weder langfristige Kooperationsvereinbarungen abschließen konnten noch über wesentliche eigene Einnahmen verfügen (BWA, NGOCC, SWCA).

4. Folgerungen und Schlußbemerkungen

Bezüglich der <u>Reichweite der Folgerungen</u> sei an dieser Stelle zunächst nochmals darauf hingewiesen, daß die Ergebnisse der Untersuchung auf sieben Fallbeispielen basieren. Die Anzahl der Fallbeispiele ist zu klein, um als Stichprobe für die Gesamtheit der NGOs im Untersuchungsgebiet zu gelten. Außerdem besteht Unklarheit über die Repräsentativität der untersuchten NGO-Gruppe, da kaum Informationen über die Kennzeichen der Gesamtheit der NGOs im Untersuchungsgebiet vorliegen. Die vorliegende Untersuchung ist allerdings analytischer und weniger deskriptiv als eine einzelne Fallstudie und kommt somit im Charakter und in der Bedeutung einer Exploration oder einem Pretest gleich,[1] weil zwar Kenntnisse und Beobachtungen zur untersuchten Problematik vorliegen, eine dieser Problematik gerecht werdende umfassendere Untersuchung der Gesamtheit der NGOs im Untersuchungsgebiet aufgrund der Beschränkung der zur Verfügung stehenden zeitlichen Ressourcen aber nicht leistbar war. Ein derartiges Unterfangen muß größer angelegten Forschungsvorhaben vorbehalten bleiben.

Trotz der beschriebenen Einschränkungen wurde versucht, eine möglichst große Vielfalt von NGO-Formen durch die sieben Fallbeispiele zu erreichen (vgl. Kapitel 3.4 "Auswahl der untersuchten NGOs"). Dies erlaubt meines Erachtens, bei deutlich erkennbaren Tendenzen in Managementproblemen der untersuchten NGOs, begründete Vermutungen über die Gesamtheit der NGOs im Untersuchungsgebiet anzustellen. In diesem Sinne ist die Reichweite der folgenden Kapitel, und insbesondere die der Folgerungen für Süd- und Nord-NGOs, zu verstehen.

Bevor jedoch konkrete Folgerungen für Süd-NGOs und Nord-NGOs aus den Ergebnissen dieser Arbeit abgeleitet werden, sollen hier noch einige Beobachtungen in bezug zur Rolle der NGOs (vgl. Kapitel 1. "Die Rolle der NGOs") gestellt werden. Zum Handlungsspielraum der Süd-NGOs ist festzustellen, daß in der Tat bei allen untersuchten NGOs zunächst ein ausreichender Handlungsspielraum durch die Gewährung formaler Freiheit (vgl. Kapitel 1.4.1 "Formale Freiheit")

---

[1] Zur Mindestgröße von Stichproben und zur Relevanz von Fallbeispielen vgl. FRIEDRICHS 1985, S. 156.

gegeben war. In der Regel bestand eine zufriedenstellend gute Zusammenarbeit mit den staatlichen Institutionen. Lediglich eine NGO (CSC) war von spürbaren Einschränkungen des formalen Handlungsspielraumes betroffen, die aber ihre Ursachen in eher lokalen Konflikten hatten und zeitlich begrenzter Natur waren. Insgesamt verhielten sich die NGOs in der Moderation von Interessenkonflikten mit staatlichen Institutionen aufgrund profunder Kenntnis der handelnden Akteure politisch sehr geschickt.

Teilweise empfindliche Einschränkungen der materiellen Freiheit (vgl. Kapitel 1.4.2 "Materielle Freiheit") der NGOs wurden durch das Verhalten der Geldgeber verursacht. Geldgeber waren in einem noch größerem Maße als erwartet die Nord-NGOs. Lediglich in zwei Fällen (BWA, NGOCC) waren die Hauptgeber zum Zeitpunkt der Untersuchung nicht Nord-NGOs (vgl. Kapitel 3.6.1 "Aufgabenbereich Marketing"). In beiden Fällen handelte es sich um Sondersituationen, weil eine der beiden NGOs (BWA) durch krasse Fehlleistungen im Managementbereich die bei ihr vormals dominanten Geber (Nord-NGOs) verlor und auf das Aktivitätsniveau zurückgeworfen wurde, das die verbleibende Finanzierung durch den eigenen Staat noch erlaubte. Diese staatliche Finanzierung hatte vorher nur eine untergeordnete Rolle gespielt. Ebenfalls in einer Ausnahmesituation befand sich die zweite, noch relativ junge NGO (NGOCC), die sich zum Zeitpunkt der Untersuchung noch aus Botschaftsfonds finanzierte und sich zwecks Sicherung einer längerfristigen Perspektive erst im Stadium der Kontaktaufnahme zu Nord-NGOs befand. Auch hier ist aufgrund der Struktur des bisherigen Geldgebers eine Fortsetzung der bereits begonnenen Hinwendung zu Nord-NGOs zu erwarten. Zusammenfassend kann also festgestellt werden, daß die Bedeutung der Nord-NGOs als Hauptgeldgeber der Süd-NGOs weiter zunimmt. Aus der innerhalb der Süd-NGOs ebenfalls beobachteten Tendenz, mit zunehmender externer Finanzierung einen immer kleiner werdenden Teil des gesamten Budgets durch eigene Einnahmen zu finanzieren, läßt sich eine zunehmende Abhängigkeit von Nord-NGOs, und damit auch von ihren inhaltlichen Vorstellungen, ableiten (vgl. Kapitel 3.6.5 "Aufgabenbereich Finanzen").

Der in der Literatur zu findende Verdacht, daß in den Managementproblemen der Süd-NGOs (vgl. Kapitel 1.4.4 "Probleme des Managements") eine weitere Einschränkung des Handlungsspielraumes

von Süd-NGOs zu sehen ist, hat sich nicht in allen untersuchten NGOs bestätigt.
Obwohl in der Tat in einigen NGOs erhebliche Mängel im Managementbereich eine schnelle Ausweitung der Aktivitäten bedenklich erscheinen lassen und in den Bereichen Marketing (BWA, SWCA), Personal (BWA, HTWC, NGOCC, SWCA), Planung (BWA, HTWC, NGOCC, SWCA), Kontrolle und Rechnungswesen (BWA, HTWC, JBDF, NGOCC, SWCA) sowie Finanzen (BWA, NGOCC, SWCA) erhebliche Mängel sichtbar wurden, gab es in der untersuchten NGO-Gruppe auch Organisationen (CSC, LWA), die im organisatorischen Bereich dank hinreichender Ausbildung ihres eigenen Verwaltungsbereichs auch in Zukunft erhebliche Ausweitungen ihres Aktivitätsniveaus werden realisieren können.

Notwendige Bedingung für diese in Zukunft zu erwartenden qualitativen und quantitativen Ausweitungen des Aufgabenbereichs der Süd-NGOs (vgl. Kapitel 1.2.3 "Veränderungen im Aufgabenfeld der NGOs") sind allerdings weitere Verbesserungen im Managementbereich der Süd-NGOs, die im wesentlichen mit Hilfe der Hauptgeldgeber, der Nord-NGOs, zu realisieren sind. Bei einigen NGOs geht es dabei um die stetige Anpassung von zur Zeit noch ausreichenden organisatorischen Strukturen an wachsende und sich verändernde Aufgaben (CSC, LWA), bei anderen NGOs um die Fortsetzung bereits begonnener Anpassungen an Veränderungen und Ausweitungen im Projekt- und Programmbereich (HTWC, JBDF) und bei einer dritten Gruppe (BWA, NGOCC, SWCA) um grundsätzliche Anpassungen an die Erfordernisse im Managementbereich, denen sich diese NGOs, insbesondere im Verhältnis zu ihren Gebern, gegenübersehen. In den Folgekapiteln sollen die sich aus den Ergebnissen dieser Untersuchung ableitbaren Forderungen an Süd- und Nord-NGOs skizziert werden.

4.1 Folgerungen für Süd-NGOs

Aus den Ergebnissen der Untersuchung lassen sich einige Forderungen an das Verhalten der Süd-NGOs ableiten, die die Arbeitsbereiche Marketing, Planung, Personal, Kontrolle und Rechnungswesen sowie Finanzen berühren.
Während im Bereich des <u>Marketings</u> die Beziehungen zu den Arbeitsumweltsegmenten Staat und Zielgruppe kaum Anlaß zu grundlegenden

Forderungen geben, gibt es im Verhältnis der Süd-NGOs untereinander und zu Nord-NGOs noch Raum für Verbesserungen. Das Verhältnis der Süd-NGOs untereinander ist weitgehend durch gegenseitige Ignoranz geprägt. Neben einer besseren Nutzung der Zusammenarbeitsmöglichkeiten wäre es wünschenswert, daß sich die Süd-NGOs mehr als bisher in netzwerkähnlichen Strukturen einfänden oder wirkungsvolle Dachverbände mit Koordinationsfunktionen schafften. Netzwerke oder Dachverbände könnten mehr als bisher die Interessen der NGOs gegenüber ihren Regierungen vertreten und notwendige organisatorische Grundlagen im Bereich der überbetrieblichen Weiterbildung bieten. Eine Überwindung der organisationsegoistischen Tendenzen der Süd-NGOs und eine Hinwendung zu gemeinschaftlicheren Vorgehensweisen läge im Eigeninteresse der Süd-NGOs.
Ebenfalls eine größere Hinwendung zur Arbeitsumwelt scheint im Verhältnis zu den dominanten Gebern, den Nord-NGOs, erforderlich zu sein. Die Süd-NGOs müssen sich weit umfassender und genauer als bisher über ein größeres Spektrum der potentiellen Geber informieren und insbesondere über Interessen, Zwangslagen und Politik ihrer eigenen Geber in Kenntnis setzen. Es hat den Anschein, daß sich viele Süd-NGOs über den Charakter der nichtschlüssigen Tauschbeziehungen zu ihren Gebern nur unzureichend im Klaren sind und ihre spezielle Gegenleistung, die Vermittlung von Legitimation, nur auf explizite Anforderung hin erbringen. Eine bessere Information über die Situation der Geber sollte dazu führen, daß die Süd-NGOs die Erfordernisse der Zusammenarbeit weniger als bürokratische Willkür der Geber, denn als legitime und notwendige Gegenleistung für die Bemühungen der Nord-NGOs bei der Einwerbung der für das gesamte internationale NGO-Geflecht erforderlichen finanziellen Ressourcen erkennen. Die mangelnde Akzeptanz dieser Aufgabe durch die Süd-NGOs führt zu Konflikten im Nord-Süd-Dialog der NGOs und fügt der Effektivität und dem Ansehen der nichtstaatlichen Zusammenarbeit Schaden zu.

Im Bereich der <u>Planung</u> zeigen die Ergebnisse der Untersuchung, daß einige Süd-NGOs noch nicht über einen Planungszyklus verfügen, der über Zielsetzung, Durchführung, Kontrolle und Durchführungskorrektur zu einer sich aus eigenen Erfahrungen verbessernden Organisation führt. Die Projekthaftigkeit einiger Planungsansätze verunmöglicht dabei gelegentlich eine von den Süd-NGOs durchweg gewünschte Langfristigkeit des Engagements der Geber. So weit wie möglich sollten sich die Süd-NGOs neben der Erstellung einer Jahresplanung auch Klarheit über ihre mittel- und langfristigen Ziele verschaffen.

Erst durch eine solche langfristige inhaltliche Planung wird das nötige langfristige <u>Personalmanagement</u> ermöglicht, das neben den Fragen der Außenbeziehungen und den Finanzierungsmethoden zu den Schlüsselbereichen einer erfolgreichen NGO-Arbeit gezählt werden kann. Die Fallbeispiele haben deutlich gezeigt, daß der weitere Weg der Süd-NGOs von einer zunehmenden Professionalisierung gekennzeichnet sein wird. Die jetzt und in der Zukunft von den Süd-NGOs zu leistende Arbeit wird nur dann zur Zufriedenheit aller Beteiligten, und insbesondere der der Zielgruppen, geleistet werden können, wenn die Süd-NGOs ihren Mitarbeitern neben der gegebenen hohen Zufriedenheit mit der Art der übertragenen Aufgaben auch eine ausreichende materielle Absicherung bieten können. Arbeitsplatzsicherheit, ausreichende Löhne und Sozialleistungen sowie Aussichten auf ein berufliches Weiterkommen müssen insoweit vergleichbar mit den Leistungen des privaten und staatlichen Sektors sein, als daß der Abgang fähiger Mitarbeiter auf ungleich attraktivere Positionen nicht zu einem permanenten Aderlaß und zu negativer Selektion in Süd-NGOs führen. Der mit hoher Mitarbeiterfluktuation einhergehenden mangelnden Kapitalisierung von Erfahrungen ist auch durch die Nutzung des internen Arbeitsmarkts der NGOs zu begegnen. Die Möglichkeit der Weiterbildung von Mitarbeitern muß mehr als bisher genutzt werden. Sie wäre neben der Nutzung des externen Arbeitsmarkts auch eine Möglichkeit zur Behebung des durch Screening-Effekte hervorgerufenen Mangels an Verwaltungs-, Planungs- und Organisationsfähigkeiten.

Dieser spezielle Personalmangel ist eine der Ursachen für die beobachteten Defizite im Arbeitsbereich <u>Kontrolle und Rechnungswesen</u>. Bürokratische Führungs- und Organisationsstrukturen können dann als problematisch beurteilt werden, wenn es um die Bewältigung innovativer und schwer strukturierbarer Aufgaben geht. So sehr Vorsicht gegenüber Überregulierungen der ein hohes Maß an Flexibilität erfordernden Projekt- und Programmarbeit angebracht erscheint, so sehr gibt der in einigen Bereichen eher vorbürokratische Zustand einiger Süd-NGOs Anlaß zur Kritik. Bürokratie hat eine Funktion, und ein bestimmtes Maß an Autorität und Hierarchie ist nicht gegensätzlich zu Fortschritt und Entwicklung. Wie bei der bürokratischen Überregulierung droht auch bei mangelnder Kontrolle ein Abgleiten der NGOs in dysfunktionale Entwicklungen, Ineffektivität und Ziellosigkeit. In diesem Sinne haben die Vorstände der NGOs, als in der Regel demokratisch legitimierte Vertreter der Eigner der NGOs, ihre Kontrollfunktionen wahrzunehmen. Eine effektive Kontrolle durch die Vorstände bedarf neben ausreichender zeitlicher Ressourcen gründlicher Information. Dazu müssen die Süd-NGOs, mehr als bisher, durch Einrichtung von standardisierten Ablagesystemen und einer zeitnahen und korrekten Buchhaltung die Grundlagen legen und die nötige Transparenz herstellen. Die Buchhaltung bedarf bei größeren NGOs der Ergänzung durch eine angepaßte Kostenrechnung, die Informationsbasis für eine rationale Entscheidungsfindung der Verantwortlichen ist. Die grundsätzlich durchzuführende externe Rechnungsprüfung ist erforderlich, kann aber das eigene Informationssystem nicht ersetzen. Über diese Grundlagen hinaus müssen die NGOs, insbesondere die kleinen NGOs, mehr als bisher die Zweckentsprechung der Verwendung zweckgebundener Zuwendungen garantieren und dokumentieren können. Eine ausreichende Fondsverwaltung und die Einrichtung von Sicherungssystemen gegen Zweckentfremdungen müssen gewährleistet sein, um persönlichen Bereicherungen und die mit ihnen einhergehenden Konflikte innerhalb der NGOs und mit ihren Gebern weitestgehend zu vermeiden. Diese eher kaufmännischen Methoden müssen zur Kontrolle der Effektivität der NGOs um Evaluationen ergänzt werden. Dabei sollte die Initiative, mehr als in der Vergangenheit, von den Süd-NGOs ausgehen. Die Eigeninitiative in diesem Bereich sollte dazu führen, daß die Evaluationen nicht nur der Legitimation der Geber dienen, sondern über eine Verbesserung der "terms of reference" den Erkenntnisprozeß in den Süd-NGOs begleiten und voranbringen sowie helfen, die Forschungsdefizite im Bereich der Trägerstrukturförderung zu vermindern.

Im Bereich der _Finanzen_ bezieht sich die wohl wichtigste Forderung auf eine Erhöhung des Grades der Eigenfinanzierung der Süd-NGOs. Obwohl dem Einwerben von Spenden und Mitgliedsbeiträgen in Entwicklungsländern enge Grenzen gesetzt sind, sollten die NGOs zwecks Erlangung eines ausreichenden Grades von Selbständigkeit und Unabhängigkeit so weit wie möglich die Gemeinkosten, und damit den Kern der NGOs, aus eigenen Mitteln finanzieren können. Ein höheres Maß an Unabhängigkeit der Süd-NGOs wäre weiterhin durch eine, über das beobachtete Maß der Diversifizierung der Geberstruktur hinausgehende, Hinwendung zu Gebern zu erreichen, die, nach politischer oder religiöser Orientierung, nicht dem bisherigen Geberspektrum der einzelnen NGOs angehören. Diese weitergehende Diversifizierung der Geberstrukturen wäre ebenso ein Beitrag zur Unabhängigkeit der Süd-NGOs, wie dies unternehmerische Verhaltensweisen und die Bildung von Reserven wären. Bei den gegebenen Grenzen des Eigenfinanzierungspotentials bleibt den Süd-NGOs zur langfristigen Erreichung finanzieller Unabhängigkeit nur ein kommerzieller Ansatz, bei dem aus Einnahmen von über den Gemeinkostensätzen liegenden gebührenähnlichen Verwaltungskostenaufschlägen auf Projekt- oder Programmkosten eine Reserve gebildet wird, die, ähnlich einer Stiftung, Zinserträge erbringt, die entweder ebenfalls der Reserve zugeführt werden oder in Krisen- und Konfliktsituationen zur Existenzsicherung der NGOs beitragen. Angesichts des gegebenen Ausgabedrucks der Zielgruppen auf kleine NGOs und der finanziellen Enge in der Gemeinkostenfinanzierung bei größeren NGOs, erscheint ein derartiges Vorhaben nur im Einvernehmen und mit Unterstützung der Geber realisierbar.

4.2 Folgerungen für Nord-NGOs

Gemäß der Erkenntnis der Untersuchung, daß die Leistungen der Süd-NGOs im Bereich des Rechnungswesens, und dort insbesondere im Bereich der Fondsverwaltung, sich als Funktion der entsprechenden Forderungen der Geber verstehen lassen, soll hier nicht die populäre Forderung wiederholt werden, die Nord-NGOs sollten ihre diesbezüglichen Ansprüche reduzieren. Dies wäre nicht nur problematisch für die gegebene **Marketing-Situation der Nord-NGOs**, sondern könnte sich auch negativ auf die tendenziell vernachlässigte Ausbildung von Verwaltungsstrukturen in Süd-NGOs auswirken. Vielmehr scheinen die Ergebnisse der Untersuchung Anlaß zu der Forderung zu geben, die von den Nord-NGOs im Umgang mit großen Süd-NGOs geübte Sorgfalt auch auf ihr Verhalten gegenüber kleineren Partnern anzuwenden. Die Einforderung klarer Zielsetzungen, nachvollziehbarer Budgetierungen und korrekter Verwendungsnachweise könnte, wenn sie von der erforderlichen Beratungstätigkeit begleitet wird, einen Beitrag zur rechtzeitigen und angepaßten Ausbildung von Verwaltungsstrukturen leisten. Natürlich spricht dies nicht gegen die Notwendigkeit, entsprechendes Schriftgut der Nord-NGOs so zu formulieren, daß es in den Verwaltungsabteilungen der Süd-NGOs auch verstanden werden kann. Darüber hinaus ist nicht einsehbar, warum jede Nord-NGO auf einer speziellen Berichtssystematik und einem eigenen Abrechnungsverfahren besteht, wenn den Süd-NGOs durch die Möglichkeit vereinheitlichter Berichtsmethodik ein erhebliches Maß an überflüssiger Verwaltungsarbeit erspart werden könnte.

Im Sinne eines partnerschaftlichen Verhältnisses zwischen Nord- und Süd-NGOs wäre auch eine bessere Erläuterung der Politik und der Sachzwänge der Nord-NGOs gegenüber ihren Partnern im Süden hilfreich. Die gelegentliche Versendung einer Hochglanzbroschüre ist mit Sicherheit nicht ausreichend, um bei Süd-NGOs eine Einsicht in die verwaltungstechnischen Erfordernisse der nichtstaatlichen Zusammenarbeit zu wecken, die durch eine zunehmende Refinanzierung bei staatlichen Gebern auch in Zukunft Gegenstand staatlicher Verwaltungsnormen sein wird.

Im Arbeitsbereich _Personal_ sind erhebliche Verbesserungsmöglichkeiten bei Süd-NGOs gegeben, wenn die Nord-NGOs in diesem Bereich behilflich sind. Bei der Einschätzung des Personalbestandes von Süd-NGOs sollte der Tatsache Rechnung getragen werden, daß häufig wenige hauptamtliche Mitarbeiter in Süd-NGOs ein erhebliches Potential an ehrenamtlicher Mitarbeit aktivieren können und daß ein Vorzug der Süd-NGOs, die kleinteilige Vorgehensweise, naturgemäß personalintensives Arbeiten mit sich bringt. Ein allzu enges Festhalten der Nord-NGOs an in den Entwicklungsländern (schon allein aufgrund der infrastrukturellen Gegebenheiten) nicht realisierbaren europäischen Effektivitätsvorstellungen durch die pauschalierte Festsetzung von irrealen Gemeinkostensätzen, gibt auch in Süd-NGOs die falschen Anreize und drängt diese aus der entwicklungspolitisch positiv zu bewertenden Kleinteiligkeit ihrer Ansätze heraus. Dabei sollte sich die Höhe der akzeptierten Löhne weder an den Überlebenskosten im jeweiligen Land, noch an den mageren Unterhaltsgeldern sogenannter "volunteers" orientieren. Zur Vermeidung einer kontraproduktiven hohen Personalfluktuation sollte eine Orientierung an landesüblichen Gehältern erfolgen, wobei das im deutschen Nonprofit-Sektor in Bezug auf Lohnhöhen praktizierte Besserstellungsverbot (bei staatlicher Finanzierung) in Analogie angewandt werden könnte, um bei der Lohnhöhe auch nach oben über einen Gradmesser zu verfügen.

Diese Analogie sollte besonders undogmatisch angewandt werden, wenn es darum geht, Fachpersonal auf externen Arbeitsmärkten anzuwerben, um die durch Screening-Effekte im Personalstamm der NGOs verursachten Lücken zu schließen.

Aber auch die Möglichkeiten des internen Arbeitsmarktes der Süd-NGOs sollten durch die Finanzierung von Weiterbildungsmaßnahmen erschlossen werden. Bisher haben die Nord-NGOs in die Weiterbildung ihrer Partner im Süden unverständlich wenig investiert. Dieses kann einerseits durch konkrete Angebote an Süd-NGOs geschehen, andererseits durch ein aktives Verhalten der Nord-NGOs bei der Unterstützung und Förderung von NGO-Dachverbänden im Süden, die potentielle Träger von entsprechenden Maßnahmen sein könnten. Wegen ihrer eigenen Schwächen können die Dachverbände diese Rolle zur Zeit kaum wahrnehmen und bedürfen der Stützung.

Im Bereich <u>Kontrolle und Rechnungswesen</u> können die Nord-NGOs nicht nur durch entsprechende Formulierung der Kooperationsverträge und Unterstützung bei Humankapitalinvestitionen behilflich sein. Rationalisierungen im Berichtswesen, die Finanzierung externer Rechnungsprüfungen und die Kultivierung entwicklungsdienlicherer Evaluationsformen müssen die Ausweitung der Finanzströme im NGO-Netz ebenso begleiten wie ein generell größeres Engagement der Nord-NGOs für die Trägerstruktur im Bereich der Süd-NGOs. Die Beratung durch die Nord-NGOs und der Dialog zwischen den ungleich starken Partnern im NGO-Geflecht darf sich nicht auf die reibungslose Abwicklung der Finanzgeschäfte beschränken, sondern sollte durch einen intensivierten Kontakt zu einem Know-how-Transfer zwischen den Nord- und den Süd-NGOs führen. Dazu reicht es nicht aus, wenn Nord-NGO-Vertreter, wie im Projektgebiet zu beobachten war, auf einwöchigen Projektrundreisen gleich mehrere Länder besuchen und sich in den Gesprächen nur auf das in wenigen Stunden Machbare beschränken. Die Nord-NGOs brauchen professionelle "NGO-Berater", die, im günstigsten Fall im Projektgebiet wohnend, das notwendige

Bindeglied zu einer Zweiwegkommunikation darstellen. Diese "NGO-Beratung" muß in langfristigen Zeiträumen denken und darf nicht zu hastig noch junge NGOs sich selbst überlassen, bevor die Kontrollinstrumente, insbesondere die Ausbildung kompetenter Vorstände, ausreichend entwickelt sind. Die in der untersuchten NGO-Gruppe festzustellenden Fehlschläge bei übereilter Übergabe der Verantwortung an noch unzureichend kompetente und mangelhaft kontrollierte Mitarbeiterschaften gebieten die Beachtung ausreichender Zeiträume bei Trägerstrukturförderungsmaßnahmen.

Im Bereich <u>Finanzen</u> lassen sich aus der Empirie zunächst Forderungen an Form und Ausführung der Finanzierungen durch Nord-NGOs ableiten. Tendenziell wäre ein Mehr an Programmfinanzierung zu Lasten der Projektfinanzierung wünschenswert, um Vorlaufzeiten zu verkürzen, Entscheidungen vor Ort fällen zu können und den Süd-NGOs das Maß an Flexibilität und Reaktionsschnelligkeit zu gewähren, dessen sie auch von Nord-NGOs gerühmt werden.
Unabhängig davon, ob Programme oder Projekte gefördert werden, sollte jede Finanzierung mit einem Verwaltungskostenaufschlag versehen sein, der sich nicht nach den gängigen Maßstäben in den Industrienationen richtet, sondern in Abhängigkeit von Kleinteiligkeit, Arbeitsintensität, geographischer Lage und damit Erreichbarkeit der Projektstandorte, Lohnniveau des Landes, Art des Projektes etc. zu bemessen ist. Als Richtgröße sollten nicht zehn Prozent die diesbezügliche Diskussion bestimmen, sondern die Frage nach der jeweils richtigen Position in einer Bandbreite von vielleicht zwei bis fünfzig Prozent. Es muß akzeptiert werden, daß ein entwicklungspolitisch sinnvolles Kleinstprojekt von 100,- DM nicht zwingend entwicklungspolitisch falsch wird, weil es vielleicht Reisekosten in gleicher Höhe verursacht.
Darüber hinaus war zu beobachten, daß die Geber eine Tendenz zum Jährigkeitsprinzip haben, die bei kleineren Finanzierungen, die nur winzige Bruchteile des Jahresbudgets einer Nord-NGO ausmachen, nicht hinreichend durch Haushaltsprinzipien in den Industrienationen legitimiert werden kann. Die den Süd-NGOs abverlangte strategische Planung, insbesondere im Personalbereich, wird so unnötig behindert. Die in den letzten Jahren erreichten diesbezüglichen Fortschritte der Nord-NGOs im Bereich der eigenen Finanzierung sollten an die Süd-NGOs weitergegeben werden.

In Bezug auf die Ausführung der Finanzierungen konnten viele Liquiditätsengpässe bei Süd-NGOs beobachtet werden, die durch verzögerte Auszahlung bereits zugesagter Mittel verursacht wurden. Unter Wahrung des Jährigkeitsprinzips führt dies nicht nur in den Süd-NGOs zu saisonalen Unter- beziehungsweise Überbeschäftigungseffekten, sondern konnte auch in keinem der Fälle begründet werden. Die Geber sollten Wege finden, diese Probleme zu lösen.

Die Nord-NGOs könnten nicht nur durch Verfahrensänderungen den Anforderungen an Schnelligkeit und Angepaßtheit (z.B. für Gemeinwesenarbeit) mehr gerecht werden. Unter Abwendung von der Projektorientierung könnte eine Hinwendung zu einer Organisationsorientierung erfolgen, indem die Geber den Süd-NGOs, von denen sie die Vorlage finanzierungswürdiger Projekte erwarten, zumindest eine bescheidene Kapitalbasis aufbauen. Eine Möglichkeit dazu bestünde in der Einrichtung sogenannter "endowments",[2] d.h. nicht rechtsfähiger Stiftungen.[3] Grundsätzlich sind drei Wege der Einrichtung von "endowments" denkbar. Neben der Investition in <u>einkommenschaffende Projekte</u> ("production units") sind die Einbringung in <u>rentierliche Kapitalanlagen</u> und der <u>Erwerb von Immobilien</u> Möglichkeiten, den Süd-NGOs z.B. die eigenständige Finanzierung ihres Kernbudgets zu ermöglichen. Allerdings haben alle drei Alternativen neben dem grundsätzlichen Vorteil, auch im Finanzbereich ein partnerschaftliches Verhältnis zwischen Süd- und Nord-NGOs zu fördern, auch ihre Nachteile.

Die Einrichtung von "endowments" über <u>"einkommenschaffende Projekte"</u> stößt zunächst auf das Problem der administrativen Schwäche der Süd-NGOs. Derartige Projekte erwirtschaften selten wirklich Erträge und scheinen regelmäßig die unzureichend ausgebildeten Verwaltungsbereiche der Süd-NGOs zu überfordern (vgl. Kapitel 1.4.4 "Probleme des Managements"). Darüber hinaus verstoßen sie wegen ihres profitorientierten Charakters gegen das Nonprofit-Selbstverständnis der Mitarbeiter und können Konflikte mit Ziel-

---
2 Vgl. u.a. LINDAU 1979.
3 Der Begriff "endowment" läßt sich kaum ins Deutsche übersetzen. "Endowments" entsprechen in etwa den unselbständigen, nicht rechtsfähigen Stiftungen des deutschen Rechts. Im Rahmen der EZ würde es sich dabei um die Übertragung von Vermögenswerten an juristische Personen in den Entwicklungsländern handeln. Diese Vermögensübertragung würde mit der Bestimmung vorgenommen, die Werte als Sondervermögen getrennt zu verwalten und insbesondere die Erträge für einen bestimmten Zweck zu verwenden.

gruppen verursachen, denen naturgemäß in diesen Projekten die Abgrenzung von Profit- und Nonprofitbereich schwerfällt. Die zweite Alternative, die rentierliche Kapitalanlage, scheitert in der Durchführung oft an den unvollkommenen und undifferenzierten Kapitalmärkten in den Entwicklungsländern. Eine Vermeidung der Folgen galoppierender Inflation oder negativer Realzinsen durch eine Bewirtschaftung der Kapitalanlage in den Industrieländern ist ebenfalls eine unvollkommene Lösung. Auch in den Fällen, in denen keine Devisenbewirtschaftungsgesetze einer solchen Lösung entgegenstehen, hat sie paternalistische Züge und verstößt gegen das Ziel, den Süd-NGOs ein größeres Maß an Unabhängigkeit zu verschaffen. Darüber hinaus rückt sie die Süd-NGOs, ähnlich wie bei fortlaufenden Budgetfinanzierungen, in den Verdacht, "Agenten ausländischer Interessen" zu sein.

Somit bleibt häufig nur die dritte Alternative, der Erwerb von Immobilien, als relativ sichere Anlageform. Inflationäre Tendenzen in den Entwicklungsländern können bei einer sachgerechten Mietbewirtschaftung in der Regel aufgefangen werden. Darüber hinaus ergibt sich für Süd-NGOs die Möglichkeit, die Immobilien selbst zu nutzen und somit vor Willkürakten privater oder öffentlicher Vermieter sicher zu sein.

Die jeweilige Form der "endowments" ist somit in Abhängigkeit von den administrativen Fähigkeiten der jeweiligen Süd-NGOs, den wirtschaftlichen Rahmenbedingungen im jeweiligen Gastland sowie der Situation auf den Kapital- und Immobilienmärkten zu wählen. Eine sinnvolle Kombination von Programm- und "endowment"-Finanzierung könnte sowohl den Sicherheitsbedürfnissen der Süd-NGOs als auch den Steuerungsbedürfnissen der Nord-NGOs gerecht werden.

4.3 Schlußbemerkungen

Im Rahmen dieser Arbeit wurde festgestellt, daß die Süd-NGOs mit ihren Projekten und Programmen in der Lage sind, die Partizipation der unterprivilegierten Schichten am sozialökonomischen Entwicklungsprozeß zu erweitern und in unterschiedlicher Weise einen Beitrag zum Demokratisierungsprozeß in Entwicklungsländern zu leisten. Ihr bisheriger Erfolg auf diesen Gebieten führte, besonders in jüngerer Zeit, zu einem Anwachsen der Finanzströme im weltweiten NGO-Geflecht. Dabei ist in der Gegenwart und für die Zukunft zu erkennen, daß die Nord-NGOs zunehmend in die Rolle des Financiers und die Süd-NGOs in die Rolle der eigentlichen Ausführenden geraten. Das Verhältnis zueinander wird dabei als ein partnerschaftliches beschrieben, und besonders Nord-NGOs betonen in einigen Publikationen die Bedeutung des Dialoges und des "institutionellen Lernens" als Zweiweginformation, in der beide Partner voneinander lernen.

Dieser "Partnerschafts-Rhetorik" steht gegenüber, daß Nord-NGOs den Süd-NGOs kaum Einflußnahme auf die eigene Politik gewähren, indem zum Beispiel Vertretern der Süd-NGOs Sitz und Stimme in den Entscheidungsgremien der Nord-NGOs eingeräumt wird. In den Süd-NGOs wird das Verhältnis zu den Nord-NGOs selten als ein partnerschaftliches empfunden. Dieses ist nur in den Fällen erreichbar, in denen die Geber über eine Außenstruktur verfügen und im kontinuierlichen Dialog ein Verhältnis entsteht, das über die dominante Geber-Nehmer-Relation hinausgeht, bei der eine Seite über die finanziellen Ressourcen verfügt, die die andere Seite zur Sicherung von Projekten und Programmen und nicht zuletzt von Arbeitsplätzen benötigt. Diese Reduzierung auf ein Geber-Nehmer-Verhältnis ließe sich unter den bestehenden Rahmenbedingungen nur überwinden, wenn die Geber einen Teil ihrer Verfügungsgewalt über die finanziellen Ressourcen auf die Süd-NGOs übertrügen, zum Beispiel durch längerfristige Kooperationsverträge und -zusagen oder die Einrichtung von Kapitalfonds. Durch eine teilweise Abkopplung des entwicklungspolitischen Dialoges von der finanziellen Beziehung kann eine Partnerschaft entstehen, die diesen Namen auch verdient. Auf der Grundlage einer vertraglich fixierten langfristigen Kooperation, oder mit der Selbstbewußtsein schaffenden Eigenfinanzierung des Kernbereichs der Süd-NGOs, ließe sich ein Dialog gestalten, der in Konfliktfällen nicht zum Geber-Diktat degeneriert.

Zur Zeit befinden sich die Süd-NGOs eher in der Rolle eines Zuwendungsempfängers, und die Projekte der Süd-NGOs sind in der Regel nur ein Spiegelbild der Programmskala der jeweils dominierenden Geber. Die ihnen zur Verfügung gestellten Mittel reichen dabei nicht zur Ausbildung unabhängiger Strukturen aus. Die dafür nötigen Ausgaben werden als Verwaltungskosten definiert und damit abqualifiziert. Im Rahmen dieser Arbeit kann nicht die Frage beantwortet werden, ob die Süd-NGOs nicht nur in der Programmpolitik, sondern auch im Bereich der inneren Struktur ein Spiegelbild der Nord-NGOs sind. Weitere Forschungsvorhaben sollten die Frage stellen, ob die im Bereich Verwaltung der Süd-NGOs identifizierten Schwächen nicht auch typische Schwächen der Nord-NGOs sind, und ob sich zum Beispiel im Süden durch Screening-Effekte verursachte Lücken in der Personalausstattung mit ähnlichen Ursachen auch in Nord-NGOs wiederfinden lassen. Gleichartige Fragestellungen ließen sich in den Arbeitsbereichen Kostenrechnung, Planung, Evaluierung, Steuerung etc. formulieren. Eine solche Problematik in Nord-NGOs könnte Ursache für die mangelnden Bemühungen auf dem Feld der Trägerstrukturförderung sein. Wenn Nord-NGOs Probleme mit ihrer eigenen Struktur haben und sich innerhalb dieser Nord-NGOs im Personal Unbehagen bei entsprechenden Reformversuchen verbreitet, ist kaum zu erwarten, daß Nord-NGOs die notwendigen Investitionen in die Trägerstruktur der Süd-NGOs mit der nötigen Fachkenntnis, Flexibilität, Langfristigkeit, Überzeugungskraft und dem nötigen finanziellen Einsatz durchführen. **Momentan klafft zwischen den Erwartungen der Nord-NGOs an das Leistungsvermögen der Süd-NGOs sowie der Einsicht in die Notwendigkeit der Trägerstrukturförderung einerseits und dem gezeigten Verhalten der Nord-NGOs andererseits eine Lücke.**

Eine ähnliche Wissens-Verhaltens-Lücke wird den Nord-NGOs im Bereich der <u>Öffentlichkeitsarbeit</u> attestiert. Noch zu häufig wird von Nord-NGOs ein verzeichnetes Bild der Situation in den Entwicklungsländern dargestellt. Dabei produzieren sich die Nord-NGOs als effiziente Akteure im Feld, die sowohl die für den Erfolg der Nord-NGOs unerläßliche Arbeit der Süd-NGOs kaum erwähnen als auch mit unrealistisch niedrigen Verwaltungskostensätzen (Stichwort: "Ihre Mark kommt an!") in einer Weise miteinander konkurrieren, die ihnen später beim unerläßlichen Aufbau ihrer Strukturen hinderlich wird. Dieser verfehlte Ehrgeiz führt zu personellen Unterbesetzungen, Mängeln im Ausbau der für den Dialog mit den Süd-NGOs nötigen Außenstrukturen und schließlich zu <u>falschen Anreizen</u> für Nord-NGO-Mitarbeiter in der Projekt- und Programmplanung. Wenn in der Mehrheit der größeren deutschen NGOs jedes Projekt unter 100.000 DM als "Klein"-, "Kleinst"- oder "Kennenlern"-Projekt ausgewiesen wird, werden im NGO-System die gleichen falschen Signale gesetzt wie in der staatlichen Zusammenarbeit.

Auch in den Süd-NGOs entwickelt sich ökonomisches Handeln nicht von heute auf morgen, dauert die für administrative Arbeit nützliche, aber häufig kritisierte Ausbildung der Sekundärtugenden etliche Jahre. Im Sinne einer entwicklungspolitisch wünschenswerten Ausweitung der Absorptionsfähigkeit der nichtstaatlichen Entwicklungszusammenarbeit wäre eine Hinwendung zu Problemen der Trägerstrukturförderung so schnell wie möglich zu vollziehen. Im Norden wie im Süden.

5. Literatur

AMOA 1986
Amoa, B.D.: "MANAGEMENT DEVELOPMENT SEMINAR FOR ENGLISH-SPEAKING EAST AND SOUTHERN AFRICA", in: ICVA (International Council of Voluntary Agencies) (Hrsg.) 1986: "NGO MANAGEMENT DEVELOPMENT AND TRAINING: RECENT EXPERIENCE AND FUTURE PRIORITIES. Report on an International Seminar held in Geneva on 25 - 28 February 1986", (hekt.)(vermutl.) Genf 1986, S. 51 - 52.

ANHEIMER 1987
Anheimer, Helmut K.: "Zur Rolle von Nichtregierungsorganisationen in Afrika", in: Internationales Afrikaforum (Köln), 2/1987, 23. Jahrgang 2. Quartal, S. 183 - 190.

ANNIS 1987
Annis, Sheldon: "Can Small-scale Development be a Large-scale Policy? The Case of Latin America.", in: World Development (Washington), Supplement Autumn 1987, S. 129 - 134.

ANTHONY 1989
Anthony, Robert N.: "Should business and nonbusiness accounting be different?", Boston 1989.

ANTHONY/YOUNG 1984
Anthony, Robert N.; Young, David W.: "Management Control in Nonprofit Organizations", Third Edition, Homewood 1984.

ANTROBUS 1987
Antrobus, Peggy: "Funding for NGOs: Issues and Options", in: World Development, Supplement Autumn 1987, S. 95 - 102.

ARICKAL 1976
Arickal, George: "Die 'Non-Governmental Organisations' (NGOs) als Partner des Staates im Rahmen einer geplanten sozialökonomischen Entwicklung; dargestellt anhand ausgewählter Beispiele in Bihar/Indien.", Reihe: Schriften zu Regional- und Verkehrsproblemen in Industrie- und Entwicklungsländern; Band 18, Berlin 1976.

BAUER/DRABEK 1988
Bauer, Gretchen; Drabek, Anne Gordon: "Development Alternatives: the Challenge for NGOs", in: Transnational Associations (Brüssel), 1988 - No. 2, S. 80 - 83.

BAUER/KOCH 1990
Bauer, Hartmut; Koch, Ulrich: "Armutsbekämpfung durch Hilfe zur Selbsthilfe. Gemeinsame Stellungsnahme der kirchlichen Hilfswerke Misereor und EZE zur öffentlichen Anhörung im Deutschen Bundestag am 20. 06. 1988.", in: Evangelische Zentralstelle für Entwicklungshilfe (Hrsg.): "working paper", (vermutl.) Bonn 1990, S. 5 - 17.

BAUM 1986
Baum, Holger: "Mythos, Hoffnungsträger oder Reparaturbetrieb?", in: Welternährung. Zeitung für die Freunde und Förderer der Deutschen Welthungerhilfe (Bonn), Ausg. 1/1986, o.S..

BAUM 1988
Baum, Holger: "Die Nord-NRO verlieren Flexibilität - die Süd-NRO gewinnen Selbstbewußtsein", in: Entwicklung und Zusammenarbeit (E & Z) (Frankfurt), 7/1988, S. 4 - 7.

BAUMHÖGGER 1988
Baumhöger, Goswin: "Südliches Afrika", in: Hofmeiner, Rolf (Institut für Afrika-Kunde) (Hrsg.): "Afrika. Jahrbuch 1987. Politik, Wirtschaft und Gesellschaft in Afrika südlich der Sahara", Oplanden 1988, S. 271 - 281.

BEN-NER 1986
Ben-Ner, Avner: "Nonprofit Organizations: Why Do They Exist in Market Economies?", in: Rose-Ackermann, Susan (Hrsg.): "The Economies of Nonprofit Institutions. Studies in Structure and Policy", New York - Oxford 1986, S. 94 - 113.

BENTENBUSCH 1988
Bentenbusch, Ulrich: "Ländliche Armut trotz Entwicklungsprogrammen. Eine Untersuchung zum Beitrag des Staates, internationaler Geber und Nichtregierungsorganisationen zur ländlichen Entwicklung in der Dritten Welt." Reihe: Sozialwissenschaftliche Studien zu internationalen Problemen, Band 136, Saarbrücken - Fort Lauderdale 1988.

BERWEGER 1989
Berweger, Göpf: "Beisst sich die Geldschlange in den Schwanz?", in: Entwicklung Développement (E + D) (Schweiz), Nr. 28 Mai 1989, S. 30 - 33.

BILLIS 1988
Billis, David: "NGO Management: a Collaborative Approach to Training and Research", in: Transnational Associations, 1988 No. 6, S. 303 - 307.

BILLIS 1989
Billis, David: "Towards Distinctive NGO Management Training", in: NGO-MANAGEMENT (Genf) No. 13, 04. - 06. 1989, S. 20 - 21.

BLÜMLE 1991
Blümle, Ernst-Bernd: "Fremdhilfe - Chance und Gefahr für NRO", in: E & Z, 5/1991, S. 10 - 11.

BMZ 1986
Bundesministerium für wirtschaftliche Zusammenarbeit (BMZ) (Hrsg.): "Grundlinien der Entwicklungspolitik der Bundesregierung", Broschüre, Bonn 1986.

BMZ 1987
BMZ (Hrsg.): "Wie wirksam sind Entwicklungsprojekte? Querschnittsauswertung der 1985 durchgeführten Evaluierungen", Broschüre, Bonn 1987.

BMZ 1989
BMZ (Hrsg.): "Entwicklungspolitik. Jahresbericht 1989", Broschüre, Bonn 1989.

BMZ 1990
BMZ (Hrsg.): "Die entwicklungspolitische Zusammenarbeit zwischen nichtstaatlichen Organisationen und dem Bundesministerium für wirtschaftliche Zusammenarbeit 1989.", Broschüre, Bonn 1990.

BÖLL 1985
Böll, Winfried: "Sind wir alle Komplizen einer raffinierten Vernichtungsmaschine?", in: Frankfurter Allgemeine Zeitung (Frankfurt) vom 9. Juli 1985.

BÖSINGER 1990
Bösinger, Ute: "Transnationale Abrüstungspolitik: Die Bestrebungen nichtstaatlicher Organisationen um Einfluß auf den internationalen Abrüstungsprozeß im Rahmen der UNO", Diplomarbeit am Fachbereich Politische Wissenschaften der Freien Universität Berlin, Berlin 1990.

BRANDT/ZEHENDER 1986
Brandt, Hartmut; Zehender, Wolfgang: "Das Debakel Afrikas und mögliche Auswege", in: vierteljahresberichte (Bonn) Nr. 105, September 1986, S. 243 - 250.

BRATTON 1989
Bratton, Michael: "The Politics of Government-NGO Relations in Africa", in: World Development, Volume 17, Number 4, April 1989, S. 569 - 587.

BRATTON 1990
Bratton, Michael: "Non-governmental Organisations in Africa: Can They Influence Public Policy?", in: Development and Change (London), Volume 21, Number 1, January 1990, S. 87 - 118.

BRODHEAD 1987
Brodhead, Tim: "NGOs: In One Year, Out the Other?", in: World Development, Supplement Autumn 1987, S. 1 - 6.

BÜSCHER 1988
Büscher, Martin: "Afrikanische Weltanschauung und Tiefenstrukturen der Probleme wirtschaftlicher Entwicklung. Zu Inhalt und Bedeutung kultureller Faktoren in der Entwicklungspolitik", St. Gallen 1988.

BURLA 1989
Burla, Stephan: "Rationales Management in Nonprofit-Organisationen", Reihe: Schriftenreihe des Instituts für Betriebswirtschaft - Wirtschaftswissenschaftliches Zentrum der Universität Basel, Band 19, Bern - Stuttgart 1989.

BWA 1980
Botswana Workcamps Association (BWA) (Hrsg.): "Constitution of the Botswana Workcamps Association", in der Fassung vom 26./27. April 1980, (hekt.) Marapong 1980.

BWA 1985
Botswana Workcamps Association (BWA) (Hrsg.): "Financial Statement for February to 25. June 1985", (hekt.) (vermutl.) Gaborone 1985.

BWA 1989
Botswana Workcamps Association (BWA) (Hrsg.): "Statement of Income and Expenditure for the Period 1st December 1988 - 31st March 1989", (hekt.) (vermutl.) Gaborone 1989.

CAMPBELL 1986
Campbell, Piers: "NGO MANAGEMENT DEVELOPMENT AND TRAINING: THE POSSIBILITIES FOR COLLABORATION", in: ICVA (Hrsg.): "NGO MANAGEMENT DEVELOPMENT AND FUTURE PRIORITIES. Report on an International Seminar held in Geneva on 25 - 28 February 1986", (hekt.)(vermutl.) Genf 1986, S. 38 - 43.

CAMPBELL 1987
Campbell, Piers: "NGO Management Network", Broschüre, (vermutl.) Genf 1987.

CAMPBELL 1988
Campbell, Piers: "Improving the Organizational Effectiveness of NGOs", in: Transnational Associations, 1988 - No. 6, S. 293 - 301.

CAMPBELL 1988 a
Campbell, Piers: "REPORT ON THE ACTIVITIES OF THE INTERNATIONAL SECRETARIAT 1986 - 1988", (hekt.) Genf 1988.

CAMPBELL 1989
Campbell, Piers: "Management Development and Development Management", in: Transnational Associations; 1989 - No. 1, S. 2 - 12.

CAMPBELL 1989 a
Campbell, Piers: "Institutional Development: Basic Principles and Strategies", in: NGO MANAGEMENT, No. 14, July - Sept. 1989, S. 17 - 19.

CAMPBELL/VINCENT 1989
Campbell, Piers; Vincent, Fernand: "TOWARDS GREATER FINANCIAL AUTONOMY. A Manual on Financing Strategies and Techniques for Development NGOs and Community Organisations", (Development Innovations and Networks), Genf 1989.

CAMPBELL/YATES 1986
Campbell, Piers; Yates, Ian: "KEY ISSUES IN NGO MANAGEMENT DEVELOPMENT AND TRAINING", in: ICVA (Hrsg.): "NGO MANAGEMENT DEVELOPMENT AND TRAINING: RECENT EXPERIENCE AND FUTURE PRIORITIES: Report on a Sub-Regional Seminar for East and Southern Africa", Broschüre, (vermutl.) Genf - Harare (vermutl.) 1986, S. 46 - 61.

CASSEN 1990
Cassen, Robert (Hrsg.): "Entwicklungszusammenarbeit, Fakten, Erfahrungen, Lehren", Bern - Stuttgart 1990.

CHINEMANA 1990
Chinemana, Francis: "Report of a participatory review and evaluation", (hekt.) Harare 1990.

CERNEA 1988
Cernea, Michael M.: "Nongovernmental Organisations and Local Development", Reihe: World Bank Discussion Papers, No. 40, Washington 1988.

COOK 1988
Cook, Jonathan B.: "Managing Nonprofits of Different Sizes", in: O'Neill, Michael; Young, Dennis R. (Hrsg.): "Educating Managers of Nonprofit Organisations", New York - Westport - London 1988, S. 101 - 116.

COOMBS 1980
Coombs, Philip H.: "What it Will Take to Help the Rural Poor", in: ders. (Hrsg.): "Meeting the Basic Needs of the Rural Poor. The Integrated Community-Based Approach", Essex (Connecticut) 1980, S. 1 - 41.

COVEY 1988
Covey, Jane G.: "Organization Development and NGOs", in: NGO MANAGEMENT, No. 10, July - September 1988, S. 19 - 21.

CSC 1981
Christian Service Committee of the Churches of Malawi (CSC) (Hrsg.): "Evaluation Report", (hekt.) (vermutl.) Blantyre 1981.

CSC 1983
Christian Service Committee of the Churches of Malawi (CSC) (Hrsg.): "CSC-Consultation with donors, Blantyre, Malawi, 18th - 20th April 1983", (hekt.) Blantyre 1983.

CSC 1986
Christian Service Committee of the Churches of Malawi (CSC) (Hrsg.): "Donor Consultation Held in Blantyre from 26 April to 2 May, 1986, Blantyre, Malawi. Report", (hekt.) Blantyre 1986.

CSC 1987
Christian Service Committee of the Churches of Malawi (CSC) (Hrsg.): "Programme Financing Report 1981 - 1986", (hekt.) Blantyre 1987.

CSC 1989
Christian Service Committee of the Churches of Malawi (CSC) (Hrsg.): "Project Implementation Agreement Form / Letter of Contract", (hekt.) Limbe (vermutl.) 1989.

CSC 1986 (1987) (1988)
Christian Service Committee of the Churches of Malawi (CSC) (Hrsg.): "Financial Statements for the year ended 31st December, 1986 (1987) (1988)", verschiedene Jahrgänge, Blantyre 1986 (1987) (1988).

DAC 1985
Development Assistance Committee (DAC) of the Organization for Economic Cooperation and Development (Hrsg.): "OECD and NGOs: Strengthening the Effectiveness of Development Cooperation", in: Transnational Associations, 1985 - No. 3, S. 150 - 154.

DE CROMBRUGGHE/HOWES/NIEUWKERK 1987
De Crombrugghe, Geneviève; Howes, Mick; Nieuwkerk, Mark: "An Evaluation of Small Development Projects", in: Transnational Associations, 1987 - No. 2, S. 79 - 87.

DE CROMBRUGGHE/HOWES/NIEUWKERK 1987 a
De Crombrugghe, Geneviève; Howes, Mick; Nieuwkerk, Mark: "An Evaluation of Small Development Projects, Part II", in: Transnational Associations, 1987 - No. 5, S. 283 - 298.

DE GRAAF 1987
De Graaf, Martin: "Context, Constraint or Control? Zimbabwean NGOs and Their Environment", in: Development Policy Review (London), Volume 5, Number 3, September 1987, S. 277 - 301.

DICHTER 1988
Dichter, Thomas W.: "The Changing Worlds of Northern NGOs - Problems, Paradoxes and Possibilities", in: Development Journal of the SID (Rom), 1988:4, S. 36 - 40.

DICHTER 1988 a
Dichter, Thomas W.: "Insights into Cost Effectiveness from one Private Voluntary Organization Perspective", in: Transnational Associations, 1988 - No. 4, S. 181 - 185.

DICHTER 1989
Dichter, Thomas W.: "The Control and Culture in which PVOs/NGOs Manage", in: Transnational Associations, 1989 - No. 1, S. 16 - 21.

DRABEK 1987
Drabek, Gordon: "Development Alternatives: The Challenge for NGOs - An Overview of the Issues", in: World Development, Supplement Autumn 1987, S. IX - XV.

DREESMANN 1990
Dreesmann, Bernd: "Möglichkeiten und Grenzen von Nicht-Regierungsorganisationen für Entwicklungszusammenarbeit.", in: Glagow, Manfred (Hrsg.): "Deutsche und Internationale Entwicklungspolitik. Zur Rolle staatlicher, supranationaler und nichtregierungsabhängiger Organisationen im Entwicklungsprozeß der Dritten Welt.", Opladen 1990, S. 211 - 218.

EASLEY/O'HARA 1986
Easley, David; O'Hara, Maureen: "Optimal Nonprofit Firms", in: Rose-Ackermann, Susan (Hrsg:): "The Economics of Nonprofit Institutions, Studies in Structure and Policy", New York - Oxford 1986, S. 85 - 93.

ELLIOTT 1987
Elliott, Charles: "Some Aspects of Relations Between the North and South in the NGO Sector", in: World Development, Supplement Autumn 1987, S. 57 - 68.

ELSENHANS 1981
Elsenhans, Hartmut: "Abhängiger Kapitalismus und bürokratische Entwicklungsgesellschaft. Versuch über den Staat in der Dritten Welt", Frankfurt - New York 1981.

ELSENHANS 1985
Elsenhans, Hartmut: "Eine neue Entwicklungspolitik als Kernstück einer keynesianischen Wiederbelebung der Weltwirtschaft", in: vierteljahresberichte Nr. 101, September 1985, S. 215 - 230.

ELSENHANS 1986
Elsenhans, Hartmut: "Staatsklasse, Umverteilung und die Überwindung von Unterentwicklung. Versuch einiger nichtpolemischer Klarstellungen zum 'Ansatz von Elsenhans'", in: Peripherie. Zeitschrift für Politik und Ökonomie in der Dritten Welt (Berlin), Nr. 22/23, Juni 1986, S. 149 - 165.

FERNANDEZ 1987
Fernandez, Aloysius P.: "NGOs in South Asia: People's Participation and Partnership", in: World Development, Supplement Autumn 1987, S. 39 - 49.

FOWLER 1982
Fowler, Alan: "Temperatures in development funding: The hot-money model", in: Development - Journal of the SID, 1982:2, S. 81 - 82.

FOWLER 1988
Fowler, Alan: "Picking up the Other End of the Stick: or What has to be Managed in Development", in: Transnational Associations, 1988 - No. 2, S. 86 - 88.

FOWLER 1988 a
Fowler, Alan: "Non-Governmental Oranisations in Africa: Achieving Comparative Advantage in Relief and Micro-Development",(Institute of Development Studies), Brighton 1988.

FOWLER 1989
Fowler, Alan: "Why is managing social development different?", in: NGO MANAGEMENT No. 12, January - March 1989, S. 18 - 20.

FOX 1987
Fox, Thomas H.: "NGOs from the United States", in: World Development, Supplement Autumn 1987, S. 11 - 19.

FRANTZ 1987
Frantz, Telmo R.: "The Role of NGOs in the Strengthening of Civil Society", in: World Development, Supplement Autumn 1987, S. 121 - 127.

FRIEDRICHS 1985
Friedrichs, Jürgen: "Methoden empirischer Sozialforschung", 13. Auflage, Opladen 1985.

FRÖHLINGSDORF 1989
Fröhlingsdorf, Michael:"Dem Staat so fern wie möglich", in: E & Z, Nr. 6/1989, S. 10 - 13.

GARBE 1991
Garbe, Otfried: "Entwicklungshilfe - ein trojanisches Pferd?", in: Frankfurter Allgemeine Zeitung vom 9. Januar 1991.

GARILAO 1987
Garilao, Ernesto D.: "Indigenous NGOs as Strategic Institutions: Managing the Relationship with Government and Resource Agencies", in: World Development, Supplement Autumn 1987, S. 113 - 120.

GLAGOW 1985
Glagow, Manfred: "Staat und Nicht-Regierungs-Organisationen (NRO). Die entwicklungspolitische Zusammenarbeit staatlicher und privater Träger in der Bundesrepublik Deutschland", in: vierteljahresberichte, Nr. 102, Dezember 1985, S. 397 - 407.

GLAGOW 1987
Glagow, Manfred: "Zwischen Markt und Staat: Die Nicht-Regierungs-Organisation in der deutschen Entwicklungspolitik.", Reihe: Materialien Nr. 26, Forschungsprogramm Entwicklungspolitik: Handlungsbedingungen und Handlungsspielräume für Entwicklungspolitik der Universität Bielefeld, Bielefeld 1987.

GLAGOW 1989
Glagow, Manfred: "The Role of Non-Governmental Organizations in Development Aid: Theoretical Questions. Paper to be presented to the EPU-Workshop 'Beyond Market and State: Alternative Approaches to Meeting Societal Demands', 3 March 1989", (First Draft), (hekt.) Bielefeld 1989.

GOHLA 1988
Gohla, Hans Peter: "Begleiten statt bevormunden", in: E & Z, 7/1988, S. 8 - 9.

GORMANN 1984
Gorman, Robert F. (Hrsg.): "Private Voluntary Organizations As Agents of Development", Boulder - London 1984.

GORMAN 1984 a
Gorman, Robert F.: "Introduction", in: Gorman, Robert F. (Hrsg.): "Private Voluntary Organizations As Agents of Development", Boulder - London 1984, S. 1 - 11.

GORMAN 1984 b
Gorman, Robert F.: "PVOs and Development Through Basic Human Needs", in: Gorman, Robert F. (Hrsg.): "Private Voluntary Organizations As Agents of Development", Boulder - London 1984, S. 41 - 73.

GORMAN 1984 c
Gorman, Robert F.: "Conclusion", in: Gorman, Robert F. (Hrsg): "Private Voluntary Organizations As Agents of Development", Boulder - London 1984, S. 251 - 255.

GOUNOT 1990
Gounot, Marcel: "Wenn Selbsthilfe institutionalisiert wird - Das Beispiel 6 S", in: Isbrand, Silke; Lübke, Gertrud; Mock-Bieber, Elisabeth: "selbstbestimmt und solidarisch. Fallstudien über Selbsthilfe in der Dritten Welt", Reihe: ASA-Studien, Band 21, Saarbrücken - Fort Lauderdale 1990, S. 77 - 86.

GUÉNAU 1989
Guénau, Marie-Christine: "Bedingte Freiheit", in: E & D (Schweiz), Nr. 28, Mai 1989, S. 4 - 8.

GUPTA 1986
Gupta, Badal S.: "Ärmste in den ärmsten Ländern - von der Notwendigkeit, die Not zu wenden", in: Evangelische Zentralstelle für Entwicklungshilfe (Hrsg.): "working papers", (vermutl.) Bonn 1986, S. 13 - 18.

HANDY 1983
Handy, Charles: "Organizations in Search for a Theory", in: MDU-Bulletin (London), May 1983, o.S..

HANSMANN 1986
Hansmann, Henry B.: "The Role of Nonprofit Enterprise", in: Rose-Ackermann, Susan (Hrsg.): "The Economics of Nonprofit Institutions. Studies in Structure and Policy", New York - Oxford 1986, S. 57 - 84.

HARPER 1988
Harper, Malcom: "NGOs and Enterprise", in: NGO MANAGEMENT (Genf) No. 10, July - September 1988, S. 18 - 19.

HELLINGER 1987
Hellinger, Doug: "NGOs and the Large Aid Donors: Changing the Terms of Engagement", in: World Development, Supplement Autumn 1987, S. 135 - 143.

HELLINGER/HELLINGER 1988
Hellinger, Steve; Hellinger Doug: "Mainstreaming Major Donor Support for Third World NGOs", in: Transnational Associations, 1988 - No. 2, S. 84 - 85.

HERBERT-COPLEY 1987
Herbert-Copley, Brent: "Canadian NGOs: Past Trends, Future Challenges", in: World Development, Supplement Autumn 1987, S. 21 - 28.

HOFMANN et al. 1988
Hofmann, Michael; Kesper, Christiane; von Burgsdorf, Sven K.; Mund, Horst; Osterhaus, Juliane; Scheer, Markus: "Cooperation of Official Donors with Phillipine NGOs", (German Development Institute) Berlin 1988.

HOFMANN 1990
Hofmann, Michael: "Die Förderung von Entwicklungsländer-NGOs im Rahmen bilateraler Entwicklungszusammenarbeit", in: Glagow, Manfred (Hrsg.): "Deutsche und internationale Entwicklungspolitik. Zur Rolle staatlicher, supranationaler und nichtregierungsabhängiger Organisationen im Entwicklungsprozeß der Dritten Welt", Opladen 1990, S. 229 - 241.

HOFMEIER 1988
Hofmeier, Rolf (Institut für Afrika-Kunde) (Hrsg.): "Afrika. Jahrbuch 1987. Politik, Wirtschaft und Gesellschaft in Afrika südlich der Sahara", Opladen 1988.

HOVEN/PELTZER/ZATTLER 1990
Hoven, Ingrid; Peltzer, Roger; Zattler, Jürgen: "Entwicklungspolitik muß in der Ersten Welt beginnen. Umrisse einer alternativen Dritte-Welt-Politik", in: Blätter für deutsche und internationale Politik (Bonn), 11/1990, S. 1327 - 1340.

HTWC 1988
Heal the Wounds Campaign (Hrsg.): "Constitution", (hekt.) (vermutl.) Harare (vermutl.) 1988.

ICVA 1986
International Council of Voluntary Agencies (ICVA), (Hrsg.): "NGO MANAGEMENT DEVELOPMENT AND TRAINING: RECENT EXPERIENCE AND FUTURE PRIORITIES. Report on an International Seminar held in Geneva on 25 - 28 February 1986", (hekt.) (vermutl.) Genf 1986.

ICVA 1986 a
International Council of Voluntary Agencies (ICVA), (Hrsg.): "NGO MANAGEMENT DEVELOPMENT AND TRAINING: RECENT EXPERIENCE AND FUTURE PRIORITIES. Report on a Sub-Regional Seminar for East and Southern Africa." (hekt.) (vermutl.) Genf - Harare 1986.

ICVA 1989
International Council of Voluntary Agencies (ICVA): "Relations Between Southern and Northern NGOs: Policy Guidelines", in: NGO Management No. 15, October - December 1989, S. 13 - 15.

ISBRAND/LÜBKE/MOCK-BIEBER 1990
Isbrand, Silke; Lübke, Gertrud; Mock-Bieber, Elisabeth (Hrsg.): "selbstbestimmt und solidarisch. Fallstudien über Selbsthilfe in der Dritten Welt", Reihe: ASA-Studien, Band 21, Saarbrücken - Fort Lauderdale 1990.

JAMES 1986
James, Estelle: "How Nonprofits Grow: A Model", in: Rose-Ackermann, Susan (Hrsg.): "The Economics of Nonprofit Institutions, Studies in Structure and Policy", New York - Oxford 1986, S. 185 - 195.

KAJESE 1987
Kajese, Kingston: "An Agenda of Future Tasks for International and Indigenous NGOs: View from the South", in: World Development, Supplement Autumn 1987, S. 79 - 85.

KANADA/HUSACK 1986
Kanada, John; Husack, Glen A.: "Financial Management for Development Agencies", Winnipeg 1986.

KAUL 1987
Kaul, Mohan: "Strategic Issues in Development Management: Learning from Successful Experiences", (Commonwealth Secretariat), (vermutl.) London (vermutl.) 1987.

KILLICK 1990
Killick, Tony: "Aid to Africa - a waste of money?", in: Southern African Economist (Harare), October/November 1990, S. 47 - 48.

KLEIN 1986
Klein, Michael: "Ökonomische Probleme spendenfinanzierter, wohltätiger Organisationen", Inaugural-Dissertation zur Erlangung des Grades eines Doktors der Wirtschafts- und Gesellschaftswissenschaften durch die Rechts- und Staatswissenschaftliche Fakultät der Rheinischen Friedrich-Wilhelms-Universität Bonn, Bonn 1986.

KLEMP 1988
Klemp, Ludgera: "Entwicklungshilfekritik. - Analyse und Dokumentation - ", (Deutsche Stiftung für Internationale Entwicklung) Reihe: Themendienst der Zentralen Dokumentation, Nr. 7; Bonn 1988.

KÖRNER 1984
Körner, Peter et al.: "Im Teufelskreis der Verschuldung: Der Internationale Währungsfonds in die Dritte Welt", Hamburg 1984.

KORTEN 1987
Korten, David C.: "Third Generation NGO Strategies: A Key to People-centered Development", in: World Development, Supplement Autumn 1987, S. 145 - 159.

KOTLER 1978
Kotler, Philip: "Marketing für Nonprofit-Organisationen", Stuttgart 1978.

KOTLER 1989
Kotler, Philip: "Marketing-Management: Analyse, Planung und Kontrolle", Stuttgart 1989.

KREBS 1988
Krebs, Thomas: "Strukturen einer Langzeitkrise. Bevölkerung, Nahrungsmittelproduktion und Ernährung in Schwarzafrika", Reihe: Arbeiten aus dem Institut für Afrikakunde, Band 56, Hamburg 1988.

KRUGMANN-RANDOLF 1988
Krugmann-Randolf, Inga: "Wo die NRO der Schuh drückt", in: E & Z, 7/1988, S. 4.

LANDIM 1987
Landim, Leilah: "Non-governmental Organizations in Latin America", in: World Development Supplement Autumn 1987, S. 29 - 38.

LECOMTE 1986
Lecomte, Bernard J.: "Project Aid: Limitations and Alternatives", (OECD), Paris 1986.

LECOMTE et al. 1981
Lecomte, Bernard J. et al.: "Comparative Evaluation of Projects Cofinanced with NGOs and micro projects. Report to the CEC", Brüssel 1981.

LEDUC/McADAM 1988
Leduc, Robert F.; McAdam Terry W.: "The Development of Useful Curricula for Nonprofit Management", in: O'Neill, Michael; Young, Dennis R. (Hrsg.): "Educating Managers of Nonprofit Organizations", New York - Westport - London 1988, S. 95 - 100.

LINDAU 1979
Lindau, Joachim: " 'Endowment Funds' als Mittel kirchlicher Entwicklungsförderung", unveröffentlichtes Manuskript, Stuttgart 1979.

LISSNER 1977
Lissner, Jorgen: "The Politics of Altruism, A Study of the Political Behaviour of Voluntary Development Agencies", (Lutheran World Federation, Department of Studies), Genf 1977.

LSE o.J.
London School of Economics (LSE): "Postgraduate Course in Voluntary Sector Organisation", Broschüre, (vermutl.) London, o.J..

LÜBKE 1990
Lübke, Gertrud: "'Ham sab ek': Wir sind eins - Gewerkschaftliche Organisierung der Bididreherinnen bei SEWA Ahmedabab in Indien", in: Isbrand, Silke; Lübke, Gertrud; Mock-Bieber, Elisabeth (Hrsg.): "selbstbestimmt und solidarisch. Fallstudien über Selbsthilfe in der Dritten Welt", Reihe: ASA-Studien, Band 21, Saarbrücken - Fort Lauderdale 1990, S. 105 - 130.

LWA 1987 (1988) (1989)
Lesotho Workcamps Association (LWA) (Hrsg.): "Financial Statements 30. June 1987 (1988) (1989)", verschiedene Jahrgänge, (hekt.) Maseru 1987 (1988) (1989).

LWA o.J.
Lesotho Workcamps Association (LWA) (Hrsg.): "Lesotho Workcamps Association Constitution", (hekt.) (vermutl.) Maseru o.J..

MACHARIA 1986
Macharia, D.: "CLOSING REMARKS BY MR. D. MACHARIA. DIRECTOR, MINISTRY OF CULTURE AND SOCIAL SERVICES, GOVERNMENT OF KENYA", in: ICVA (Hrsg.): "NGO MANAGEMENT DEVELOPMENT AND TRAINING: RECENT EXPERIENCE AND FUTURE PRIORITIES. Report on a Sub-Regional Seminar for East and Southern Africa", Broschüre, (vermutl.) Genf - Harare (vermutl.) 1986, S. 83 - 85.

MANGOLE 1986
Mangole, Gilbert S.: "Executive Memorandum. Progress Report", (hekt.) Gaborone (vermutl.) 1986.

MANSHARD 1988
Manshard, Walther: "Afrika - südlich der Sahara", Reihe: Fischer Länderkunde, Band 5, Frankfurt 1988.

McLAUGHLIN 1986
McLaughlin, Curtis P.: "The Management of Nonprofit Organizations", New York - Chichester - Brisbane - Toronto - Singapore 1986.

McNAMARA 1981
McNamara, Robert S.: "The McNamara Years at the World Bank", Baltimore 1981.

MEENTZEN 1991
Meentzen, Angela: "Bericht über die Projektreise von Angela Meentzen, FB-Peru für GA und ED, in der Bundesrepublik vom 7.5. - 24.5.1991", (hekt.) Berlin 1991.

MEIN 1972
Mein, Jim: "Five Years in the Life of the Christian Service Committee of the Churches in Malawi. 1968 - 1972", (hekt.) Blantyre 1972.

METZLER 1990
Metzler, Walter: "Eine ökonomische Theorie caritativer Organisationen", Sozioökonomische Forschungen, Band 23, Bern - Stuttgart 1990.

MEYER 1990
Meyer, Petra: "Ohne die Süd-NRO läuft nichts", in: E & Z, 11/1990, S. 12 - 13.

MEYER 1991
Meyer, Petra: "Neue entwicklungspolitische Lobby: Germanwatch", in: E & Z, 1 - 2/1991, S. 39.

MICHLER 1991
Michler, Walter: "Weißbuch Afrika", Bonn 1991.

MIDDLETON 1988
Middleton, Melissa: "Nonprofit Management in USA; a Report on Current Research and Areas for Development", in: Transnational Associations, 1988 - No 5, S. 219 - 229.

MINEAR 1984
Minear, Larry: "Reflections on Development Policy: A View from the Private Voluntary Sector", in: Gorman, Robert F. (Hrsg.): "Private Voluntary Organizations As Agents of Development", Boulder - London 1984, S. 13 - 39.

MINEAR 1987
Minear, Larry: "NGO's Today: Practitioners of Development Strategies and Advocates for the Poor", in: Development - Journal of the SID, 1987:4, S. 96 - 99.

MUCHIRU 1984
Muchiru, Simon: "NGO Movement in Africa", in: Transnational Associations, 1984 - No. 6, S. 330 - 331.

MUSENGIMANA 1989
Musengimana, Siméon: "Opfer des eigenen Erfolges", in: E + D, Nr. 28, Mai 1989, S. 10 - 12.

MWAMOSE 1984
Mwamose, Addulah: "How African NGO's working in Rural Development can contribute to a New World Order", in: Transnational Associations, 1984 - No. 6, S. 332 - 333.

MYRDAL 1973
Myrdal, Gunnar: "Asiatisches Drama. Eine Untersuchung über die Armut der Nationen", Frankfurt 1973.

NEUBERT 1990
Neubert, Dieter: "Von der traditionellen Solidarität zur Nicht-Regierungsorganisation. Eine steuerungstheoretische Analyse von Formen der Solidarität in Kenya." in: Kohl, Karl-Heinz; Muszinski, Heinzarnold; Stecker, Ivo (Hrsg.): "Die Vielfalt der Kultur. Ethnologische Aspekte von Verwandtschaft, Kunst und Weltauffassung.", Berlin 1990, S. 548 - 571.

NEUBERT 1990 a
Neubert, Dieter: "Nicht-Regierungs-Organisationen und Selbsthilfe in Kenya. Grundlegende Strukturen und neuere Tendenzen", in: Glagow, Manfred (Hrsg.): "Deutsche und internationale Entwicklungspolitik. Zur Rolle staatlicher, supranationaler und nichtregierungsabhängiger Organisationen im Entwicklungsprozeß der Dritten Welt", Opladen 1990, S. 297 - 315.

NEUDECK/GERHARD 1987
Neudeck, Rupert; Gerhard, Kurt: "Sorgenkind Entwicklungshilfe", Bergisch Gladbach 1987.

NGOCC 1985
NGO Coordinating Committee (NGOCC) (Hrsg.): "The Constitution of the Non-Governmental Organisations Coordinating Committee of Zambia", in der Fassung vom 14. September 1985, (hekt.) Lusaka 1985.

NOGUEIRA 1987
Nogueira, Roberto Martinez: "Life Cycle and Learning in Grassroots Development Organizations", in: World Development, Supplement Autumn 1987, S. 169 - 177.

NOVIB 1988
The Netherlands Organization for International Development Cooperation (NOVIB): Training in the Management of Development Organizations and their Activities in Africa", in: Transnational Associations, 1988 - No. 6, S. 322 - 324.

NUSCHELER 1987
Nuscheler, Franz: "Lern- und Arbeitsbuch Entwicklungspolitik", Bonn 1987.

NUSCHELER 1991
Nuscheler, Franz: "Selbstkritisch und glaubwürdig. Thesen zum Bericht der Süd-Kommisssion", in: der überblick (Hamburg), 1/1991, S. 74 - 76.

NYATHI 1990
Nyathi, Paul Themba: "Zwischen Caritas und Mobilisierung. Nichtregierungsorganisationen in Simbabwe.", in: epd (Frankfurt/M.), 15/1990, August 1990, S. 19 - 21.

NYONI 1987
Nyoni, Sithembiso: "Indigenous NGOs: Liberation, Self-reliance, and Development", in: World Development, Supplement Autumn 1987, S. 51 - 56.

OECD 1989
OECD: "Partner der Entwicklung. Die Rolle der Nichtregierungsorganisationen", Paris 1989.

O'NEILL/YOUNG 1988
O'Neill, Michael; Young, Dennis R. (Hrsg.): "Educating Managers of Nonprofit Organizations", New York - Westport - London 1988.

O'NEILL/YOUNG 1988 a
O'Neill, Michael; Young, Dennis R.: "Educating Managers of Nonprofit Organizations", in: dies. (Hrsg.): "Educating Managers of Nonprofit Organizations", New York - Westport - London 1988, S. 1 - 21.

OSNER 1991
Osner, Karl: "Der Königsweg - der Weg des Volkes", in: Neue Züricher Zeitung (Zürich) vom 17. und 18. (A) Juli 1991.

OVERSEAS DEVELOPMENT INSTITUTE 1988
Overseas Development Institute: "Development Efforts of NGOs", in: Development - Journal of the SID, 1988:4, S. 41 - 46.

PACT 1989
Private Agencies Collaborating Together (PACT): "PVO's and Strategic Planning" (reprinted from IMPACT 6/1988, New York), in: Transnational Associations, 1989 - No. 1, S. 29 - 31.

PADRON 1987
Padron, Mario: "Non-governmental Development Organizations: From Development Aid to Development Cooperation", in: World Development, Supplement Autumn 1987, S. 69 - 77.

RAHNEMA 1985
Rahnema, Majid: "NGOs: Sifting the Wheat from the Chaff", in: Development - Jounal of the SID, 1985:3, S. 68 - 71.

RICHRATH 1990
Richrath, Beatrice: "'Grameen Bank' heißt 'Dorfbank' - Kredite für landlose Frauen in Bangladesh", in: Isbrand, Silke; Lübke, Gertrud; Mock-Bieber, Elisabeth (Hrsg.): "selbstbestimmt und solidarisch. Fallstudien über Selbsthilfe in der Dritten Welt", Reihe: ASA-Studien, Band 21, Saarbrücken - Fort Lauderdale 1990, S. 151 - 177.

ROSE-ACKERMANN 1986
Rose-Ackermann, Susan (Hrsg.): "The Economics of Nonprofit Institutions, Studies in Structure and Policy", New York - Oxford 1986.

ROSE-ACKERMANN 1986 a
Rose-Ackermann, Susan: "Introduction", in: dies. (Hrsg.): "The Economics of Nonprofit Institutions, Studies in Structure and Policy", New York - Oxford 1986.

RÜCKRIEHM/STARY/FRANCK 1987
Rückriehm, Georg; Stary, Joachim; Franck, Norbert: "Die Technik wissenschaftlichen Arbeitens", München - Wien - Zürich 1987.

SAWADOGO 1989
Sawadogo, Alfred: "Wenn der Staat den Spiess umdreht", in: E + D , Nr. 28 Mai 1989, S. 13 - 15.

SCHAFFER 1990
Schaffer, Helmut: "Probleme der Einbeziehung der Nicht-Regierungs-Organisationen in die staatliche Entwicklungshilfe", in: Glagow, Manfred (Hrsg.): "Deutsche und internationale Entwicklungspolitik. Zur Rolle staatlicher, supranationaler und nicht-regierungsabhängiger Organisationen im Entwicklungsprozeß der Dritten Welt", Opladen 1990, S. 219 - 227.

SCHIEL 1987
Schiel, Tilmann: "'Entbürokratisierung'der Entwicklungshilfe? Über die Grenzen von Nichtregierungsorganisationen und die Illusion staatsferner Entwicklungshilfen.", in: Peripherie, Nr. 25/26 1987, S. 79 - 92.

SCHNEIDER 1986
Schneider, Bertrant: "Die Revolution der Barfüßigen. Ein Bericht an den Club of Rome", Wien - München - Zürich 1986.

SCHNEIDER-BARTHOLD 1987
Schneider-Barthold, Wolfgang: "Mit Armen sprechen, handeln und lernen. Basisentwicklung in der Dritten Welt und ihre Förderung.", Berlin 1987.

SCHULTZ 1989
Schultz, Siegfried: "Trends und Issues of German Aid Policy", in: Konjunkturpolitik (Berlin), 35. Jahrgang, Sechstes Heft 1989, S. 361 - 382.

SCHWARZ 1986
Schwarz, Peter: "Management in Nonprofit-Organisationen", Reihe: Nr. 88 der Schriftenreihe "Die Orientierung" der Schweizerischen Volksbank, Bern 1986.

SCHWEERS 1988
Schweers, Rainer: "Die Grenzen der NRO-Arbeit sind eng", in: E & Z, 7/1988, S. 10 - 12.

SEN 1987
Sen, Biswajit: "NGO Self-evaluation: Issues of concern", in: World Development, Supplement Autumn 1987, S. 161 - 167.

SETHI 1983
Sethi, Harsh: "Development is not a politically neutral task", in: CERES - FAO Review on Agriculture and Development (Rom), Vol. 16, No. 3, May - June 1983, S. 19 - 22.

SLAVIN 1988
Slavin, Simon: "Different Types of Nonprofit Managers", in: O'Neill, Michael; Young, Dennis R. (Hrsg.): "Educating Managers of Nonprofit Organizations", New York - Westport - London 1988, S. 83 - 94.

SMITH 1984
Smith, Brian H.: "U.S. and Canadian PVOs As Transnational Development Institutions", in: Gordon, Robert F. (Hrsg.): "Private Voluntary Organizations As Agents of Development", Boulder - London 1984, S. 115 - 164.

SMITH 1987
Smith, Brian H.: "An Agenda of Future Tasks for International and Indigenous NGOs: Views from the North", in: World Development, Supplement Autumn 1987, S. 87 - 93.

SOUTH COMMISSION 1990
(The) South Commission: "The Challenge to the South. The Report of the South Commission", Oxford - New York - Toronto - Delhi - Bombay - Calcutta - Madras - Karachi - Petaling - Jaya - Singapore - Hongkong - Tokyo - Nairobi - Dar es Salam - Cape Town - Melbourne - Auckland 1990.

STAEHLE 1989
Staehle, Wolfgang H.: "Management: eine verhaltenswissenschaftliche Perspektive", München 1989.

STREETEN 1987
Streeten, Paul P.: "The Contribution of Non-Governmental Organizations to Development", in: Development - Journal of the SID, 1987:4, S. 92 - 95.

STREMLAU 1987
Stremlau, Carolyn: "NGO Coordinating Bodies in Africa, Asia and Latin America", in: World Development, Supplement Autumn 1987, S. 213 - 225.

STUCKE 1988
Stucke, Andreas: "Entscheidungsproduktion und kollektive Identität von Nicht-Regierungs-Organisationen in der Entwicklungspolitik", Reihe: Forschungsprogramm Entwicklungspolitik: Handlungsbedingungen und Handlungsspielräume für Entwicklungspolitik, Universität Bielefeld, Materialien Nr. 29, Bielefeld 1988.

SWCA 1988
Swaziland Workcamps Association (SWCA) (Hrsg.): "Constitution of the Swaziland Workcamps Association (SWCA)", in der Fassung des Jahres 1988, (hekt.) (vermutl.) Mbabane 1988.

SWCA 1988 (1989) (1990)
Swaziland Workcamps Association (SWCA) (Hrsg.): "Financial Statements at March 31, 1988 (1989) (1990)", verschiedene Jahrgänge, (hekt.) Mbabane -1988 (1989) (1990).

TANDON 1988
Tandon, Rajesh: "Management of Voluntary Agencies: Some Issues", in: Transnational Associations, 1988 - No. 6, S. 318 - 321.

TANDON 1991
Tandon, Yash: "Arrogant und undurchsichtig. NGOs aus afrikanischer Sicht", in: blätter des iz3w (Freiburg), Nr. 176, Sept./Okt. 1991, S. 47 - 50.

TEUBER 1987
Teuber, Günter M.: "Einheimische Dienste als Promotor von Selbsthilfeaktivitäten in Entwicklungsländern. Eine Analyse am Beispiel der VOLU in Ghana", Diplomarbeit am Fachbereich Wirtschaftswissenschaften der Freien Universität Berlin, Berlin 1987.

TEUBER 1990
Teuber, Günter M.: "Die Dosis macht, daß ein Ding ein Gift ist - VOLU in Ghana", in: Isbrand, Silke; Lübke, Gertrud; Mock-Bieber, Elisabeth (Hrsg.): "selbstbestimmt und solidarisch. Fallstudien über Selbsthilfe in der Dritten Welt", Reihe: ASA-Studien, Band 21, Saarbrücken - Fort Lauderdale 1990, S. 87 - 103.

THEUNIS 1988
Theunis, Sjef: "The Aid Relationship: A New Sound from Donors", in: Development - Journal of the SID, 1988:4, S. 26 - 30.

THOMAS 1986
Thomas, Viv: "Lesotho Workcamps Association. An Evaluation", (hekt.) Maseru (vermutl.) 1986.

TOUWEN-VAN DER KOOIJ 1989
Touwen-Van der Kooij, Anne: "Socio-economic Development of Women in Zambia. An Analysis of Two Women's Organisations", (University of Groningen), (hekt.) Groningen 1989.

TRENK 1990
Trenk, Marin: "'Dein Reichtum ist dein Ruin'. Afrikanische Unternehmer und wirtschaftliche Entwicklung. Ergebnisse und Perspektiven der Unternehmerforschung", Reihe: Nr. 2 der "Diskussionspapiere" am Fachgebiet Volkswirtschaft des Vorderen Orients der Freien Universität Berlin, Berlin 1990.

TWOSE 1987
Twose, Nigel: "European NGOs: Growth or Partnership", in: World Development, Supplement Autumn 1987, S. 7 -10.

UNIVERSITY OF MALAWI 1986
University of Malawi (Centre for Social Research) (Hrsg.): "An Evaluation Report of Christian Service Committee Funded School Blocks and Teachers' Houses Programme - 1986", (hekt.) (vermutl.) Zomba 1986.

VAN DER HEIJDEN 1987
Van der Heijden, Hendrik: "The Reconciliation of NGO Autonomy, Program Integrity and Operational Effectiveness with Accountability to Donors", in: World Development, Supplement Autumn 1987, S. 103 - 112.

VAN DER HEIJDEN 1990
Van der Heijden, Hendrik: "Efforts and Programmes of NGOs in the Least Developed Countries", in: Transnational Associations, 1990 - No. 1, S. 18 - 29.

VAN DE SAND 1991
Van de Sand, Klemens: "Armutsbekämpfung durch Kapitalbildung", in: E & Z, 1 - 2/1991, S. 21 - 24.

VAN HEEMST 1982
Van Heemst, Jan J.P.: "The Role of NGOs in Development. Some Perspectives for Further Research." Den Haag 1982.

VAN REENEN/WAISFISZ 1988
Van Reenen, Gert-Jan; Waisfisz, Bob: "Final Report on Institutional Development", Den Haag 1988.

VINCENT 1988
Vincent, Fernand: "Pour un autre partenariat. Des relations nouvelles entre ONG et avec les gouvernements", in: Transnational Associations, 1988 - No. 6, S. 286 - 292.

VINCENT 1989
Vincent, Fernand: "For another kind of partnership. New relations between NGOs and governments", in: Adult Education and Development (Bonn), March 1989, S. 171 - 192.

VINCENT 1989 a
Vincent, Fernand: "Manual of practical management. For Third World rural development associations, Volume I, Organisation, Administration, Communication", (Development Innovations and Networks), Genf 1989.

VINCENT 1989 b
Vincent, Fernand: "Manual of practical management. For Third World rural development associations, Volume II, Financial Management", (Development Innovations and Networks), Genf 1989.

VLADECK 1988
Vladeck, Bruce C.: "The Practical Differences in Managing Nonprofits: A Practitioner's Perspective", in: O'Neil, Michael; Young, Dennis R. (Hrsg.): "Educating Managers of Nonprofit Organizations", New York - Westport - London 1988, S. 71 - 81.

VON KELLER 1982
Von Keller, Eugen: "Management in fromden Kulturen. Ziele, Ergebnisse und methodische Probleme der kulturvergleichenden Managementforschung" Reihe: Veröffentlichungen der Hochschule St. Gallen für Wirtschaft- und Sozialwissenschaften: Schriftenreihe Betriebswirtschaft, Band 10, Bern - Stuttgart 1982.

VON STOCKHAUSEN 1983
Von Stockhausen, Joachim: "Nichtstaatliche Entwicklungsträger auf dem Vormarsch", in: aus politik und zeitgeschichte, Beilage zur Wochenzeitschrift: Das Parlament (Bonn), B 23/83 vom 11. Juni 1983, S. 33 - 38.

VON STOCKHAUSEN 1989
Von Stockhausen, Joachim: "Entstaatlichung der Entwicklungshilfe: Zur Interaktion von Nichtregierungsorganisation und Staat", in: vierteljahresberichte Nr. 117, Sept. 1989, S. 295 - 306.

WEISBROD 1977
Weisbrod, Burton A.: "Towards a Theory of the Voluntary Nonprofit Sector in a Three-Sector Economy", in: ders. (Hrsg.): "The Voluntary Nonprofit Sector", Lexington - Toronto 1977, S. 51 - 76.

WEISBROD 1977 a
Weisbrod, Burton A.: "Not-for-Profit Organizations as Providers of Collective Goods", in: ders. (Hrsg.): "The Voluntary Nonprofit Sector", Lexington - Toronto 1977, S. 1 - 10.

WEISBROD 1988
Weisbrod, Burton A.: "The Nonprofit Economy", Cambridge - London 1988.

WEISBROD/LONG 1977
Weisbrod, Burton A.; Long, Stephen H.: "The Size of the Voluntary Nonprofit Sector: Concepts and Measures", in: Weisbrod, Burton A.: "The Voluntary Nonprofit Sector", Lexington - Toronto 1977, S. 11 - 38.

WILLIAMS 1990
Williams, Aubrey: "Die Bedeutung der NRO im Entwicklungsprozeß", in: Finanzierung & Entwicklung (Hamburg), Dezember 1990, S. 31 - 33.

WILLOT 1990
Willot, Paul: "Self-evaluation", in: NGO MANAGEMENT No. 16, 01.-03. 1990, S. 14 - 15.

WINKELMANN 1989
Winkelmann, Peter: "BINGOS and Co.", in: E & D, Nr. 28, Mai 1989, S. 40 - 43.

WÖHE 1990
Wöhe, Günter: "Einführung in die Allgemeine Betriebswirtschaftslehre", München 1990.

WORLD BANK 1990
World Bank: "World Development Report 1990. Poverty", New York 1990.

YATES 1986
Yates, Ian: "THE DIFFERENT POSITIONS OF INTERNATIONAL AND NATIONAL AGENCIES", in: ICVA (Hrsg.): "NGO MANAGEMENT DEVELOPMENT AND TRAINING: RECENT EXPERIENCE AND FUTURE PRIORITIES. Report on an International Seminar held in Geneva on 25 - 28 February 1986", (hekt.), Genf 1986, S. 35 - 37.

YATES 1986 a
Yates, Ian: "BACKGROUND TO THE SEMINAR: OPENING STATEMENT BY IAN YATES, ICSW", in: ICVA (Hrsg.): "NGO MANAGEMENT DEVELOPMENT AND TRAINING: RECENT EXPERIENCE AND FUTURE PRIORITIES: Report on an Sub-Regional Seminar for East and Southern Africa", (hekt.) (vermutl.) Genf - Harare 1986, S. 80.

YATES 1989
Yates, Ian: "Delivery of Management Services and Training", in: Transnational Associations, 1989 - No. 1, S. 13 - 15.

YATES 1989 a
Yates, Ian: "Organizational Development Implications of Changing North/South NGO Relationships", in: NGO MANAGEMENT No. 12, January - March 1989, S. 15 - 18.

YOUNG 1983
Young, Dennis R.: "If not for profit, for what? A behavioral theory of the nonprofit sector based on entrepreneurship", Lexington 1983.

ZINGEL 1990
Zingel, Elke: "Selbsthilfe ist (k)ein Allheilmittel. - Silia und Somiaga in Burkina Faso", in: Isbrand, Silke; Lübke, Gertrud; Mock-Bieber, Elisabeth (Hrsg.): "selbstbestimmt und solidarisch. Fallstudien über Selbsthilfe in der Dritten Welt", Reihe: ASA-Studien, Band 21, Saarbrücken - Fort Lauderdale 1990, S. 61 - 74.

INTERNATIONALE BEZIEHUNGEN

Herausgegeben von Klaus Hüfner

Band 1   Günter Max Teuber: Managementprobleme afrikanischer "Non-Governmental Organizations" (NGOs). Eine Analyse aus entwicklungspolitischer Sicht, basierend auf Fallbeispielen aus den anglophonen Entwicklungsländern des südlichen Afrika. 1993.